東日本の無袖横穴式石室

土生田純之 編

雄山閣

序　文

　私が会長を務める静岡県考古学会では、1976年からほぼ年1回のシンポジウムを開催している。うち、古墳時代後期にテーマを求めたシンポジウムとして、1977年に須恵器、1978年に群集墳と横穴、1984年に終末期の古墳、2001年に東海の横穴を取り上げた。また2003年4月には、シンポジウムとは別に、若手研究者たちが、県内の横穴式石室に関する情報を集め、その研究成果を『静岡県の横穴式石室』として刊行した経緯がある。

　そして2008年、駿河東部の無袖石室に焦点を当て、「東国に伝う横穴式石室」と題するシンポジウムを開催した。参加した私は、横穴式石室の情報が一段と増え、研究水準も格段に深化したことに驚いたが、同時に若い研究者たちのエネルギーに圧倒されたことも記憶に新しい。このシンポジウムの成果がベースとなって、本書が編まれることになった。

　内容をシンポジウム資料と比べてみると、各氏とも、その後の検討を加えて文章も一新しているようである。各地の様相については、信濃と上野が新たに加えられ、武蔵南部に武蔵北部の情報が増補されている上、近畿地方と九州地方の情報も寄せられている。また特論として、県内研究者たちによる、無袖石室の副葬品・無袖石室の史的意義・無袖石室の構築法に関する論考なども掲載され、より充実した内容になっている。

　私は、長く無袖石室を、退化した形で新しい要素と看做してきた自分の考えを、シンポジウム以来改めたが、さらに本書の各所で、無袖石室が相対的に下位の墓制であること、渡来系氏族、特に馬匹生産に携わった人々との関連性が主張されていること、それにしても駿河東部に無袖石室が集中して多いこと、等が指摘された点に注目している。そして、冒頭の土生田純之氏の論考にあるように、東日本の無袖石室を大きく一系列と見做す従来の考え方は、根本的に改めるべき時が来たと思うのである。

　本書が、静岡県駿河東部の横穴式石室に端を発した研究から、一地方の問題に止まらず、全国的視野で論ずべき課題となったことを示す点で、必読の書として多くの研究者に読まれることを、私は大いに期待している。

向坂　鋼二

東日本の無袖横穴式石室　目次

序　文 ……………………………………………… 向坂鋼二　i

I　東日本の無袖石室 ……………………………… 土生田純之　1

II　各地の様相
　　三　河 ……………………………………………… 岩原　剛　22
　　遠　江 ……………………………………………… 田村隆太郎　37
　　駿　河 ……………………………………………… 菊池吉修　51
　　甲　斐 ……………………………………………… 小林健二　65
　　信　濃 ……………………………………………… 飯島哲也　83
　　相　模 ……………………………………………… 植山英史　99
　　武　蔵 ……………………………………………… 草野潤平　120
　　下　野 ……………………………………………… 市橋一郎　135
　　上　野 ……………………………………………… 深澤敦仁　152

III　特　論
　　西日本の無袖石室(1) ………………………… 太田宏明　170
　　西日本の無袖石室(2) ………………………… 藏冨士寛　189
　　無袖石室の構築 ………………………………… 井鍋誉之　206
　　[コラム] 無袖石室の発掘 ………………… 石川武男　220
　　副葬品から見た無袖石室の位相 ………… 大谷宏治　225
　　駿河東部における無袖石室の史的意義 … 鈴木一有　239

あとがき ……………………………………………… 土生田純之　254

I　東日本の無袖石室

土生田純之

1 「無袖石室」の発見

　本書は、2008年1月26・27両日に渡って静岡大学で行われた静岡県考古学会の研究発表およびシンポジウムを基礎としている。当日のテーマは、「東国に伝う横穴式石室―駿河東部の無袖式石室を中心に―」（静岡県考古学会 2008）であり、無袖石室に焦点を絞ったものであった。2007年の春頃と記憶するが、シンポジウム担当の菊池、田村、大谷、井鍋から計画の概要と参加（総合司会を含む）を要請され、詳細について相談を受けた。筆者は従前より東海地方の横穴式石室には強い関心があり、しばしば現地を訪問して石室の観察を行ってきた。しかし、静岡県については西部の遠江に踏査が止まり、東部の駿河については未だ十分な観察を行っていなかった。したがって自らの知見を広める意味においてもよいチャンスと考え、引き受けることにした。

　さて、その際次に挙げる二点について強い要望を行った。第一点目は、近年各地で様々なテーマについてシンポジウムが盛んに実施されているが、その中には十分な準備を行ったとは思えないシンポジウムも散見される。したがって今回は、発表予定者が事前に集まって問題点をつめておくこと。もちろん予定調和的に結論を用意するのではなく、実りあるシンポジウムにするため、各々の考察を内々に披露して、もしそれとは異なる考えを持つ者は、当日までに論駁するための十分な準備を促すためである。つまり、予定調和とは正反対の、白熱した議論を期待しての処置である。第二点目は、シンポジウムでの発言に登壇者全員が賛同する、つまり統一見解を出すのではなく、かみあった議論をめざすことである。具体的には、例えば問題となっている古墳を実見した者と見たことのない者とでは十分な討論が期待できない。そこで可能な限り全員が揃って今回の中心となる静岡県駿河地方の横穴式石室を実見し、問題点を事前に討議して「同じ土俵で議論できる」ように計ることである。以上の二点について強い要望を行った。幸いこの要望は担当者の理解を得て、2007年5月20日、および10月3・4の両日に渡って見学会を行った。特に10月の見学会は発表予定者の多くが参加し、宿所では夜を徹して議論することができた。

　ところで、シンポジウムでは無袖石室に焦点を絞ったが、これはいささか誇張していえば革命的なテーマであるといってもよいであろう。近年横穴式石

室は考古学の解明すべき主要な課題としての評価が高く、各地で多くのシンポジウム等が実施されてきた。そこでは全国的な観点や地方を視座の中心に据えたものなど、様々な立場から分析や討論が行われている。しかし、畿内型石室や九州系石室（北部九州型、肥後型、竪穴系横口式石室ほか）など、「型」「式」の名を冠する石室が議論の中心となることが多い。これに対して、これまで無袖石室が討論の中心課題となることはほとんど考えられなかったのである。しかしこうした状況は必ずしも考古学者の怠慢とはいえず、故のないことではない。そこには大きく二つの理由が潜んでいるのである。

　その一に、上述した畿内型石室や九州系石室など「型」「系」や「式」を冠する石室に注目が集まる傾向が強いことが挙げられる。これは同種の資料を比較検討することから始めるのが考古学の基本であり、特に横穴式石室に使用される「型」や「式」の語には、共通の歴史的背景や工人集団（時に政治的集団）が想定されることも多く、それ自体がすぐれて歴史的課題に直結しているからである。これに対して、無袖石室は後に詳述するが、それ自体は袖を持たないという唯一の形態的特徴を共有するのみで、無袖石室全体の背景に通じる集団（政治的関係）が想定しにくいという事実が挙げられるのである[1]。

　しかし、二番目の理由として挙げられるものには、実はさらに大きな要因が潜んでいる。それは各地に存在する無袖石室はいずれも中小規模の古墳に採用されており、当該地を代表する首長墓にはほとんど認められないという厳然たる事実である。これこそが研究者の目を無袖石室に向けさせない大きな要因であると思われるのである。

　このような状況下において、無袖石室をテーマに選択した担当者の決断には賛辞を惜しむものではないが、そこには静岡県独自の事情があることも事実である。すなわち、駿河東部の横穴式石室は基本的に無袖石室以外の形態がなく、無袖石室の歴史的性格を解明することが火急の要請であった。ところが既述のように、これまで比較検討するべき他地方における無袖石室の研究がほとんど進展していなかったのである。したがって、今回のシンポジウムにおいて大局的に無袖石室を考察することは、静岡の考古学はもちろん全国的にも極めて有意義なことであり、これまで等閑視されてきた各地の無袖石室の歴史的意義について今後の研究の出発になることが予想された。つまり、今回のシンポ

ジウムは、「研究対象としての無袖石室の発見」といっても決して間違ってはいないであろう。こうした認識のもとにシンポジウムに臨んだのである。

なお、本書で左あるいは右側壁という場合、奥壁側から開口部を見たときの左右で統一されていることを断っておきたい。

2　無袖石室の系譜

当初から予測されたことであったが、シンポジウムでは無袖石室には多様な系譜があり、その歴史的意義も一つに収斂されることはないということを再確認した。したがって、「無袖式石室」あるいは「無袖型石室」という用語はなじまない。駿河東部に特徴的な、深い墓坑内に築造されて開口部に段を有する石室は、系譜の根元をたどればあるいは竪穴系横口式石室にまで遡及するかもしれない。しかしそうした表現は、古墳時代文物の大半は中国に系譜の淵源を持つということと同じであり、何らの歴史的意義を認めることができない。要するに、どの地域、時点で、いかなる背景のもとに新たな形態を創出するに至ったかを探ることが肝要であろう。つまり、それら石室を造営した集団の動向（歴史的・社会的背景）を考究することが求められるのである。

さて、シンポジウムでは駿河東部の無袖石室を中心に据えつつ、広く東海地方やその周辺にも留意して、課題石室の位相を探ることにした。そこで駿河を始め、三河、遠江、甲斐、相模、南武蔵、下野の諸地域を取り上げて比較検討した。また駿河における無袖石室の副葬品分析や、墳丘と連動した構築過程の復元研究などを配して無袖石室の総合的把握を試みた。さらに今回書籍化するに際して、新たに信濃と上野を加えた。また西日本の無袖石室とも比較することが肝要であるとの認識からこれを加え、同時に今回のシンポジウムの発端ともなった駿河東部の無袖石室自体をさらに深く考究する必要性から、その史的意義を考究した論考を掲載した。

以下では、それら論考に導かれながらまず無袖石室の系譜を概観することにしたい。

3　東日本各地の無袖石室

三河は東海地方の中でも5世紀後半と、最も早くに横穴式石室を受容した

地域として知られている。しかも竪穴系横口式石室とともに北部九州型石室も構築されており、北部九州との直接的な関係が想定される。その後、竪穴系横口式石室の系譜を引く無袖石室が盛行を見たのであるが、岩原剛は当該地における無袖石室の盛行期（6世紀中葉以降）が北部九州における竪穴系横口式石室の終焉期に相当することから、北部九州以外の系譜をも視座に据える必要性を説いた。三河と北部九州の関係に初めて言及したのは筆者であるが（土生田 1988）、筆者自身両地方における年代の差異をどのように考えるか苦慮していた。東海地方のみならず、山陰地方においても同様の現象が指摘できる。この点については後述する藏冨士の論考中にも言及されている。かつての筆者には初期横穴式石室（概ね5世紀代の横穴式石室）の伝播ルートとして、朝鮮半島→北部九州→（畿内）→各地という固定概念があったことは否定できない。その後朝鮮半島をはじめ各地の石室を精査することによって、現在では当時とは相当に異なった見解に至った部分もある。三河の場合、経ヶ峰1号墳など西三河に所在する初期石室は北部九州との系譜関係が考えられるが、盛行期については初期石室の発展・変容のほか、岩原の説くように他地域からの影響をも考慮する必要があろう。その際、奈良県葛城および滋賀県湖東、兵庫県但馬地方、そして朝鮮半島の無袖石室には留意する必要がある。

　なお、東三河・豊川流域における積石塚古墳の主体部は初期の竪穴系を除きすべて無袖石室であると論究しているが、これは看過できない重要な指摘である。そもそも5世紀後半に東日本各地（東三河、西遠江、北信、甲斐、西毛）で構築される積石塚はいずれも渡来人との関係が疑われ、全体が密接な関連性のもとに築造されたものと考えられる。他地域における積石塚の主体部にも無袖石室が採用された例が多く、各地における無袖石室構築の契機として一つのパターンを示すものと考えられるのである。

　遠江も5世紀後半に積石塚が築造される（浜松市二本ヶ谷古墳群など）が、ここでは横穴式石室ではなく、木棺直葬と報告されている。ただし、周囲を礫が覆うために、結果的には礫槨状の構造となっている。遠江に横穴式石室が採用されるのは6世紀前半であるが、無袖石室と畿内系の両袖石室とがある。首長墓に採用された両袖石室に対し、無袖石室は比較的低い階層の墳墓に用いられたようである。このような現象は、他地方においても普遍的に認められるとこ

6　Ⅰ　東日本の無袖石室

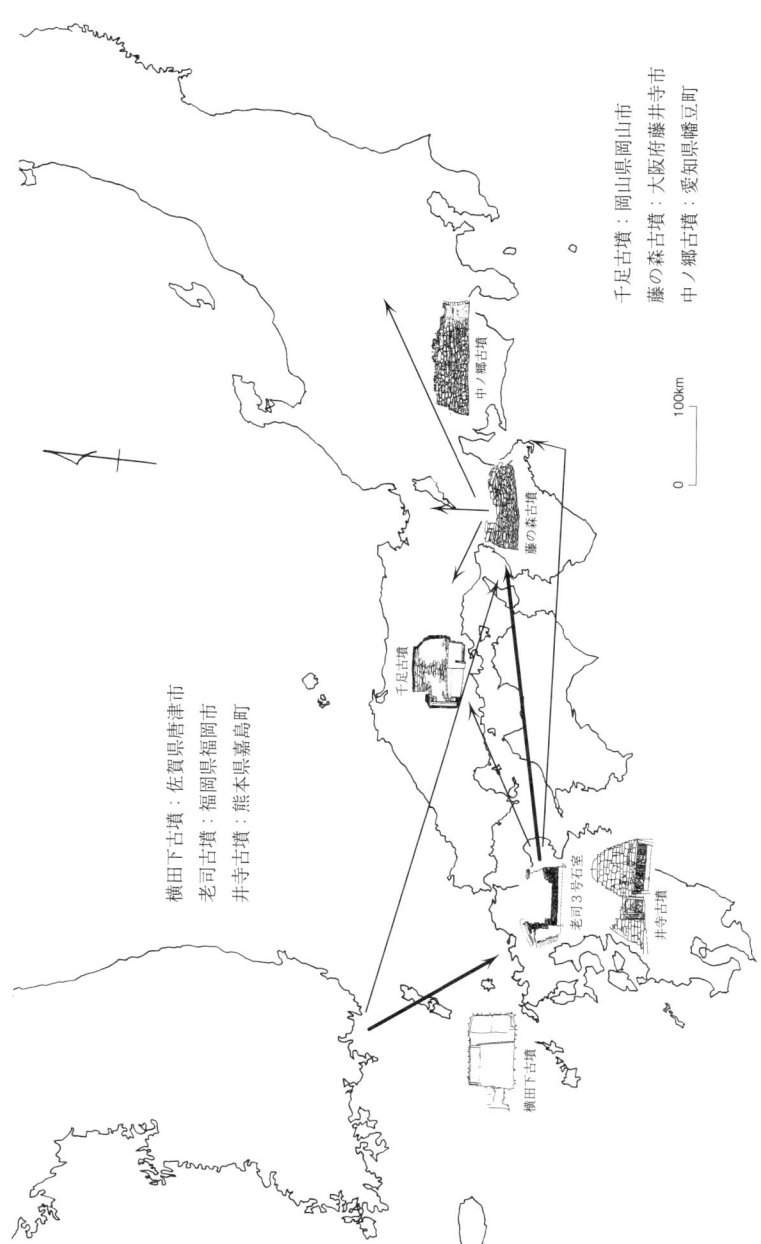

図1　初期横穴式石室（4世紀末〜5世紀代）の伝播経路（旧案）

千足古墳：岡山県岡山市
藤の森古墳：大阪府藤井寺市
中ノ郷古墳：愛知県幡豆町

横田下古墳：佐賀県唐津市
老司古墳：福岡県福岡市
井寺古墳：熊本県嘉島町

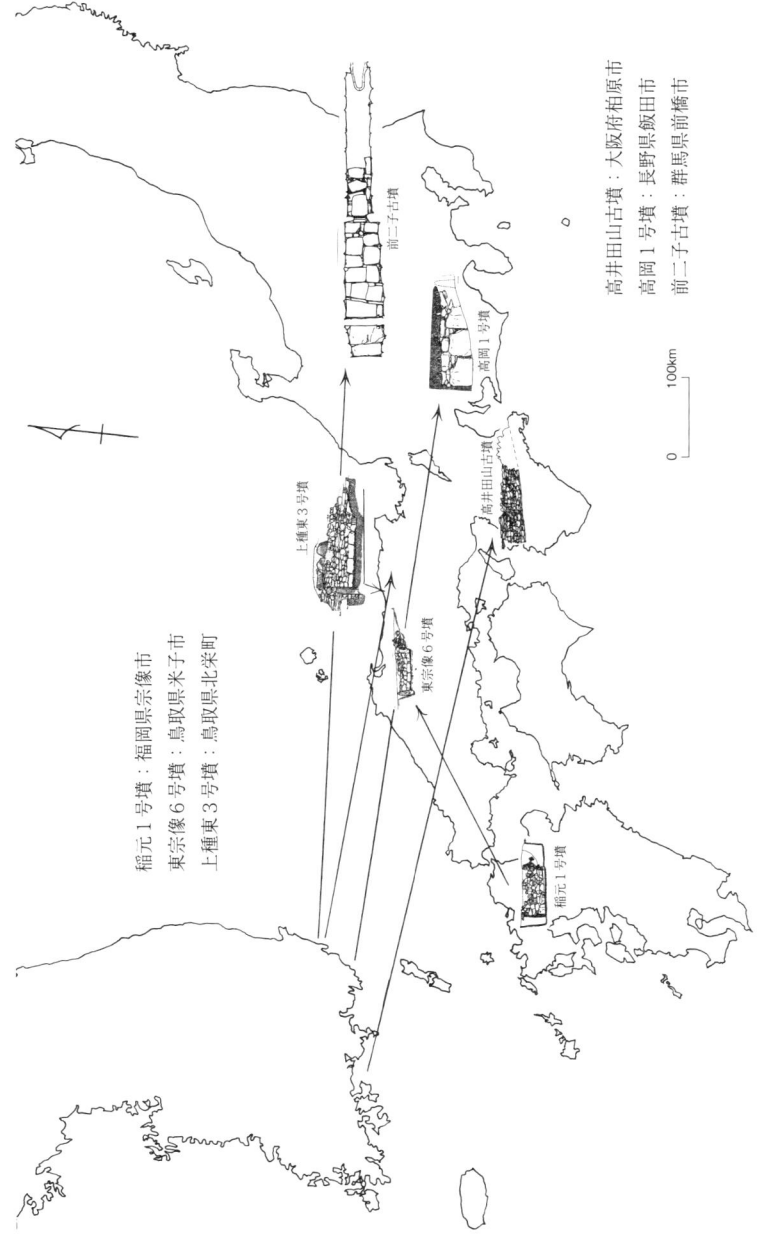

図2 初期横穴式石室（5世紀代）の伝播経路
（旧案以降新たに判明した経路。ただし上種東3号墳は6世紀中葉、高岡1号墳・前二子古墳は6世紀前半）

稲元1号墳：福岡県宗像市
東宗像6号墳：鳥取県米子市
上種東3号墳：鳥取県北栄町

高井田山古墳：大阪府柏原市
高岡1号墳：長野県飯田市
前二子古墳：群馬県前橋市

ろである。遠江の場合、無袖石室の初現は湖西市天神山３号墳であるが、筆者はかつて本墳を三河の系譜を引くものと考えた（土生田 1988）。こうした見解については、現在に至るまで変更の要を認めていない。しかし、墳丘内に割石が多く、積石塚との関連性が田村隆太郎によって指摘されている。田村はさらに浜松市辺田平 12 号墳の主体部は横穴系埋葬施設の開口部における段構造との関連性が考えられるとする鈴木一有の見解を支持している。辺田平古墳群中には積石塚である二本ヶ谷古墳群被葬者の後裔の墓が混在する可能性が高く考えられる。したがって、遠江においても無袖石室の源流に積石塚、そして渡来人とも関連する可能性を考慮する必要性が生じる結果となった。

　駿河では 6 世紀前半～中葉に横穴式石室が導入されるが、初現期の石室はいずれも無袖石室である。しかし、詳細に見るといくつかのヴァリエーションがあり（6 世紀後半以降顕著となる）、それを通して駿河西部と東部の相違が浮かび上がる。平面形では 6 世紀後半には胴張りを有するものが西部に集中し、墓坑の場合、開口部を含めた四周すべてが外部より低くなる「竪穴状」のものが東部に集中する。このような東西に見られる差異は何に起因するのであろうか。胴張りを有する石室について菊池吉修は、「擬似両袖形などの三河に淵源を持つ石室の簡略化形態、あるいは影響を受けたものとみな」す見解を披瀝しているが、妥当な見解であろう。西部では他地方同様、首長墓には両袖石室が採用されている（その代表として賤機山古墳をあげうる）。しかし東部では古墳中に占める石室の位置や規模によって被葬者の階層差が表現されるものの、基本的にはすべての階層に渡って無袖石室が採用されており、この点では駿河の東西における差異が顕著に認められるのである。石室の様相にあらわれた東部の歴史的意味については、鈴木一有の論考を参照されたい。しかし、横穴式石室の終末に至るまで胴張りをほとんど見せず、深く穿たれた墓坑も多い東部の無袖石室は、西部のそれとは系譜を異にする可能性が考えられる。現状では特定の地を伝播元として断定することは難しいが、鈴木の述べるような歴史的背景（「倭王権」との関係が無袖石室の盛行をもたらしたとみる）を考慮すれば、畿内における無袖石室との詳細な比較検討が今後課題となろう。

　次に東海道を東下する前に甲斐・信濃の無袖石室について一瞥しておこう。
　甲斐は、富士川を遡上する道によって古くから駿河と結ばれていた。例えば、

古墳時代前期を中心とした時期のＳ字口縁壺の伝播経路にあたっていることが注意されている。こうした事実から、当初甲斐の無袖石室も駿河、特に東部の石室との密接な関連のもとにあることが予測された。しかし、両者の石室は関連性が薄く、出現も駿河よりは早い時期である可能性が高い。被葬者については、姥塚や加牟那塚などの首長墓が有袖石室であるのに対して、それより下位層であることは東海地方における多くの地域と同じであるが、7世紀になるとやや上位の層にも採用されるようになるという。しかし、甲斐の無袖石室で最も注目される点は、積石塚古墳の主体部に無袖石室が採用されていることである。甲斐の積石塚も5世紀後半には出現していた可能性が高く、東三河の項で触れたように、東三河のほか、西遠江、北信、上野などとほぼ同じ時期に積石塚の構築が始まるのである。このように東日本の広範に渡る地域が、各々何らの関係もなく一斉に同じ墓制を営み始めるなどということは、確率の問題を論ずるまでもなくほとんど考えられないことであり、何らかの強権が働いた結果であろう。また積石塚の被葬者には渡来人を中核とする馬匹生産に従事した人々が想定されるのである。こうしたことから、これら積石塚の性格は、「畿内」王権によって馬匹生産に強制的に従事させられた渡来人などの墓制と見て相違ないであろう。したがって積石塚と無袖石室の密接な関連についても、渡来人との関係で考察する必要がある。ただし、初現期における積石塚の内部構造は、地域によって必ずしも横穴式石室（無袖石室）とは限らず、小石槨など竪穴系埋葬施設の場合も多い。いずれにしても、甲斐の無袖石室が積石塚との深い関連のもとにあることを銘記しておこう。

　信濃は北信、東信、中信、南信と大きく4つの地域に分かれ、古墳の様相も異なる。例えば、5世紀後半から6世紀前半にかけて、ともに渡来人が居住したと考えられる北信と南信では積石塚の有無という明瞭な差が存在する。また横穴式石室の採用が、6世紀後半と他に比して著しく遅れる東信もある。しかし、無袖石室の採用はいずれも前方後円墳など大型古墳から開始されるという。ただし大室古墳群の場合は、5世紀後半の石棺墓（合掌形石室）の中に、横口構造を有するものが存在する可能性があり、今後も検討を続ける必要がある。いずれにしても無袖石室の初現期のものの多くが、各地域において相対的には大型古墳の主体に採用されたことは、信濃の周辺地方とはやや様相を異に

する。しかし、6世紀後半以降は小規模墳の主体部として限定的に存続したようであり、他地方と同様の様相を呈している。

　相模における無袖石室は、ほかの多くの地域同様両袖石室に比して墳丘規模の小さいことが注意される。つまり当地においても有袖石室よりは下位にある人々の奥津城として採用されたのであるが、植山英史は、相模や武蔵の無袖石室が東駿河との関係を有するとする諸氏の見解を支持する。しかしその一方で、相模の無袖石室に見られる東駿河の影響は部分的であり、相模自身の選択的受容と変容の可能性を示唆する。概ね妥当な見解であると思われるが、武蔵との関係性や下野の無袖石室との比較検討も望まれる。なお、MT15型式併行期の須恵器𤭯(はそう)が出土した三ノ宮・下谷戸7号墳については、須恵器の年代観から調査者は築造時期を6世紀前半に比定した。しかし、裏込め石が少ないことや袖部に立柱石を配置することなど、後出的要素も認められる。したがって、現状では6世紀中葉以降に見ておくのが妥当なところであろう。

　武蔵は荒川流域を中心とする北武蔵と多摩川流域を中心とする南武蔵に分けられる。北武蔵の場合、石室は旧表土上あるいは盛土上に構築する。つまり墓坑を穿たない形態であり、この点深い墓坑を穿ってその中に石室を構築する（地下式構造）南武蔵とは対照的である。北武蔵は上野に隣接し、両者は歴史的にも密接な関係にある。横穴式石室の導入も6世紀初頭と関東において上野とともに最も早く、無袖石室についても上野との関連性には十分な留意が望まれる。また両地域とも中小規模古墳の埋葬施設として採用されている。後述する上野のように渡来人との関連性が明白というほどの要素を現状では挙げることはできないが、上述の検討結果は、やはり渡来人との関連性には相当な注意を払う必要性を示唆している。これに対して南武蔵の場合、小地域による差異は認められるものの、北武蔵との対照的なあり方は既述した通りであり、系譜を全く異にするものであろう。すなわち、上述の通り相模や東駿河の石室との形態的類似が認められる。このように見ると、武蔵の場合、北部は旧東山道ルートが、そして南武蔵は旧東海道ルートがこれら石室伝播の経路として浮上する結果となるのであり、古墳時代の地域間交流を検討する際の良好なモデルケースとなることが期待される。今後、ほかの考古資料との総合的研究によって、実体が解明されることを期待したい。ただし、後述するように6世紀後半〜7

世紀には南北武蔵で共通した形態の横穴式石室が採用されており、このことはあるいは武蔵という地域形成と関連するかもしれない。

　さて、上述のような検討を踏まえた時、下野は上野に東隣しており旧東山道が貫通していることから、当然北武蔵同様、上野と類似した形態の無袖石室を構築したことを想定する人が多いものと思われる。ところが、市橋一郎によって指摘されているように、実際は東海地方に系譜の淵源を持つ形態が主流である。また、無袖石室の伝播は一度限りではなく、少なくとも２回以上の波及があったこと、そして、東海地方東部との直接的な交渉の可能性は否定できないものの、基本的には多摩川流域・南武蔵地方との密接な交渉を踏まえたものであることが想定されている。一方で、下野は６世紀前半〜中葉と相武地方（相模、南武蔵）よりも早い段階で横穴式石室を受容している。これは当初受容した石室形態が片袖石室であり、宇都宮市権現山古墳の石室が前橋市前二子古墳に類似していることなどから、西方の上野からの伝播が考究されているためであり、これらの石室が伝播した経路こそ原東山道に相当するものと思われる。この片袖石室は両袖形に変化するが、これら有袖石室は無袖石室とは異なり、上位層の墳墓に採用されたこと、逆に言えば、遠江や甲斐などと同じく無袖石室は上位層の墳墓には採用されなかったことを示すものである。ところで、無袖石室の中には平面胴張り形を呈するものがあるが、これは長方形のものより後出する。この形態は、６世紀後半以降南北武蔵に共通してみられるもので、それとの関連性が考えられる。特に南北武蔵では最上位層の墳墓に胴張り複室の形態が採用されており、あるいはこれとの関連性が考えられるかもしれない。下位層の墳墓（石室）形態が上位のそれを模倣すること、これを受けて上位層は新たな墳墓形態を導入あるいは創出することが九州（重藤・西 1995）や常総地方（石橋 1995）で確認されている。下野の例もこうした観点から再検討する必要があろう。また、上野との関係は有袖石室に限られ、無袖石室については彼地との直接的な系譜関係は全くないものか、さらなる検討が望まれる。なお、裏込めの様相から当地における石室の変遷を跡付けた鈴木一男の論考は極めて説得的である（鈴木 1994）。本書と併読されることを乞う。

　上野は関東屈指の古墳文化盛行地方であり、東日本で唯一の 200m 超規模の古墳（太田天神山古墳）が築造されている。古墳時代の各段階において、東日

本ではいち早く畿内の新出要素を受容しており、新来文化の受容に腐心している。横穴式石室も例外ではなく、6世紀初頭から首長墓の主体として複数の系統が築造された。ただし、これらは畿内のものとは系統を異にしており、朝鮮半島の石室との直接的な系譜的つながりを指摘されているものもある。しかし、そうした現象をもたらした契機に、畿内が密接に絡んでいることは疑えないであろう。さて、上野の初期横穴式石室の多くは、上述の通り首長墓に採用されたが、これらはいずれも有袖の形態である。そして、無袖石室は中小古墳の主体部として採用された。この点は時期を別にすれば上述の下野と同じであるが、上野の場合、無袖石室の出現も6世紀初頭であり、有袖石室とほぼ同時期であることが異なっている。また、初期の無袖石室には積石塚に採用されたものも多く、東三河や甲斐と同様の現象が認められることに注目したい。これらの被葬者としては、甲斐の石室を検討する中で指摘したように、渡来人を中核とした馬匹生産の従事者が想定される。しかし、一方では深澤敦仁によって「地域首長墳の両袖石室採用への随伴受容」と目される例の可能性が検討されている。これは有袖石室に対して無袖石室の構築が簡易であることや、前代墓制（竪穴式小石槨、石棺）からの対応であり比較的安直に構築できることからの想定であろう。ただし、いずれもやがては両袖石室へと移行する傾向がある。この点は、東日本における他地域との明瞭な相違点として指摘できる。あるいは各階層が両袖石室に移行する傾向も、畿内との関連において生じた現象であろうか。中でも馬匹生産者を中心とする新来文化担い手の墓制と考えられる無袖石室に対し、「両袖石室採用への随伴受容」と見られる例の方が有袖石室への移行が早いとする指摘は極めて重要である。今後、網羅的な分析によって詳細に検証する必要があろう。

　以上、東日本における無袖石室についてその概略を見てきた。その結果、これらの石室の大半は、従来特別な検討を経ずに竪穴系横口式石室の系譜につながるものであり、大きくは一系列に属するものとみなされてきたが、こうした見解に根本的な修正を迫る結果となった。すなわち、①東海地方に淵源を有するもの、②馬匹生産を中心とする新来文化受容の一環として採用されたもの、③在来墓制を基として各地独自に対応した結果出現した可能性が考えられるものなど、いくつかの系統が考えられ、決して単一の系統に収斂することはでき

ない。また東海地方に系譜を求めうるものや新来文化受容の一環としての石室についても、そのさらに根本的な淵源については北部九州のほか、大和葛城地方や近江湖東地方などをはじめ、朝鮮半島からの直接的な伝播の可能性も否定できない。しかも朝鮮半島の何処に求めうるのかという問題があり、その解決は容易ではない。しかしこのことは、従来あまり注目されてこなかった無袖石室が、実は古墳時代中期後半～後期における政治・社会史の重要な資料であることを明示するものにほかならない。今回はこれ以上の踏み込んだ議論を行う用意がないが、今後こうした観点からの研究が望まれるのである。

4　西日本の無袖石室

　以上、東日本の無袖石室について、本書所収の諸論考に導かれながらその概略と問題点をまとめた。しかし、上でも明らかなように、古墳時代における文化の流れは、相対として朝鮮半島→西日本→東日本へとつながる。もちろん既述のようにそうしたステレオタイプな流れとは異なった形態も認められるのではあるが、文化流入の主流としては上記の流れが厳に存在したことに相違ないであろう。そこで、以下では太田宏明、藏冨士寛の論考に導かれながら、筆者の見解を簡単に述べておこう。

　太田は近畿地方（特に後の「畿内」）の無袖石室を、「石室構造ではなく、その変遷過程、階層構成、分布特徴やこれらの総体として考えることのできる伝播の過程を分析・相互比較することを通じて、伝播の媒体となった人間関係を考察」している。その結果、畿内型石室との際だった差異を見いだした。畿内型石室には、「斉一的な変遷過程、円滑で正確な石室構築技術の伝播、明確な中心周縁性を持った階層構成」が認められることを指摘した。これに反して無袖石室は、「斉一的な変遷・伝播を推進する力が弱く、明確な階層性」が欠如するとみる。従来から、他型式の石室に比して畿内型石室が際だった斉一性を示していることは注目されていた。しかし、畿内においても無袖石室の場合は斉一性を欠くのであり、畿内型石室の斉一性が王権の膝元であるという地理的要因のみに帰せられるべきものではないことを示しているのである。このことは両者の階層性にも密接に関連するものであり、王権と直接的な関係を有する畿内型石室被葬者と、明らかにこれよりは下位に属し王権との直接的関係が考

えにくい（もちろん間接的には配下に属するものと思われる）無袖石室被葬者との相違とみてよいであろう。

　ところで、太田は無袖石室には複数（４類型）の類型が含まれ、歴史的経緯などが異なることを指摘している。特に畿内型石室が退化したものと、竪穴系横口式石室の系譜をひくものを取り上げて詳細に分析した。したがって上記した無袖石室にも複数の類型が含まれており、前者が７世紀前半以降、後者は５世紀後半以降と時代も異なっているのであるが、そのいずれも同様の傾向を示すことに注意する必要があろう。太田は畿内型石室の退化による無袖石室成立の背景として、「簡素化した古墳をつくる必要があるということをうながした薄葬思想」を挙げているが、それだけではなく被葬者の階層性（下位に属するという）も大いに関連するものと思われる。そのことが結果的に薄葬化をいち早く促したものと思われるのである[2]。

　さて、畿内の竪穴系横口式石室については、従来北部九州地方から伝播したとする理解が支配的であったが、太田は九州と畿内の石室変遷過程やその時期から九州からの伝播は考えにくいことを指摘した。そしてこれら石室の副葬品には渡来系文物が多いことから、同種の石室が分布する朝鮮半島南部洛東江流域地方との関連性を考えている。首肯しうる考察であるが、近江・湖東地方や但馬などの石室についても、今後朝鮮半島との直接的交流を視座に入れた考察が望まれる[3]。もちろん、これらのすべてが同一の系譜に連なるものという保証はなく、九州をも含む朝鮮半島南部各地域との詳細な比較検討が要求されるのである。また畿内周辺に属する近畿地方の無袖石室が東日本における一部の無袖石室の源流となった可能性や、畿内同様洛東江流域地方など朝鮮半島から直接東日本に伝わった可能性も考えられる。特に、既述のように積石塚の主体部に採用された無袖石室についてはその可能性をも視座に入れておかねばならないであろう。

　次に、九州を中心として無袖石室を考察した藏冨士寛の論考をもとに、筆者も一考しておこう。

　九州は日本列島の中で最も早い段階（４世紀末〜５世紀初頭）から横穴式石室を受容しているが、当初からいくつかの型式が並立する。しかし、いずれも袖石を内側に突出させ、閾（梱・しきみ）石・仕切石などを配して入り口部分を門

とする意識が強い。これは石室自体を「棺」同様に見立てる意識があって、そのためいわゆる開かれた棺（石屋形など）が発達するのである。このような伝統のために、竪穴系横口式石室も5世紀後半には有袖の形態をとるようになる。先に指摘した畿内の竪穴系横口式石室との齟齬もこの点に顕在化している。これに対してこのような伝統がない朝鮮半島南部の竪穴系横口式石室は、袖の形成が未発達ないし遅れるのである。あるいは伯耆の竪穴系横口式石室も、先に指摘した但馬同様、九州からの伝播ではなく、朝鮮半島との直接的関係に基づくものである可能性が考えられるのである。筆者はかつて、数種ある東伯耆の横穴式石室のいずれもが九州との関係において受容されたものであり、その内の一つである竪穴系横口式石室も当然そうした一連の流れで理解したが（土生田 1980）、ここで自らの旧説を再検討する必要性があることを明言しておきたい。

　また九州においても畿内同様、7世紀には無袖石室が出現する。これもやはり畿内と同じく両袖石室が簡素化したものと考えられる。藏冨士はこうした現象は薄葬化を示すものであり、その背景に畿内王権からの影響による可能性を示唆している。

　このほかに対馬、宗像、日向などいくつかの地域では畿内の直接的影響による無袖石室の成立を認定できるとみている。以上の地域はいずれも王権にとって重要な地域であり、こうした考察が成立する可能性は高いであろう。

　いずれにしても九州の横穴式石室は、早い段階から成立した割に他地方に対する影響力が弱い。筆者はかつてこの理由の一つとして、横穴式石室という墓制に本来備わっている黄泉国思想（死生観）が十分に浸透しなかったことを挙げた（土生田 1998）。しかし、竪穴系横口式石室に代表される無袖石室の場合、列島内における多くの地方で下位層の墓制として採用されている。ところが九州では竪穴系横口式石室にも「玄門」を早くから設置するようになった。袖部を形成して玄門を構える仕様は、「玄門」を形成しない素形の無袖形態に比して構築作業が遙かに煩雑である。特に下位層にとっては、このことも九州に系譜の源流を持つ竪穴系横口式石室の採用がさほど広がらなかった要因となったのではないだろうか。このように考えるならば、石室の構造分析・比較や思想的背景、当該期の政治分析などに加え、今後は構築技法の技術的裏付けととも

に受容期前後における主体部の技術論的な分析も要求されることになるものと思われるのである。

5　無袖石室に関する三題—まとめにかえて—

　以上、本書出版に至る経緯を説明した後、所収論文に導かれて日本列島における無袖石室の概要を述べ、系譜を中心として若干の考察を行ってきた。ところで、冒頭に述べたように本書は静岡県考古学会のシンポジウムに端を発している。静岡県考古学会がこのようなテーマを選んだのはこれも既述したとおり、駿河東部では基本的には無袖石室以外の石室が見られないという事情が存在したからである。一般的に無袖石室は下位層の墓制であり、首長墓には採用されない。そうであれば駿河東部には首長が存在しなかったことになるが、実際は富士市実円寺西1号墳のように規模、副葬品の内容ともに他地域の首長墓に全く引けを取らない古墳も存在するのである。しかし上述したように、全国的な趨勢はやはり無袖石室の劣位を示すものであった。以下では、まず井鍋誉之、石川武男の論考に基づいて無袖石室の構築を復元的に考察する。次いで上述のような複雑な問題に取り組んだ鈴木一有の論考と、関連する大谷宏治の論考をもとに筆者も概観しておこう。

　井鍋、石川の論考は、横穴式石室の構築と墳丘の築成が密接な関連のもとになされたことを証明したものである。古墳の構築過程復元についての研究は比較的古くからあるが、墳丘と主体部の両者を一体のものとして解明しようとする明確な研究方向は、筆者の研究（土生田 1994）を嚆矢とし、近年では青木敬（青木 2003）によって意欲的に続けられている。

　さて、井鍋は静岡県長泉町原分古墳の発掘に際して、如上の観点に基づいた詳細な検証的調査を実施した（井鍋ほか 2008）。具体的には墳丘・石室の一体的な構築過程を遡及する形で発掘を進めたのである。筆者は調査過程において何度も現地を訪ねたが、その精密な調査に驚き感心したことを鮮明に記憶している。詳細はすでに発行された大部な報告書によられたいが、本書掲載論文ではその大要も簡略にまとめられており至便である。いずれも精密な調査に裏付けられた観察であり、頷けるところが多いが、裏込めに礫を多用する方法についての見解（積石塚との関連において理解しようとする）は、今後も注意する

必要があろう。というのも原分古墳の築造時期（7世紀前半）には、積石塚の造営はすでに多くの地域で終焉を迎えているからである。したがって、今後もこうした観点に基づきながら検証作業を続ける必要があろう。

　上記の積石塚との関連については、石川によって室野坂古墳群でも推測されている。本古墳群の築造は原分古墳よりもさらに遅れて、7世紀後半から8世紀代に比定されている。しかし富士川西岸域では6世紀後半から小石室を擁する古墳の造墓活動が活発となる。また富士川を北上すれば甲府盆地に至ることから、甲斐における積石塚の終焉時期と形態変化との関係の解明を今後も積極的に行う必要性を痛感するのである。

　大谷宏治は、副葬品に焦点を絞って東海～関東に及ぶ無袖石室の性格解明に挑んでいる。その結果、中原4号墳の被葬者については鉄器生産集団の長であり、渡来人と密接な関係にあるものと考えた。また他地域の無袖石室をも検討した結果、鍛冶技術集団、馬匹生産者など、職掌集団との関連性に留意する。このうち馬匹生産との関係については、筆者も指摘したが、ここで大谷が分析した古墳は、時代幅が大きく、様々な地域に広がっているため、その史的性格について単一要因に収斂することはできない。むしろ、同一の職掌集団に基づいた無袖石室の展開（「地域の中核的首長間の交流とは別次元の同一職掌間での技術交流や下位階層間での交流の結果、石室形態が伝播していく」と説明している）を指摘していることが注目される。この点、後述するように王権との関係の中で無袖石室の拡散を論じた鈴木の論と対照的に見える。しかし、事実は地域差とともに両者が複雑に絡み合って無袖石室が広がったものと思われるのである。

　本書の末尾を飾る鈴木の論考では、駿河東部における無袖石室のうち玄門に立柱石を持つ系統は、三河系の石室に端を発するものと考えられている。しかし三河を始めその影響下にある遠江や西駿河の場合、無袖石室は下位の墓制であるのに対し、当該地では上述のように上位層の墳墓にも採用されており、この点著しく異なる。また副葬品にも優品が多く、むしろ「倭王権」との強い結びつきが認められるという。一方で中原4号墳のような初期の石室（6世紀後半、三河系とは異なり開口部に段を有する＝有段石室）には渡来系の副葬品が多く、同様の現象を見せる奈良県葛城地方所在の類例を検討する。しかし両者には懸隔が大きく、むしろ百済・加耶との直接的な関連を疑うのである。筆者は

時代こそ異なるものの、すでに東伯耆（6世紀中葉）や但馬（5世紀後半）などの古墳について九州を介さない朝鮮半島との直接的な交流によるものである可能性を述べた。また、奈良県宇陀市の古墳（6世紀後半）についても半島との交流による可能性を指摘したことがある（土生田 2003）。つまり、恐らくは渡来人の到来を伴った新来墓制の受容は、日本列島の各地において数次に渡って繰り返し行われたものと思われるのであり、またその契機には畿内王権が関与するもののほか、自主的な到来や、地方首長層の主導によるものも考えられるのである。さらに鈴木は、駿河東部においては首長層も無袖石室を構築していることや副葬品の内容をも合わせ考察した結果、当地は畿内の直轄地的性格を帯びていたものと考えた。その上で駿河中央部などにみられる畿内系石室の被葬者は、「倭王権を構成する有力氏族に近しい出自や系譜を有し」ていたものと見る。一方、「倭王権との関係が異なる集団については、畿内系石室とは違う在来系統の石室を構築した」と見た。前者には畿内の大豪族との擬制的同祖同族関係を認め、後者はそうした関係を持たない直轄地内の有力者を想定していると見てよい。筆者はそこまで言い切る自信を持たないが、白石太一郎による伊那谷における横穴式石室の分析においても類似した分析結果が指摘されていることに留意しておきたい（白石 1988）。

　以上、東日本を中心に無袖石室を概観し、若干の考察を行った。その結果、無袖石室には多様な形態があり、単一の系譜・系統で理解することは不可能であることが明瞭となった。すなわち、「式」や「型」を冠して一括的理解を目指すのではなく、その各々についての詳細な検討が望まれるのである。また多くの地方では下位層の墳墓に採用されていることを確認したが、駿河東部のように在地における上位階層の墳墓として採用された例もある。その理由として、「畿内」との密接な関係が想定される。さらに、5世紀後半〜6世紀前半には渡来人との深い関わりにおいて無袖石室が採用された事例も多く、こうした石室の淵源としては朝鮮半島南部洛東江中・下流域などが注目される。このように、無袖石室も古墳時代後期における政治や社会の解明に極めて大きな貢献をなし得ることが確認できた。今後、さらに精力的な研究が行われることを期待したい。

註
(1) 後述するように、無袖石室には様々な形態があり、単一の系譜・系統として理解することは出来ない。そこで本書では単に「無袖石室」ないし「無袖形石室」と記述を統一し、「型」や「式」の用語は使用していない。この点においては、「両袖式石室」「片袖式石室」についても再考の必要があるが、本書では従来の慣例に従い、各々の著者の用法をそのまま用いている。
(2) 7世紀後半になると「畿内」における上位層の墳墓（横穴式石室）も無袖化が進む。これは横口式石槨の受容（律令官人墓）と密接に絡むものであり、単なる畿内型石室の退化現象と理解するべきではない。
(3) 林日佐子は丹後・丹波（両丹）地方における初期横穴式石室の中に竪穴系横口式石室があり、その類例は但馬にあること（中村1981）に留意した。その上でこれらが北部九州で盛行したものとは形態を異にするため、朝鮮半島南部（加耶）から日本海沿岸地方に直接伝播した可能性を示唆している（林1988）。

参考文献

青木　敬　2003『古墳築造の研究―墳丘からみた古墳の地域性―』六一書房
石橋　充　1995「常総地域における片岩使用の埋葬施設について」『筑波大学史学・考古学研究』第6号
井鍋誉之ほか　2008『原分古墳』静岡県埋蔵文化財調査研究所
重藤輝行・西健一郎　1995「埋葬施設にみる古墳時代北部九州の地域性と階層性―東部の前期・中期古墳を例として―」『日本考古学』第2号
静岡県考古学会　2008『東国に伝う横穴式石室―駿河東部の無袖式石室を中心に―』
白石太一郎　1988「伊那谷の横穴式石室」『信濃』第40巻7・8号
鈴木一男　1994「砂礫裏込の横穴式石室―栃木県南部にみられる石室裏込の一様相―」『小山市立博物館紀要』第4号
中村典男　1981「村岡町の古墳」『探訪日本の古墳　西日本編』有斐閣
土生田純之　1980「伯耆における横穴式石室の受容」『古文化談叢』第7集
土生田純之　1988「西三河の横穴式石室」『古文化談叢』第20集（上）
土生田純之　1994「横穴式石室構築過程の復元」『専修史学』第26号

土生田純之　1998『黄泉国の成立』学生社

土生田純之　2003「近畿の外来系石室─大和・ワラ田古墳の石室をめぐって─」『古代近畿と物流の考古学』学生社

林日佐子　1988「丹後・丹波における初現期の横穴式石室」『考古学と技術』同志社大学考古学シリーズⅣ

Ⅱ　各地の様相

三 河

岩原　剛

1　三河の地理的・歴史的特徴（図1）

　愛知県三河地方は、矢作川流域の西三河と、豊川流域の東三河とに大きく分けられる。両地域は本宮山塊や宮路山塊によって隔てられ、北部には山地が展開し（奥三河）、西南部は三河湾や太平洋に面している。渥美半島は文献からもうかがわれるように、対岸の伊勢・志摩との関わりが深く、歴史的な様相が内陸部とは異なるところが認められる。

　古墳は両河川流域におもに展開しており、三河湾沿岸部や渥美半島にも分布する。一方奥三河では、数が少なく分布は極めて散漫で、発掘調査された事例は数少ない。したがって、本稿で取り上げるのは一定の古墳調査数が確認できる平野部や海浜部が中心である。

　ちなみに『国造本紀』の記載から、令制参河国の成立前に、矢作川流域は参河（御河）国造、豊川流域は穂国造の支配領域であったと考えられる。

2　横穴式石室の概要

　三河では、5世紀の後葉に北部九州系の横穴式石室が採用され、その後在地的な特徴を強く持った横穴式石室が出現し、盛行する。東海において三河は、横穴式石室が最も古くに導入された地域のひとつであり、さらに6世紀後葉以降、東海の

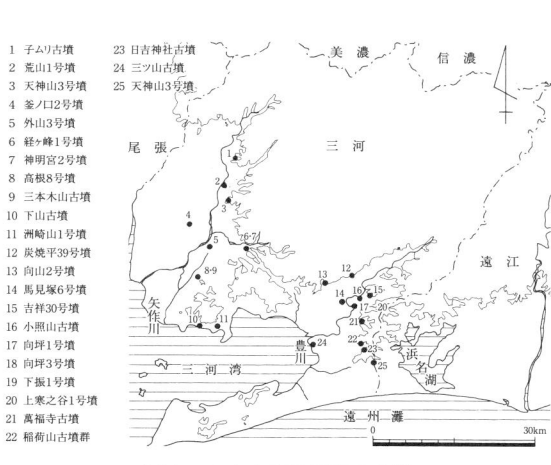

図1　おもな無袖石室の位置

周辺部各地に石室の構築技術を伝えた情報の発信地でもある（鈴木 2003、岩原 2008b）。

　三河の横穴式石室を大きく分類すれば、北部九州系の竪穴系横口式石室と、かつてそれに系譜を引くと指摘された無袖石室[1]、玄門・羨門などに立柱を立てることで石室内を区分した石室（東海では、加納俊介の命名（加納 1988）に従い「擬似両袖式石室」と呼ばれる）、片袖式石室、両袖式石室が認められる。このうち後二者は広義の畿内系石室に含まれるもので、現段階では渥美半島の大型横穴式石室、および豊川流域のごく一部で確認されるに過ぎない客体的な存在であり、主体を占めるのは前二者である。

　「擬似両袖式石室」は、立柱により空間を区分する方法から、九州を初めとする西日本起源の技術のもとに生み出されたものと考えられる。6世紀前葉から中葉にかけて、矢作川流域において擬似両袖式石室の技術が醸成される中で、新たな情報の受容による弧状天井、奥壁の1石化、さらには複室構造や胴張りなどの要素が加味され、大型の空間を持った横穴式石室へと変化を遂げる。完成期とも言える6世紀後葉（TK43型式期）の擬似両袖式石室は、すでに「三河型横穴式石室」と呼ぶべきものである。

　三河型横穴式石室は、西三河周辺部の有力古墳などに採用されたほか、石室を構成する各要素はさらに広域の小型古墳などへ採用されていった。矢作川流域において醸成された横穴式石室の技術は、直接的・間接的に、東海地方一円に影響を与えたと言っても良いだろう（岩原 2008b）。

3　無袖石室の分類

　古墳時代中期後葉において、東海地方に北部九州系横穴式石室、とくに玄室部入口が段構造をなし、明確な羨道を持たない無袖の石室・竪穴系横口式石室が伝播したことはよく知られている。そして、東海の広い範囲で初期の横穴式石室に無袖石室が採用されていることについても、北部九州系石室の系譜の延長上として理解されてきた（土生田 1988）。

　しかし、盛行するのが北部九州ではほぼ終焉を迎える時期以降であることからもわかるように、三河の無袖石室には北部九州以外からの系譜も想定する必要があり、その系譜や淵源の解釈は一筋縄ではない。

そこで、矢作川・豊川流域の様相をあらためて見つめ直すことで、その具体相を再検証する。ここでは玄室部入口の構造の違いに着目し、その分布と展開を追ってみよう。

玄室部入口の構造は、次のように分類される。

段構造　入口側が開放されない墓坑の内部に石室を構築する場合、入口と石室内の床面との間には必然的に段差が生じる。この段差の装飾方法（段構造）にはさまざまな類型が認められる。

　　段構造 a：板石を立て、裏込めに土を使用する
　　段構造 b：石材を積み上げ、裏込めに土を使用する
　　段構造 c：石材のみを使用する
　　段構造 d：装飾を施さず、墓坑の落ち込みをそのまま利用する

梱　石　石室を横断する形で床面に石材を置き、玄室部と羨道部とを区分する。梱石と呼ばれる技法で、細長い 1 石、あるいは数石を並べて使用する。

無　段　玄室部と羨道部とを区分する明確な構造を持たず、床面が水平となる。敷石の有無で区分を表現する場合がある。

その他　上記の構造が発展し、また複合的に融合した例が認められる。緩やかなスロープの上り坂となるものや、上り坂に段構造や梱石が付属する例などである。新しい段階の石室に認められる特徴でもある。

以下、石室の展開過程を初現期（～TK47 型式期）、導入期（MT15～MT85 型式期）、展開期（TK43～TK209 型式期）、終末期（TK217 型式期～）に分けて説明する。

4　無袖石室の様相

(1)　矢作川流域（図 2）

初現期　よく知られるように、経ヶ峰 1 号墳、外山 3 号墳、青塚古墳などは北部九州から伝播した竪穴系横口式石室[2]と評価されている。いずれも全長 30 m を前後する帆立貝形古墳や造出付円墳、前方後円墳であり、副葬品にも恵まれるなど中規模な首長墓と評価される古墳である。

ただし、外山 3 号墳や青塚古墳は石室が長細く、北部九州ではほとんど認められない形態である。すでに重藤輝行が福岡県・津屋崎 10 号墳の前方部石

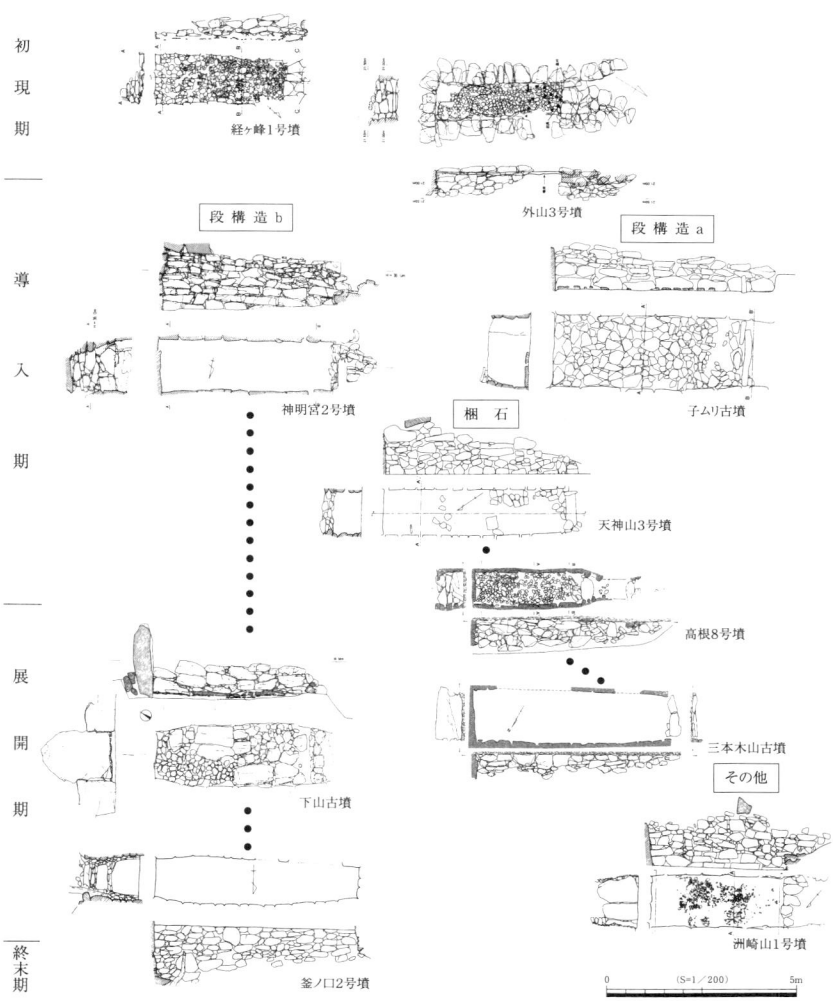

図2　無袖石室の変遷（矢作川流域）

室をもとに触れているように（重藤 1999）、韓半島など別系譜の石室の影響を受けている可能性が高く、直接的な伝播は経ヶ峰 1 号墳だけであろう。

　導入期　東海の広い範囲で横穴式石室が導入される時期にあたり、矢作川流域では三河型横穴式石室のプロトタイプが出現している。

　無袖石室に目を移すと、段構造 a の子ムリ古墳と段構造 b の神明宮 2 号墳が古段階には現れ、新段階には梱石を伴う天神山 3 号墳なども認められる。さらに末段階には上り坂など、その他の構造を持つものが現れている。段構造 a は伊勢湾沿岸で散見される技法であり、例えば三重県平田 18 号墳（TK47 型式期）や三河湾の日間賀島に所在する北地 4 号墳（TK10 型式期）などに見られる。一方、段構造 b は、その後矢作川流域の無袖石室の主体を占める技法で、初現期の外山 3 号墳にも認められ、北部九州を起源とする可能性はある。ただし、MT15 型式期まで北部九州の竪穴系横口式石室で盛行する玄室部入口の立柱が、三河では認められないことに注意すべきだろう。

　このほかの特徴として、初現期は奥壁の構造が小型石材による多石多段積みであるのに対し、この時期から基底に大型石材を用いるようになる。

　なお、MT15 型式期まで、無袖石室は 20 〜 30 m の大型の円墳など首長墓に採用されたが、その後中小の古墳にも採用され、構築数を急速に増やすことになる。

　展開期　三河型横穴式石室が完成し、周辺地域に技術を伝える時期である。無袖石室は段構造 b と梱石、その他が継続する。奥壁の大型化や石室平面形に胴張りが採用される（下山古墳）など、三河型横穴式石室の影響を受けたものが現れる。有力古墳には三河型横穴式石室、中小古墳には無袖石室という二分化したあり方が確立し、地域の秩序が表現されていく。

　そして展開期のうちに無袖石室はほぼ終焉を迎える。終末期には無袖石室と三河型横穴式石室の折衷形態ともいえる、立柱を持ち羨道が不明瞭な石室が出現している。

（2）　豊川流域（図3）

　初現期　豊川河口の段丘上に所在する三ツ山古墳は、全長 37 m の前方後円墳であり、TK47 〜 MT15 型式期に属する。2 号石室は前方部から検出された無袖石室で、入口の構造は把握されていないが、奥壁は基底に大型石材を用い

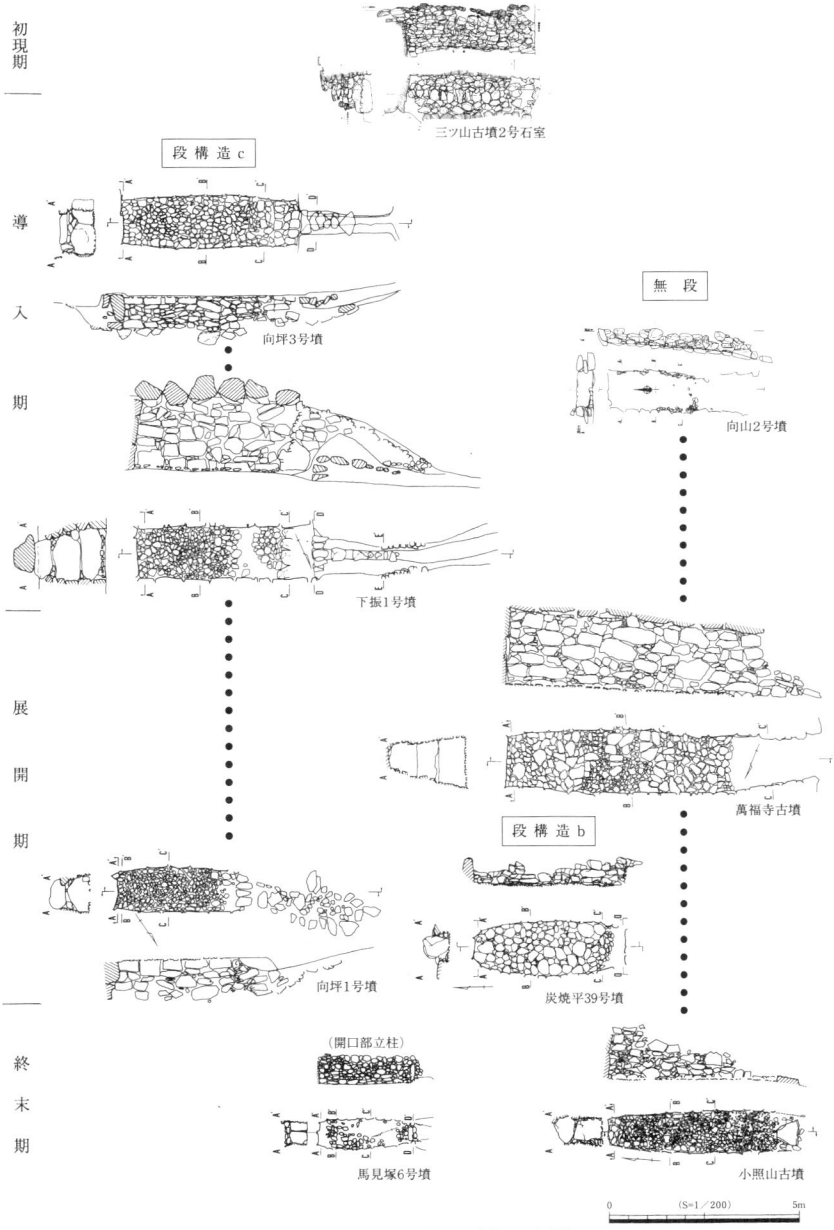

図3 無袖石室の変遷（豊川流域）

るほか、側壁には小型の石材を小口積みするなど古相が認められる。

　本石室で特徴的なのは、壁面の縦横の目地がよくそろうことであり、石材が組み合わないため崩落しやすいといった技術の稚拙さが認められる。

　導入期　向坪3号墳はMT15型式期に位置づけられる直径10.5mと推定される円墳である。玄室部の入口は段構造cであり、さらに排水溝を備えていた。同墳は尾根上に立地しているので、特別に排水を意図する必要はないが、その後豊川流域では多くの無袖石室に排水溝やそれに近い構造の墓道が設けられていることから、地域的な特徴と考えられる。

　段構造dは、この時期から展開期にかけて、豊川左岸の豊橋市多米地区の稲荷山古墳群のみで確認されている。

　一方、この時期には多様な無袖石室が認められる。三ノ輪山1号墳は直径17m、寺西1号墳は25mの円墳で、複数の馬具や装飾須恵器が出土するなど、有力階層の墓と考えられる。いずれも段構造cとなるのだが、奥壁の一石化や胴張り、入口における立柱の採用があり、明らかに矢作川流域の擬似両袖式石室の影響を受けている。

　さらに、この時期には無段の石室が存在する。向山2号墳はTK10型式期に位置づけられる、直径6.5mの積石塚古墳で、無袖石室を採用している。豊川流域の積石塚古墳の横穴式石室は、確認されたすべてが無袖石室であり、これについては後であらためて触れたい。

　展開期　この時期には段構造c、梱石が確認される。赤ざれ3号墳や萬福寺古墳のように、盛土古墳に無段のものが盛行するのもこの時期からである。また、多くの無袖石室に胴張りが採用されている。

　終末期　前代と同様、段構造c、無段の石室が継続して認められるほか、豊川右岸の地域的な特色として、炭焼平古墳群などで石室の入口に立柱を持ち、段構造bまたは上り坂となる石室が出現する。また、すべての無袖石室に三河型横穴式石室の影響として胴張り、もしくは胴張りの変容形態である奥窄り形（奥壁付近のみを強く彎曲させた平面形）が採用される。

　(3)　まとめと問題点

　三河ではまず、古墳時代中期に矢作川流域で北部九州系石室が導入され、次いで外山3号墳や青塚古墳が築かれる。後二者の石室の構造はすでに北部九

州のそれとは異なる部分が認められ、別系譜の石室か、その影響を受けて地域内で変容したものである。

　導入期には、矢作川流域、豊川流域の両者で無袖石室が採用される。両者は早い段階から玄室部入口の構造や排水溝の有無などの違いが認められ、それぞれの系譜が異なると考えられる。また矢作川流域においても、石室が一様に細長くなるあり方から、すべて九州起源の系譜上にあるわけではなく、それ以外の系譜の要素が加味されていると考える。

　展開期には地域内で無袖石室の変容が著しく進む。とくに胴張りの盛行は豊川流域に顕著であり、奥壁が一石化することなどとあわせ、矢作川流域で盛行した「三河型横穴式石室」の影響であろう。一方で、当の矢作川流域の無袖石室は豊川流域ほど変容は進まず、胴張りも弱いものが多い。

　無袖石室は、矢作川流域では展開期のうちに終焉を迎えるのに対し、豊川流域は終末期まで継続する。ただし矢作川流域では、無袖石室と三河型横穴式石室の折衷形態の石室が後続している。

　以上のように、矢作川流域と豊川流域では早い段階に無袖石室が出現・盛行するが、その変遷過程はそれぞれで異なっている。そして、従来の理解である北部九州→矢作川流域→豊川流域という伝播ルートは、導入期以前から石室のバラエティー、つまり系譜の違いが想定されるため、再検討が必要である。

5　無袖石室と墳丘構築方法との相関性

　ここで少し視点を変え、無袖石室の墳丘構築方法についてみておきたい。現時点では、以下のような方法が確認される。

①-1　墓坑は旧表土、もしくは若干の盛土をほどこした後、掘削したもので、浅い。
　　　→石室の構築にあわせ、墓坑の裏込土を充填する。
　　　→石室の構築に合わせ、盛土を行う。

①-2　墓坑は浅い。その後石材を大量に使用して墓坑の裏込めや石室の控積みとする。
　　　例：向坪3号墳、稲荷山古墳群

②-1　深い墓坑を持つ。墓坑は墳丘が充分な高さに達するまで盛土された

　　　　　　後、掘削される。
　　　　　→石室の構築に合わせ、墓坑の裏込めを充填する。
　　　　　　　例：子ムリ古墳
　　②－2　深い墓坑を持つ。墓坑は地山を深く掘り込む。
　　　　　→石室の構築に合わせ、墓坑の裏込めを充填する。
　　　　　→盛土を行う。
　　　　　　　例：荒山1号墳
　　③　墓坑を持たず、墳丘の盛土・石積みに合わせて石室を構築する。
　　　　　　　例：三ツ山古墳、上寒之谷1号墳（積石塚古墳）

　①－1は極めて汎用性の高い方法であり、矢作川流域で比較的よく認められている。一方、豊川流域では特に左岸域で①－2が盛行する。これを玄室部入口の構造との分布に置き換えるなら、①－1と段構造b、①－2と段構造c・dとが相関関係にあると考えられる。また、段構造cのあり方は、墓坑の石材を用いた裏込めと同様の発想からなると解釈されよう。つまり、段構造による系譜の違いと、墳丘の構築方法とはリンクしており、石室の系譜の違いは墳丘の構築方法の違いにまで及んでいるのである。

　また、②－1・2は、恐らく天井石から下の大半が墓坑内に収まっていたと考えられる。こうした「深い墓坑」も、系譜の違いを反映すると思われる。とくに荒山1号墳は、地山を削り出してある程度まで墳丘を成形し、後にわずかに盛土しただけであり、三河では特殊な部類の墳丘構築方法である。

6　無袖石室の階層性

　矢作川流域では、初現期～導入期の無袖石室は明らかに有力古墳に採用されていた。そして三河型横穴式石室が生成し盛行する中で、無袖石室は下位層にも採用されている。

　一方、豊川流域でも初現期の例である三ツ山古墳は前方後円墳であり、有力古墳の主体部に採用されている。展開期になると、矢作川流域から三河型横穴式石室が導入され、盛行する。豊川流域の最高権力者である馬越長火塚古墳に採用されるなど、明らかに有力古墳の主体部として用いられ、無袖石室は矢作川流域と同様に下位層の墓となる。

ただし、無袖石室が三河型横穴式石室の出現によって相対的に下位へと位置づけられ、あたかも地域における墓制のシステムが整備されたように考えるのは、注意が必要である。例えば導入期の豊川流域では、向坪3号墳のようにすでに小型古墳に採用されている事例があり、矢作川流域とは様相が異なっている。つまり、無袖石室のある系譜は、当初から有力者の下位に所属する集団に伴うものであり、その後の位置づけはその延長上と目される。石室の形式の違いは、それを構築した集団の系譜の違いを示すと理解すべきであり、それぞれの集団の社会的な位置づけが墓制に反映したと捉えたほうが良い。

また、無袖石室の中にも階層差はある。矢作川流域では把握しにくいが、豊川流域では象嵌装大刀や装飾須恵器を副葬した無袖石室があり、石室の規模も比較的大型である。これは、無袖石室を採用する集団の中での階層差ととらえることができる。

7　小地域での無袖石室の卓越（図4）

三河では複数形式の石室が存在することは前述したが、矢作川流域、豊川流域でそれぞれ一様なあり方を示すわけではなく、小地域、あるいは群集墳単位で特定形式の存在やその卓越を認めることができる。

豊川左岸の豊橋市多米地区（さらに南の二川地区も含まれるかもしれない）は、発掘事例こそ少ないが、擬似両袖式石室は確認されていない。そして未調査古墳も含め、最も卓越するのは無袖石室である。この地区が興味深いのは、地域内での上位層に三河型横穴式石室ではなく、右片袖式石室が採用されていることである。

三河では、渥美半島の後期首長墓に左片袖・両袖式石室が採用されており、これは伊勢湾を挟んだ対岸の南伊勢・志摩半島から技術が伝播したものと理解されている。現に、これら石室の形態変遷は、該地の石室の変遷と軌を一にしている（土生田1988）。

一方、多米地区は三河・遠江の国境越えを控えた街道のとおるところであり、右片袖式石室を重要視する思想は、遠江からもたらされた可能性が高い。ただし興味深いのは、多米地区の右片袖式石室の技術が遠江とはまったく異なり、あくまで在地の無袖石室の技術に立脚していることである。例えば、近年

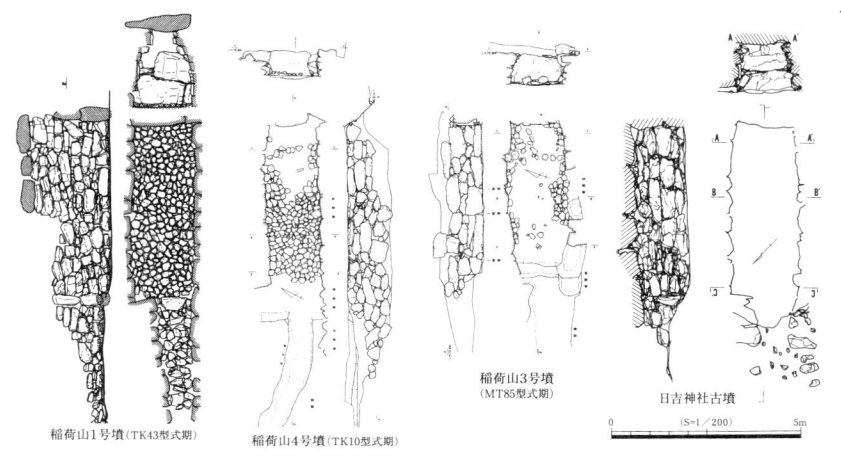

図4　多米地区の横穴式石室

稲荷山1号墳(TK43型式期)　稲荷山4号墳(TK10型式期)　稲荷山3号墳(MT85型式期)　日吉神社古墳

調査された稲荷山1号墳は、無袖石室ばかりで構成される群集墳の中で唯一の右片袖式石室で、群中では最大の墳丘を持ち、豊富な玉類や鉄製馬具が出土している。この石室は、墓坑内に基底石を置いた時点では無袖石室と何ら変わりはなく、その後墓坑外に羨道を付加するようにして石室を築いており、結果的に「細長い玄室を持った」右片袖式石室になっている。また単独墳で右片袖式石室を持つ日吉神社古墳は、玄門の天井には片袖・両袖式石室に通常見られる前壁がなく、玄室と羨道で一連の水平なものとなっている。

　つまり、多米地区では無袖石室が地域における横穴式石室の基本構造であり、上位層は交流のある隣接地域の思想・情報を取り入れながら、主体を占める無袖石室の技術に立脚して特異な右片袖式石室を構築しているのである。こうした小地域に認められる特定の石室形式の卓越は、駿河東部一帯における無袖石室の集中と同様の現象と考えられる。つまりそれを構築した地域集団の性格や秩序にもとづく、地域の論理によるものである[3]。

8　渡来人と無袖石室

　ところで、豊川流域では古墳時代中期末葉、遅くとも TK47 型式期には積石塚古墳が出現し、TK43 型式期まで継続している。初期の積石塚古墳には竪穴系の主体部が採用されているが、TK10 型式期以降の主体部はすべて無袖石室

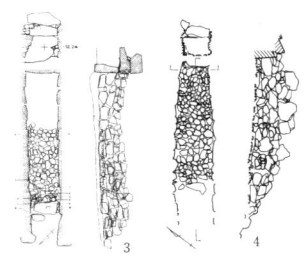

1 上寒之谷1号墳（MT15〜TK10型式期）
2 向山2号墳（TK10型式期）
3 天神山3号墳（TK10型式期）
4 吉祥30号墳（TK43型式期）

※いずれも玄室部入口の構造は無段で、
　1には仕切石が、3・4には梱石がある。

図5　積石塚古墳の無袖石室

である。その規模は墳丘に比例してか、盛土古墳に比べ小さい。

　積石塚古墳の無袖石室には、玄室部の入口に段構造を伴う事例が存在しない。玄室部と羨道部との境界は無段（向山2号墳など）か、あるいはその境界を区別するため梱石を置く（天神山3号墳）。古い事例には扁平な石材を立てて「仕切石」とするもの（上寒之谷1号墳）がある（図5）。

　そもそも、無段は豊川流域で顕著に認められ、段構造が退化し、簡略化された形態と考えられていた。しかし、積石塚古墳の主体部のあり方からすれば、段構造の退化ではなく、「段を持たない無袖石室」の系譜が存在し、それが渡来人、あるいはそれと濃密に関わる倭人の墳墓形態である積石塚古墳に認められるという事実に着目すべきである。豊川流域の盛土墳に認められる無段の無袖石室は、積石塚古墳の影響下に出現したと推定される。

　また、先にもあげた矢作川流域の荒山1号墳（図6）は、出土した須恵器の型式からTK43型式期に築造され、TK209型式期に追葬が行われたと考えられるが、奥壁に大型の石材を使用せず、壁面をすべて小型の石材で構築し、さらに石室は深い墓坑にすっぽりと収まり、著しく高い段構造を持つなど、同時期の矢作川流域の無袖石室には認められない特徴が見られる。荒山1号墳の無袖石室を在地の石室の系

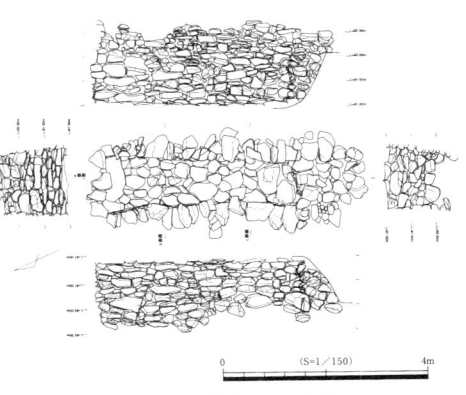

図6　荒山1号墳の無袖石室

譜の中で評価するのは困難であり、新たにもたらされた系譜と考えるのが妥当だろう。この場合、竪穴系横口式石室の情報発信地である北部九州に類例を探すのは難しく、形態的な類似性から見て、渡来人によってもたらされた韓半島の墓制に準拠している可能性が高い[4]。

例えば、鳥取県の上種東3号墳、奈良県の石光山古墳群や寺口忍海古墳群、二塚古墳くびれ部石室、ワラ田古墳、長野県の畦地1号墳、北本城古墳、山梨県の横根・桜井古墳群のように、渡来人（とその子孫、および渡来人と濃密にかかわる倭人集団）の墓と目される古墳に、無袖石室は多く認められる。これらには段構造のあるものや無段のものなどさまざまな系譜が認められ、中には三河にあっても遜色ない形態の石室も存在する。

渡来人の墓として、無袖石室が列島の広い範囲で分布する事実は近年積極的に評価されつつある（土生田 2006）。そうした状況は三河にもあてはめることができると考える。

9　おわりに―三河からの提言―

三河にもたらされた無袖石室の系譜の候補としては、従来言われてきた北部九州のほか、渡来人によってもたらされた韓半島の墓制が有力な候補にあげられる。さらに、列島における九州外の地域（これにも九州から伝播し、渡来系などほかの要素が絡みながら、在地的に変容したものがあっただろう）からもたらされた系譜も想像される。しかし、渡来人による墓制の明確な定義を持たず、韓半島の状況を充分把握をしていない筆者の力量では、複雑な受容のありかたを指摘するにとどめるばかりである

従来、美濃や尾張、遠江など三河周辺で認められる無袖石室について、三河からの伝播したものと評価されてきた。無袖石室が盛行する隣接地をよりどころとする姿勢は充分理解できる。しかし、もう一度その系譜について見直しをはかるべきではないだろうか。例えば美濃の無袖石室はいずれも細長い形態が一般的であり、導入期に、三河と同時に、他地域から北部九州とは別の系譜の石室がもたらされたことも考えられる。

ところで、時期は展開期にくだるものとして、遠江で近年呼称される「三河系無袖石室」は、胴張りをもった平面形の無袖石室をとくに指すようである。

しかし、すでに無袖石室を構築する技術が存在する中で、三河から跛行的に胴張りの「技法（流行）」だけがもたらされたという解釈も可能であり、これを三河系と一括することは、その歴史的意義を見失うのではないかとの危惧を覚える[5]。

列島東部における無袖石室の系譜の評価には、今後三河はもちろんほかの地域でも、さまざまな可能性を想定する柔軟な姿勢が求められるだろう。

註
(1) ここでは竪穴系横口式石室の用語を、明らかに九州からもたらされたそれに限定し、東海地方における在地形態として定義された「竪穴系横口式石室」は無袖石室と呼称して区別する。
(2) 前掲註(1)と同じ。
(3) 稲荷山1号墳が築造されたTK43型式期は、東三河の有力古墳において各種の石室形式が認められる時期である（須川2006）。豊川流域の首長たちが独自にそれぞれのアイデンティティ表現の道具として、交流のあった地域の思想や技術をもとに、より大型の空間を指向した石室形式を採用していくのであり、稲荷山1号墳の石室もこうした地域的な欲求の中で生まれたものと考えられる。
(4) 渡来人の墓を認定する場合、墳丘や石室の構造とあわせ、副葬品の内容も重要な要素を占める。それにのっとれば、東海ではすべてを具備した古墳は存在しない。しかし筆者自身が経験した積石塚古墳研究にもうかがわれるように、認定への逡巡が研究の進化を鈍らせてきたのも事実である。文献から渡来人の列島各地への移住はすでに認められるところであり、筆者は、単体で交易品や商品として移動することのない遺構の特徴を重視する立場をとっている。
(5) 強いて言えば、遠江の「三河系無袖石室」は、三河型横穴式石室の技術を発信した矢作川流域ではなく豊川流域の形態に近い。大谷宏治も同様の指摘を行っている（大谷2003）。

参考文献
愛知大学日本史専攻会考古学部会 1988『西三河の横穴式石室 資料編』
岩原 剛 2008a「三河の無袖石室の様相」（静岡県考古学会2008 文献所載）

岩原　剛 2008b「三河の横穴式石室」『吾々の考古学』和田晴吾先生還暦記念論集刊行会

大谷宏治 2003「大井川西岸における横穴式石室の様相」『静岡県の横穴式石室』静岡県考古学会

加納俊介 1988「1．石室の形状」（愛知大学日本史専攻会考古学部会 1988 文献所載）

重藤輝行 1999「北部九州における横穴式石室の展開」『九州における横穴式石室の導入と展開』九州前方後円墳研究会

静岡県考古学会 2008『東国に伝う横穴式石室』

須川勝以 2006「東海の横穴式石室　三河編」『東海学セミナー(2)―東海の横穴式石室を考える―』春日井市教育委員会

鈴木一有 2001「東海地方における後期古墳の特質」『東海の後期古墳を考える』東海考古学フォーラム三河大会実行委員会・三河古墳研究会

鈴木一有 2003「東海東部の横穴式石室にみる地域圏の形成」『静岡県の横穴式石室』静岡県考古学会

土生田純之 1988「西三河の横穴式石室」『古文化談叢』第 20 集（上）、九州古文化研究会

土生田純之 2006「日本列島の加耶文化」『古墳時代の政治と社会』吉川弘文館

三河考古学談話会 1994『東三河の横穴式石室　資料編』

（※挿図の出典は、愛知大学日本史専攻会考古学部会 1988 および三河考古学談話会 1994 のほか、各古墳の報告書によるが、その逐一の掲載は紙幅の都合で割愛した。）

遠 江

田村　隆太郎

　遠江には600基を超える横穴式石室の分布が知られている。発掘調査例も多く、横穴式石室の形態・構造やその変遷についての把握は、1988年の鈴木敏則の研究成果や2000年の鈴木一有の研究成果を中心として、総合的にも進められてきている（鈴木敏1988、鈴木一2000）。

　遠江における横穴式石室は、6世紀前葉～中葉に受容期があり、7世紀にかけて群集墳の形成とともに普及・展開し、8世紀には終焉することがわかっている。また、両袖（式）・片袖（式）・擬似両袖（式）および無袖の横穴式石室があり、それらが併存しながら変遷していく過程が把握されてきている。ただし、片袖式や擬似両袖式が注目されることはあっても、無袖の横穴式石室が研究の主要テーマとしてあげられることは少ない。

1　遠江の横穴式石室

(1)　分布と地域性

　遠江における横穴式石室の分布は、磐田原台地・三方原台地などの西寄りの地域にかたよる[1]。単独墳のほかに小型円墳が群集する古墳群（後期群集墳）が

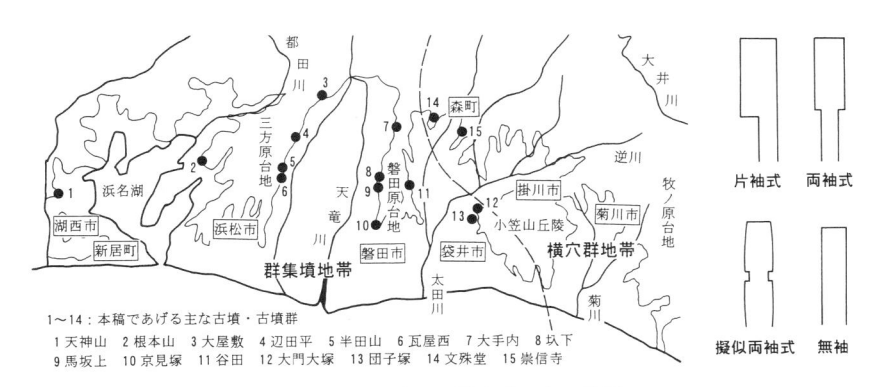

図1　遠江の地理と横穴式石室の分類

1～14：本稿であげる主な古墳・古墳群
1 天神山　2 根本山　3 大屋敷　4 辺平　5 半田山　6 瓦屋西　7 大手内　8 坑下
9 馬坂上　10 京見塚　11 谷田　12 大門大塚　13 団子塚　14 文殊堂　15 崇信寺

多く形成されており、比較的広い階層に横穴式石室が用いられていることがわかる。一方、太田川流域より東の地域では、横穴式石室の分布が疎になり、かわりに横穴墓の群（横穴群）が多く分布する（図1）。

このように、横穴式石室墳と横穴墓は、共に広い階層に普及して群集化する様相を示すとともに、「群集墳地帯」と「横穴群地帯」といった東西の地域性の違いを明確に示すものとして評価できる。なお、東西地域の中間的位置にある太田川上流域などでは、横穴式石室墳と横穴墓が併存している。しかし、群集傾向が強いのは横穴墓であることから、基本的には横穴群地帯にあると評価できる。筆者は、横穴群地帯における横穴式石室墳について、群集せず、金銅装馬具や装飾付大刀などを副葬する場合が目立つことから、各小地域に点在する小首長クラス程度の階層に限定されていた可能性を指摘している（田村ほか 2001）。

(2) 形態と変遷

横穴式石室の形態分類については、主に平面形における玄室と羨道の区画によって行われ、両袖（式）・片袖（式）・擬似両袖（式）・無袖（式）に分類される場合が多い（図1）。立面形態や床・奥壁・側壁の構造などに留意した把握も必要であるが、遠江では上部の構造が消失している場合が多く、床面も荒らされたり未発掘であったりする場合が少なくない。なるべく多くの横穴式石室を対象として比較研究する必要から、本稿においてもこの分類を用いる。なお、右片袖・左片袖といった用語に用いられる石室の左右については、奥壁から開口方向を見た際の方向とする。

横穴式石室の変遷については、鈴木一有および静岡県考古学会によって4つの段階（第1期～第4期）に区分した把握がなされている[2]。第1期は、横穴式石室の導入期であり、概ね6世紀前葉～中葉（MT15～TK10型式併行期）に該当する。首長墓的な上位階層墳に横穴式石室が採用される段階であり、後期群集墳の形成開始は一部に限られる。畿内系といわれるような片袖式石室（浜松市興覚寺後古墳、磐田市甑塚古墳）が代表的であるが、両袖などもある。第2期（6世紀後葉～7世紀初頭：TK43～TK209型式併行期）になると、後期群集墳の形成が本格化し、横穴式石室の普及が認められるようになる。片袖・両袖の石室が第1期から続くほか、擬似両袖式および無袖の横穴式石室が多く用い

られるようになる。第３期（７世紀：TK217 〜飛鳥Ⅳ型式併行期）になると、横穴式石室の形態が擬似両袖式および無袖に集約されるともに、全体に小型化の傾向が認められるようになる。群集墳の展開においても、第２期とは異なる古墳群が認められるようになるなど、変容期として評価することができる。第４期（８世紀：飛鳥Ⅴ型式併行期〜）は、横穴式石室（古墳）が衰退し、終焉を迎える時期である。

　（3）　無袖の横穴式石室について

　本稿では、無袖の横穴式石室を「側壁の屈曲・屈折や突出する立柱石によって明確に玄室と区分される羨道をもたない横穴式石室」とする。この場合、「両袖（式）・片袖（式）・疑似両袖（式）以外の羨道をもたない横穴式石室」が該当することになるが、羨道が袖構造によって明確に区分されていない場合、出入口に袖構造をもちながらも羨道をもたない場合、もしくは天井を伴う羨道とは異なる入り口構造を伴う場合なども含み、その範囲は広い。

　遠江には、100 基以上の無袖の横穴式石室が知られている。擬似両袖式石室（200 基以上）に次ぐ数であり、特殊ではないことがわかる[3]。さらに諸研究によって、第１期には導入が認められること、第２期には群集墳において普及し、群集墳に用いられる一形態としての無袖の横穴式石室（狭義の無袖式石室）の定型化が評価できること、第３期以降の小型化という変遷を経ながら第４期までの構築があることが把握されている。なお、第２期以降の展開は擬似両袖式と類似しており、平面形の側辺が直線的な石室と弧状を成す石室（胴張り傾向の石室）が存在するなど、形態的特徴においても擬似両袖式との相互影響が指摘されている。

2　無袖石室の変遷

　（1）　出現の様相

　横穴式石室の出現期においてすでに、畿内系に位置づけできる片袖式石室とは別に、無袖の横穴式石室を用いた古墳がつくられている（図２）。

　湖西市天神山３号墳は、直径約 10 ｍの円墳である。墳丘には割石が多く混在しており、積石塚との関連も指摘できる。出土遺物から６世紀中葉の築造と６世紀後葉以降の追葬が把握されている。古墳群には３基が分布するが、２号

図2　出現期の無袖の横穴式石室

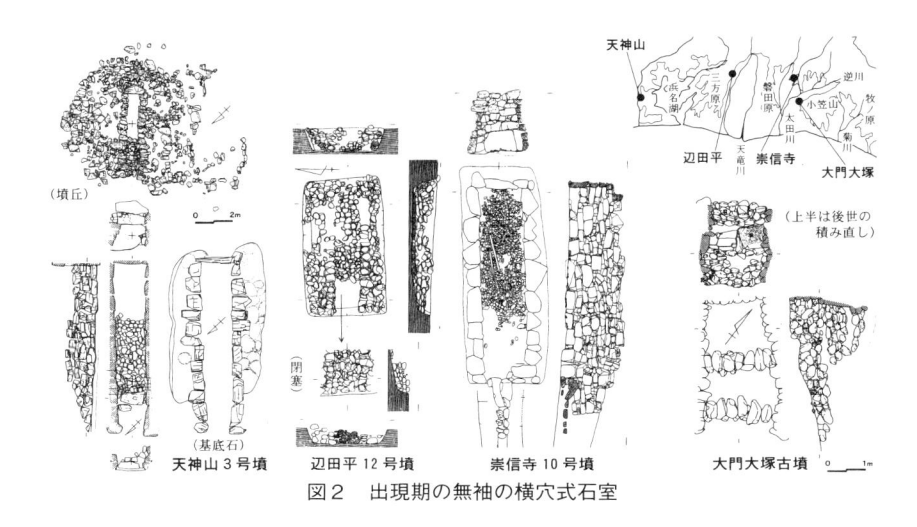

墳からは7世紀後半の遺物が出土している（湖西市教育委員会 1983）。

横穴式石室は無袖であるが、開口方向寄りの床面に大きな石が置かれている。この石を境にして床石の有無に違いがあり、床石のない開口方向側について、入口部分として意識していた可能性が指摘できる。なお、奥壁寄りの床石のない部分は盗掘などによるものと判断されている。基底石の置き方をみると、奥壁寄りと玄門寄りとで違いがある。側壁の石積み（目地）を含めて、中央付近を境にした側壁構築方法を採っていた可能性が考慮される。

浜松市辺田平12号墳は、直径約7mの円墳である。墳丘から土器、埋葬施設から武器・玉類が出土しており、6世紀中葉の築造と判断できる。この古墳群には、小型前方後円墳1基と積石塚1基を含む20基程が分布する。竪穴系埋葬施設を主とし、5世紀末〜6世紀後半の造営が把握されている。西側の谷には造営時期が重なる二本ヶ谷積石塚古墳群があり、埋葬施設の特徴などから両古墳群の関連性が指摘されている（浜北市教育委員会 2000、鈴木京 2008）。

12号墳の埋葬施設は、長方形の墓坑に円礫を多用したものであり、この古墳群の竪穴系埋葬施設と同じ系譜上にあると判断できる。しかし、西小口には側壁間を礫で充填した状況があり、横口の意識があった可能性が指摘できる。上部構造が消失しているために詳細は不明であるが、横穴系埋葬施設における段構造との関連が指摘できる（鈴木一 2000）。

森町崇信寺10号墳は、直径約22mの円墳である。横穴式石室から金銅装馬具や武器・玉類が出土しており、6世紀中葉の築造と判断できる。同じ尾根に円墳3基が並ぶが、10号墳以外は木棺直葬墳である。後期群集墳の展開がない地域にあり、近隣には横穴群が多く分布する（森町教育委員会1996）。

　横穴式石室は左片袖式に分類されることもあるが、羨道にあたる部分は非常に狭く短い。さらに、その部分と玄室との間には、側壁基底と床面に配置された石によって段が設けられている。墓坑は石室が構築できる最小限の大きさであるが、掘り込みは深い。なお、側壁の下1～3段において、中央付近に比較的大きな石を用いている部分がある。天神山3号墳と同様に中央付近を境にした石室構築方法が採られた可能性が考慮される。

　袋井市大門大塚古墳は、単独立地の直径約26mの円墳である。多くの土器や金銅装馬具、刀剣、トンボ玉などの玉類が出土しており、6世紀中葉の首長墓級の古墳として位置づけできる。

　横穴式石室は破壊や石材の積み直しが著しく、形態・構造の詳細を判断することが難しい。河原石を多用すること、赤彩のあることは確実である。さらに、無袖である可能性が高く、床面が開口方向へと上がる可能性が指摘されている（袋井市教育委員会1987）。

　以上が第1期における無袖の横穴式石室墳であるが、その分布は各地に分散しており（図2）、特徴も個々に大きく異なっている。

　最も西の天神山3号墳は、東三河豊川流域の周縁ともいえる場所にあり、墳丘の積石や入口に石を配置した石室についても、東三河の古墳に共通点を求めることができる（岩原2008）。崇信寺10号墳の石室も、東三河の向坪3号墳などに関連を求めることができる（鈴木一2001）。ただし、天神山3号墳とは石室平面形や側壁構築方法に類似点があるものの、石室規模や入口構造などに違いがある。遠江の中でも東の太田川東岸に位置しており、天神山3号墳とは異なる地域を越えた交流を背景とした出現経緯が把握できる。

　大門大塚古墳も太田川東岸に位置するが、崇信寺10号墳とは異なる下流の丘陵にあり、横穴式石室の特徴も全く異なる。類例の特定は難しいが、河原石の多用は美濃にも特徴的な展開が認められている（瀬川2008など）。崇信寺10号墳と大門大塚古墳は、いずれも地域間交流を背景とした伝播が指摘できるが、

その経路は同一であったとは判断できない。副葬品などをみるかぎり、ともに各小地域の最上位階層に位置づけられる古墳であり、それ故に、それぞれが単発的に新来の墓制を採用していったものと考えることができる。

一方、天竜川西岸にある辺田平12号墳については、崇信寺10号墳・大門大塚古墳のような上位階層墳ではない。さらに、近隣で用いられてきた竪穴系埋葬施設に横口構造を取り入れるという出現経緯が把握でき、単発的な外地からの伝播による出現とは異なることが指摘できる。なお、この天竜川西岸や磐田原台地南部においても、首長・小首長墳には他地域からの伝播によってもたらされた横穴式石室が用いられている（浜松市興覚寺後古墳、磐田市甑塚古墳）。しかし、その石室は太田川以東の崇信寺10号墳・大門大塚古墳のような無袖のものではなく、近畿～伊勢～渥美半島～遠江～駿河という原東海道によって伝播した畿内系の片袖式石室であり、その経路は全く異質のものと評価される（鈴木一 2001）。

以上のように、第1期における無袖の横穴式石室は個々に異なる経緯によって出現しているが、そうした中で、太田川以東では外地からの伝播によって上位階層墳に採用されるのに対して、西寄りの地域では積石塚との関連性が強い古墳群に出現するという地域的傾向も指摘できる。

(2) 後期群集墳への導入

第2期になると、後期群集墳の展開とともに横穴式石室の普及が把握できるようになる。その横穴式石室の多くは疑似両袖式であるが、片袖式・両袖式や無袖のものもある。無袖の横穴式石室については、疑似両袖式に次いで多く用いられ、平面形は総じて細長く、出入口に段構造を設けることなく墓道が直結するもので占められるようになる。

後期群集墳が多く展開する三方原台地東縁の中で、浜松市半田山Ｃ・Ｄ古墳群は50基を越える横穴式石室墳が調査されており、第2期を主とする形成時期と単位群による群構造が把握されている（浜松市教育委員会 1988など、図3）。残存状態が悪いために副葬品や石室構造の詳細は検討できないが、両袖式・擬似両袖式および無袖の横穴式石室があり、無袖のものは細長い小型石室に限られていることが確認できる。さらに、石室形態ごとの分布の違いが把握でき、単位群ごとに石室形態が選択されていたことがわかる。

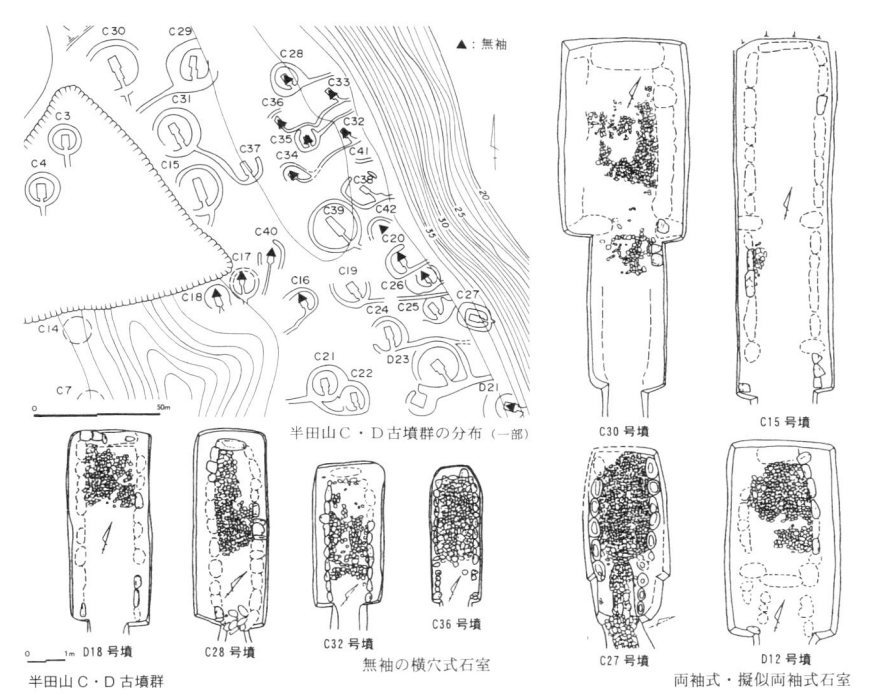

図3　後期群集墳における横穴式石室の形態

　一定のまとまり（単位群）によって異なる形態を採用している状況は、第2期を主とするほかの古墳群によっても把握できる。10基以下のまとまりにおいて、片袖の石室を主体とする場合（浜松市宇藤坂A古墳群、浜松市大屋敷A古墳群、磐田市押越古墳群）や無袖の横穴式石室のみで構成される場合（浜松市根本山A・E古墳群、磐田市京見塚古墳群、袋井市山本山古墳群）が散見できる。以上から、群集墳における横穴式石室の導入に際しては、各形態が伴う系譜や出現経緯の違いが、各単位群の社会的性格・階層や環境と関連して反映している可能性を評価したい。
　このように、各地の群集墳において単位群ごとに採用される石室形態の一つとして、無袖の系譜が成立していたことがわかる。さらに、先述したように形態的特徴にある程度の共通性を伴うことから、そこに遠江における無袖石室の成立と普及（定型化）を評価することもできる（鈴木一 2000）。

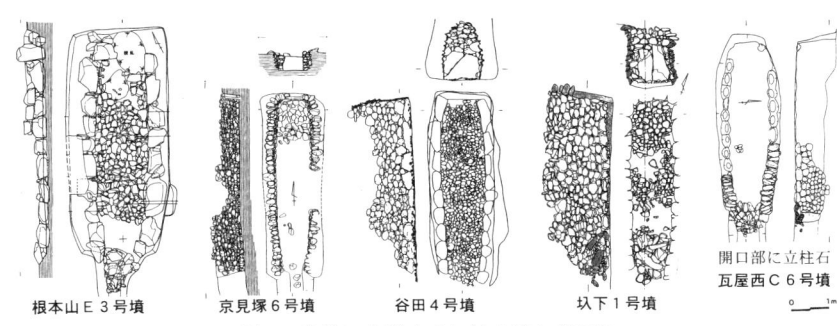

根本山E3号墳　京見塚6号墳　谷田4号墳　丸下1号墳　開口部に立柱石 瓦屋西C6号墳

図4　各地に分散する無袖の横穴式石室

　先述したように、横穴群地帯には群集墳を形成しない小首長墓級の横穴式石室墳が点在するが、そこに無袖の横穴式石室は確認できない。各地の最上位階層にある古墳に無袖の横穴式石室が用いられない傾向にあることがわかる。群集墳においても、他形態の横穴式石室に比べて金銅装馬具や装飾付大刀の出土が少なく、半田山C・D古墳群でみたように規模の小さい石室に限られる傾向にある。以上から、無袖の横穴式石室が比較的低い階層の石室形態として定型化している可能性が指摘できる。

(3)　他形態との関係と地域性

　第2期以降の無袖の横穴式石室には、平面形における弱い胴張り傾向が認められる場合も少なくない（図3・4）。この胴張り傾向の特徴は、擬似両袖式石室にも多く認められる。両者は後期群集墳に多用される石室形態であり、変遷過程においても、小型化しながら第3期にまで続くという共通した様相が把握できる（静岡県考古学会2003など）。したがって、無袖の横穴式石室と擬似両袖式石室とは、用いられる単位群を別にするものの、両者の関連性は無視できず、相互影響しながら共通性の高い技術基盤に基づいて構築されていることが予測される。

　数は多くないが、開口部に立柱石を用いた無羨道の横穴式石室がある（図4）。本稿の定義では無袖の横穴式石室に含まれるが、擬似両袖式石室などと同様の立柱石による構造を伴うことから、無袖と擬似両袖式などとの融合形として説明することもできる（鈴木一2000）。

　一方、片袖（式）や両袖（式）に分類される石室の中に、玄室が細長く、羨

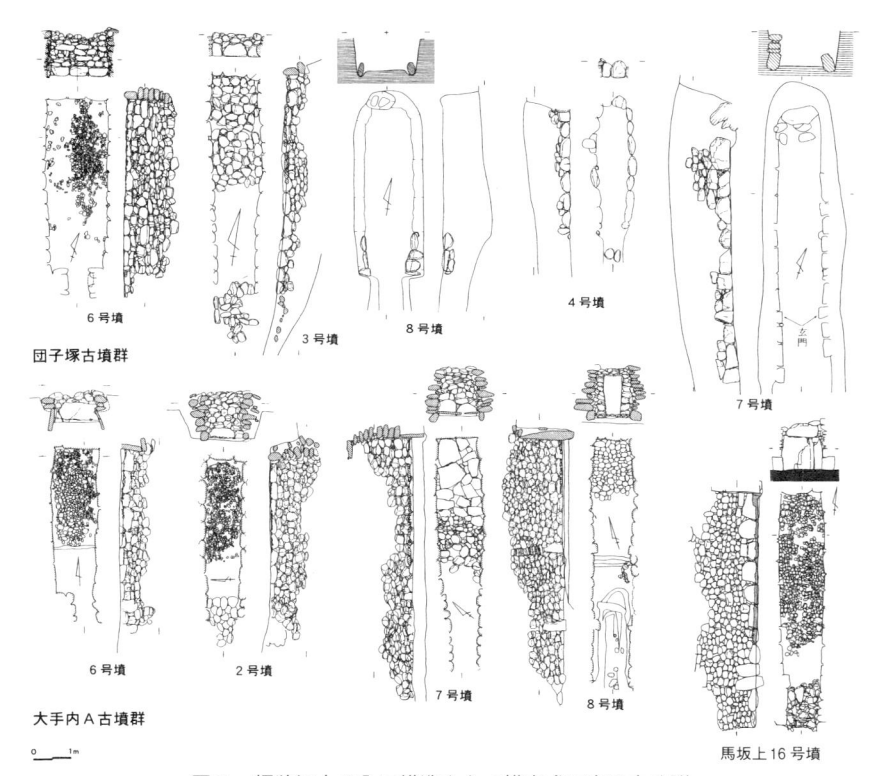

図5 幅狭短小の入口構造をもつ横穴式石室の古墳群

道とされる入口部分が極端に短く狭いものがある（図5）。この入口部分には閉塞石が充填される場合が多く、残存状態を考慮する必要はあるが、天井のない構造であった可能性が指摘される。畿内系石室から変遷するような片袖式・両袖式とは特徴の違いが多く、同じ系譜にあるとは評価し難い（鈴木一 2000、田村 2003）。ここでは、片袖式・両袖式とは異質のものと評価し、幅狭短小の入口構造をもつ横穴式石室として以下にその事例をあげる。

太田川下流域東岸の小笠山丘陵に立地する袋井市団子塚古墳群の一群（1～8号墳）には、無袖の横穴式石室が分布するほか、幅狭短小の入口構造を伴う6号墳（第2期）がある（袋井市教育委員会 1992）。畿内系石室にはじまる両袖式の系譜とは大きく異なる特徴を伴っており、むしろ、河原石を多用する石積

みなどをみると、無袖の横穴式石室との共通性が評価できる。なお、この一群には両袖に分類される7号墳（第3期）もあるが、玄室は細長く、袖の屈曲はわずかである。

磐田市大手内Ａ6号墳（第2期）は、磐田原台地北部西縁に立地する古墳群（豊岡村教育委員会 2000）にあり、その横穴式石室は、細長い玄室に片袖部を介して幅狭短小の入口構造が付く。近隣の押越古墳群などにも片袖の石室が分布するが、それらに比べて石室規模が非常に小さく、立柱石の有無などにも違いがある。むしろ、その特徴は同じ古墳群にある無袖の横穴式石室（大手内Ａ2号墳）に近く、団子塚6号墳と同様の評価が指摘できる。なお、この古墳群には擬似両袖式石室も分布するが、後出的（第3期）である。

磐田市馬坂上16号墳（磐田市教育委員会 1998）にも似た評価が可能である。袖の屈曲が不明瞭である点、袖に立柱石を用いる点は団子塚6号墳・大手内Ａ6号墳と異なるが、細長い玄室に短小の入口部分が付く構造であり、有袖で羨道をもつ横穴式石室の系譜としては特殊なものとして位置づけできる。

ここにあげることができた幅狭短小の入口構造をもつ横穴式石室は、いずれも天竜川以東に分布しており、さらに、無袖の横穴式石室が同時に展開する古墳群にある。このことを評価するならば、無袖の系譜のあり方について天竜川を境にした地域差があった可能性が指摘できる。

もちろん、現在認められるものが数基に限られており、こうした地域差は偶然のものである可能性も考慮される。しかし、先述のとおり第1期においても、天竜川以西と天竜川以東（太田川東岸）とでは、無袖の横穴式石室の出現に関する差異が認められる。その中でも、河原石積み石室を埋葬施設とする大門大塚古墳は、団子塚古墳群の北東1kmほどに位置しており、首長墓から群集墳への系譜的な関連を求めることもできる（鈴木一 2000）。こうした状況をふまえると、第1期の横穴式石室導入における様相が地域的に第2期へと影響していく可能性は考慮しておきたい。なお、金銅装馬具や装飾付大刀の副葬がほとんどない第2期以降の遠江の無袖石室の中で、唯一、天竜川以東の磐田市谷田4号墳には装飾付大刀の副葬が認められている。

(4) 7世紀の変容

概ね7世紀に該当する第3期になると、群集墳に用いられる横穴式石室は

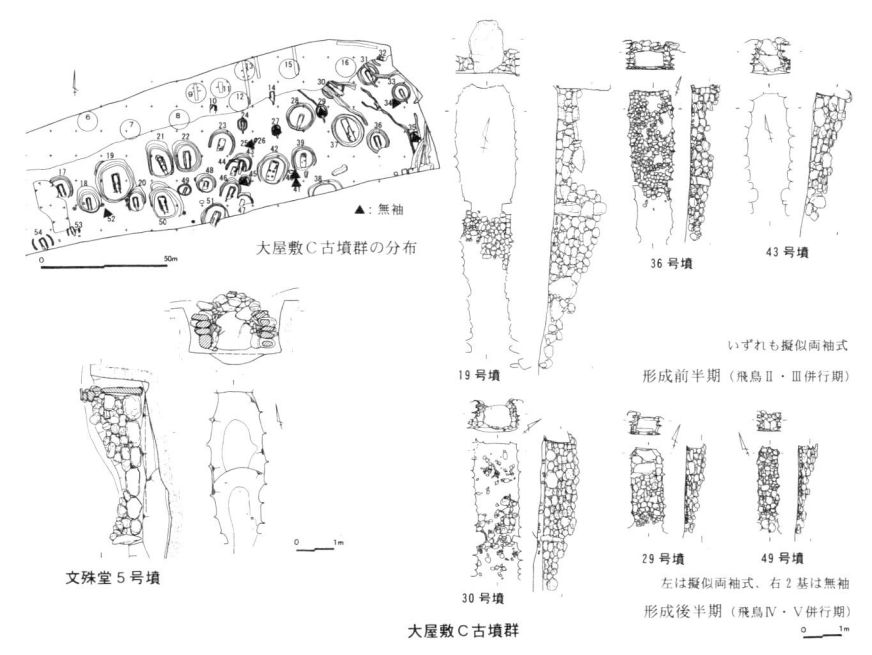

図6　7世紀における後出的な無袖の横穴式石室

擬似両袖式と無袖に集約されるようになる。無袖の石室や幅狭短小の入口構造をもつ横穴式石室が展開した大手内A古墳群などにおいても、7世紀に入ると擬似両袖式石室の構築が認められるようになる。

　群集墳の中には、第3期以降の形成が主となるものがある。浜松市大屋敷C古墳群（図6）では、第3期以降を主とする40基の群集墳が調査によって把握されている（静岡県埋蔵文化財調査研究所 2004）。擬似両袖式石室を主体とするほか、無袖の横穴式石室を10基ほど含んでいる。ただし、第2期のような単位群による石室形態の違いは認め難い。無袖の横穴式石室は群形成の後半に出現すると把握されており、後出的であることがわかる。

　無袖の石室がなかった横穴群地帯においても、7世紀になると小型化が認められ、無袖の横穴式石室も認められるようになる。とくに、森町文殊堂5号墳（静岡県埋蔵文化財調査研究所 2008）のような玄門に立柱石を用いるものの、羨道がない横穴式石室が認められる点が注目される。

以上のように第3期になると、単位群ごとに採用される石室形態の一つとしての無袖の横穴式石室ではなく、擬似両袖式の広がりと石室規模の縮小化が連鎖する中でつくられたと評価できる無袖の横穴式石室が認められるようになる。すなわち、擬似両袖式からの変容・分化としての後出的な無袖の横穴式石室が把握でき、そこに第3期における変容を評価したい。

3　まとめ

　遠江における無袖の横穴式石室について、横穴式石室出現期における導入から群集墳における定型化と展開、7世紀の新たな変容といった変遷過程をみてきた。基本的には諸研究の成果を追認していくことになったが、その中で詳細をみていくと、個別的もしくは地域的様相の違いが把握できる。

　出現期については、同じ無袖の横穴式石室であっても個々に特徴が異なっており、多様な出現経緯が把握できるとした。その中で、東寄りの太田川東岸では遠隔地からの伝播・交流を背景とした上位階層墳への単発的な導入を指摘し、西寄りの天竜川以西では上位階層墳への導入は認められず、積石塚との関連が把握できる古墳における出現を評価した。群集墳が形成されるようになると、無袖の横穴式石室の定型化と展開が認められるようになるが、天竜川以東に分布する幅狭短小の入口構造をもつ横穴式石室に注目し、地域・古墳群ごとに無袖のあり方に違いがある可能性を評価した。7世紀については、擬似両袖式の広がりと石室規模の縮小化によって生じる後出的な無袖の横穴式石室を把握し、変容のあることを評価した。

　遠江の無袖の横穴式石室を考える際に、網羅的かつ精緻な検討を要する今後の課題として、主に上記の点について指摘させていただいた。

　註
(1)　遠江の最も東に位置する大井川西岸については、地理的に駿河西部との関連も考慮されるために本稿の対象外とした。横穴式石室を埋葬施設とする群集墳が展開する地域である（静岡県考古学会 2003）。
(2)　第1期〜第4期に区分した横穴式石室の変遷の把握は、鈴木一 2000、静岡県考古学会 2003 などによる。なお、時期については須恵器編年の研究成果（田辺

1981、鈴木敏 2001 など）にもとづき、静岡県考古学会 2008 に準拠する。
(3) 基数は東海考古学フォーラム 2001b にもとづく。

参考文献
磐田市教育委員会 1998『馬坂　馬坂遺跡・馬坂上古墳群発掘調査報告書』
岩原　剛 2008「三河の無袖式石室の様相」『東国に伝う横穴式石室』静岡県考古学会
湖西市教育委員会 1983『天神山古墳群発掘調査報告書』
静岡県考古学会 2003『静岡県の横穴式石室』
静岡県考古学会 2008『東国に伝う横穴式石室』
静岡県埋蔵文化財調査研究所 2004『大屋敷Ｃ古墳群　大屋敷１号窯』
静岡県埋蔵文化財調査研究所 2008『森町円田丘陵の古墳群』
鈴木一有 2000「遠江における横穴式石室の系譜」『浜松市博物館報』第 13 号
鈴木一有 2001「東海地方における後期古墳の特質」『東海の後期古墳を考える』
鈴木京太郎 2008「浜松市二本ヶ谷積石塚群について」『静岡県考古学研究』No. 39
鈴木敏則 1988「遠江の横穴式石室」『転機』２号
鈴木敏則 2001「湖西窯古墳時代須恵器編年の再構築」『須恵器生産の出現から消滅』第５分冊、東海の土器研究会
瀬川貴文 2008「木曽川の水運と石室・石棺の広がり」季刊考古学別冊 16『東海の古墳風景』雄山閣
田辺昭三 1981『須恵器大成』角川書店
田村隆太郎・鈴木一有・大谷宏治・井口智博 2001「遠江長福寺１号墳の研究」『静岡県考古学研究』No. 33
田村隆太郎 2003「中遠地域における横穴系埋葬施設の展開」『静岡県の横穴式石室』静岡県考古学会
東海考古学フォーラム 2001a『東海の後期古墳を考える』
東海考古学フォーラム 2001b『東海地方における後期古墳データーベース』
豊岡村教育委員会 2000『大手内古墳群』
浜北市教育委員会 2000『内野古墳群』
浜松市教育委員会 1988『半田山古墳群（Ⅳ中支群―浜松市医科大学内―）』

袋井市教育委員会 1987『大門大塚古墳』
袋井市教育委員会 1992『団子塚遺跡―遺構編―』
森町教育委員会 1996『静岡県森町　飯田の遺跡』

駿　河

菊池　吉修

　駿河では、6世紀前半に横穴式石室が導入される。以来、8世紀初頭まで築造が相次ぎ、埋葬施設の主流をなす。石室は袖を持つものと持たないものの両者がみられ、無袖の石室は当地における主要形態の一つである。

　なお、「駿河」は静岡県の大井川以東のうち、伊豆半島を除いた範囲を指すことが通有である。本稿でもこの範囲を扱う。「駿河」は地理的状況から、いくつかの小地域に区分できる。ここでは地理的状況と横穴式石室の特徴から、山塊が海岸に迫る「さった峠」をもって東西に二分する（図1）。

1　横穴式石室の概要

　無袖の検討に先立ち、駿河における横穴式石室の全体的な概要を記す。

　導入期　駿河に横穴式石室が登場するのは、6世紀前半である。初現例の一つは、TK10型式期に位置付けられる西部の島田市鵜田1号墳である（図2-1）。東部の富士市中原4号墳（図3-1）もこの時期まで遡る可能性がある。共に無袖の石室であることは注目できよう。ほかの形態に先駆け、無袖の石室がほぼ同時期に西部と東部に導入される。東部では管見に触れるかぎり、同時期の石室は中原4号墳以外には見あたらないが、西部では、鵜田1号墳とよく似た無袖の石室が同時期にほかにも3基築造されている。

　なお、竪穴系横口式石室の系譜を引く可能性を持つ石室も存在する。西部の藤枝市釣瓶落2号墳で、鵜田1号墳とほぼ同時期の古墳である。また、6世紀中葉頃の築造と想定される前方後円墳の藤枝市荘館山1・2号墳は、畿内系の片袖形の横穴式石室である可能性がある。ただし、以後に築造される古墳の中で、両者の系譜に連なる石室を追うことはできない。

　展開期　横穴式石室を持つ古墳の築造が本格化するのは、6世紀後葉からである。西部では、TK43型式期に新たに両袖形と片袖形の石室が導入される。両袖形には、静岡市賤機山古墳や同市宗小路19号墳のような畿内系と、藤枝

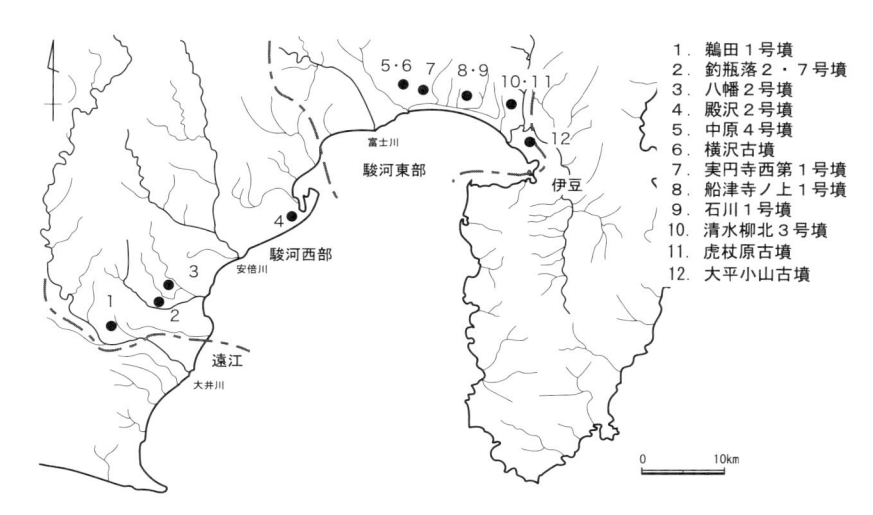

1. 鵜田1号墳
2. 釣瓶落2・7号墳
3. 八幡2号墳
4. 殿沢2号墳
5. 中原4号墳
6. 横沢古墳
7. 実円寺西第1号墳
8. 船津寺ノ上1号墳
9. 石川1号墳
10. 清水柳北3号墳
11. 虎杖原古墳
12. 大平小山古墳

図1　駿河における主要な無袖の石室分布図

市瀬戸1号墳に代表される非畿内系がある。畿内系の両袖形の石室は、築造数が極めて少なく、限られた被葬者のみが採用しえた形態といえる。また、片袖形や非畿内系の両袖形の石室も資料は限られ、副葬品や規模などから比較的上位階層に採用される形態といえる。なお、片袖形は全て非畿内系である。

TK209型式期には、三河に起源を持つ擬似両袖形の石室が西部にもたらされ、以後、無袖の石室とならび主流形態となる。ただし、東部には袖を持つ石室は導入されない。

駿河における石室築造のピークはTK217型式期を中心とした時期である。西部では、擬似両袖と無袖の石室が築造され、東部は無袖に限定される。なお、東部の無袖の石室は床面の構造から二分できる。一つは、中原4号墳を典型とする開口部に対し玄室床面が一段下がるタイプ。もう一つは、床面に段差をもたないタイプである。前者は、東部では盛行するものの西部には存在しない。また、「伊豆国」にもみられない点は示唆的である。

終焉期　石室の築造は7世紀後葉から減少するものの、8世紀初頭まで続く。この時期になると、石室は小型化し無袖が大勢を占める。しかし、西部では小型化しながらも、疑似両袖形であることを固守するものも見られる。なお、古墳時代後期以降の駿河には分布は限られるが横穴も存在する。

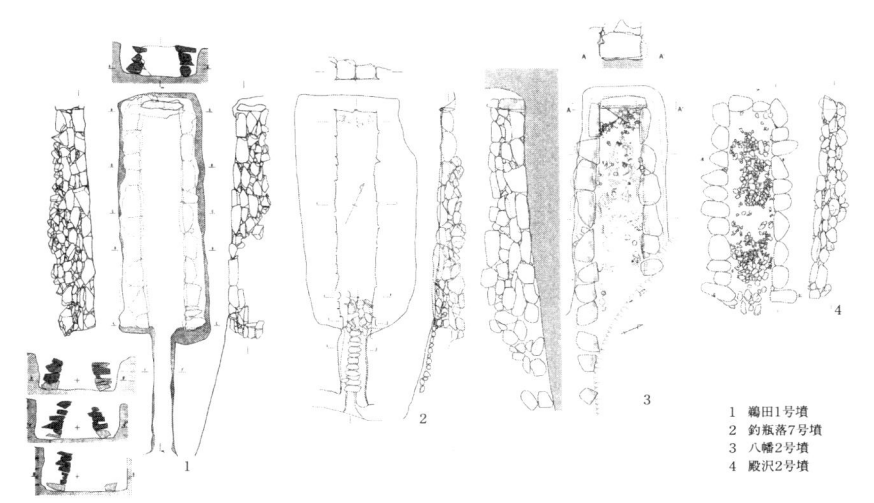

1 鵜田1号墳
2 釣瓶落7号墳
3 八幡2号墳
4 殿沢2号墳

図2　駿河西部の無袖（1／200）

2　初現的な無袖

　駿河では無袖の石室が、ほかの形態に先駆けて出現する。あくまでも袖を持たない形態として導入されたといえるが、ほかの形態の出現以後は、袖部の簡略形態としての無袖もみられる。無袖の石室は、横穴式石室の築造が終焉を迎える時期まで存続し、確認できるだけでも総数は150基をこえる。ただし、「袖」を持たない点は共通しても、平面形や墓坑、床面の造作、裏込め、使用石材などには違いが見られる。本稿では、無袖の石室を構成する各要素の分析をとおして、駿河における無袖の石室を捉えることにしたい。

　駿河における初現的な無袖としてあげられるのは、TK10～43型式期の鵜田1号墳、藤枝市釣瓶落7号墳（図2-2）、藤枝市八幡2号墳（図2-3）、静岡市殿沢2号墳（図2-4）、中原4号墳である。釣瓶落2号墳は竪穴系横口式石室の可能性を持つが、資料が断片的であり検討対象から除外する。竪穴系横口式石室であるとしても、単発的な導入に留まるといえる。

　また、東部の富士市横沢古墳（図3-3）、富士市船津寺ノ上1号墳（図3-2）、沼津市大平小山古墳（図3-4）は一段階後の築造であるが、先行する無袖とは異なる点を持つ。そのため、この3基も初現的な石室として扱う。

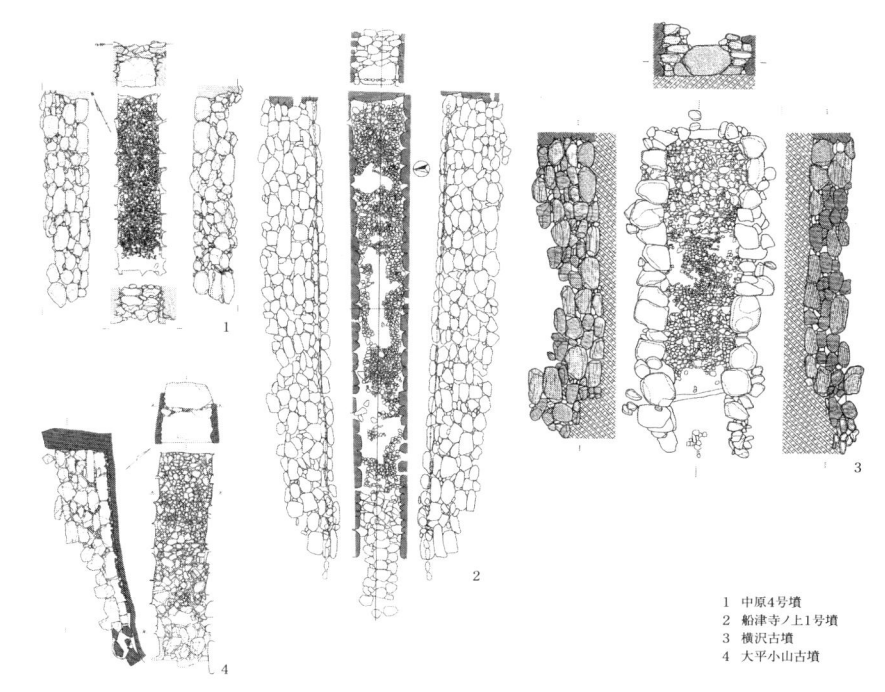

1 中原4号墳
2 船津寺ノ上1号墳
3 横沢古墳
4 大平小山古墳

図3　駿河東部の無袖（1／200）

3　各構成要素の特徴

(1)　平面形

　初現的な無袖の石室は、平面形が矩形を指向し狭長な傾向を持つ。船津寺ノ上1号墳はその最たるものである。

　無袖の石室全体としては、胴張りを呈するものも存在する。胴張りを呈するものはほとんどが西部に分布し、袖を持つ石室の導入以後に出現する。そのため、胴張りを呈するものは擬似両袖形などの三河に淵源を持つ石室の簡略化形態、あるいは影響を受けたものとみなせる。また、東部のごく一部と西部にみられる開口部に立柱石を持つ無袖の石室も、同様の出現経緯と理解される。その派生が受容後であったのか、受容時であったのかは特定をできないが、その両者があったものと考えたい。

(2) 墓坑と床面の造作

墓坑の分類　墓坑は地表との関係から、「石室のほとんどが地表下となるほどの深さを持つ墓坑」、「基底石を含めた1～2段程度が地表下となる程度の深さの墓坑」、「奥壁付近では石室の大半が地表下となるが開口部では基底石を納める程度の深さになる墓坑」に大別できる。それぞれを「掘り込み式」、「準地表上式」、「山寄せ式」と便宜的に呼称する。

平面形は、それぞれに「コ」字状を呈するものと方形のものがある。方形の墓坑は墓道の取り付き方により細分できるが、注目すべきは平面形態の差異より、床面における段差の有無であろう。「段構造の石室」とも呼称される玄室床面よりも開口部床面が高くなる石室は、袖を持つ石室には見られず、分布も東部に限られる。このタイプの石室の墓坑は、床面が四周いずれよりも低くなるいわゆる「竪穴状」となるものが多い。実円寺西第1号墳のように「コ」字状平面で墓坑自体には段差を持たない段構造の石室も存在するが、「竪穴状」の墓坑は段構造の石室と断定できる要素である。

初現的な無袖の墓坑　初現的な無袖のうち、鵜田1号墳と釣瓶落7号墳、中原4号墳、大平小山古墳は「掘り込み式」の墓坑である。鵜田1号墳や釣瓶落7号墳との類似性から八幡2号墳もこのタイプの可能性を持つ。いずれも石室高が1mをやや上回る程度と低いことも特徴である。鵜田1号墳は、砂岩の地山を最大で1.1m掘削し墓坑としている。大平小山古墳の墓坑は凝灰岩の地山を掘り込んでいる。共に石室を墓坑内に納める意図が明白である。中原4号墳はほかの3基とは異なり、「竪穴状」の墓坑で段構造の石室である。深さ1mほどの竪穴状の墓坑に石室の大半が納められる。

「準地表上式」に相当するのは、横沢古墳である。横沢古墳は石室高2.5mであるが、「竪穴状」の墓坑は最も深い奥壁際でも0.5mに満たない。

船津寺ノ上1号墳の墓坑は、「山寄せ式」に分類できる。ただし、非常に狭長な石室に対する築造労力軽減の結果、「山寄せ式」になった可能性が高い。床面には段差を持たない。この古墳は裏込めに礫を多用するが、ほかの初現的な無袖の石室にはみられない特徴である。なお、殿沢2号墳は、墓坑を持たず地表上に石室が構築された可能性が報告されている。残存状況が悪く判断しかねるが、この石室の評価によっては、新たなタイプを設ける必要がある。

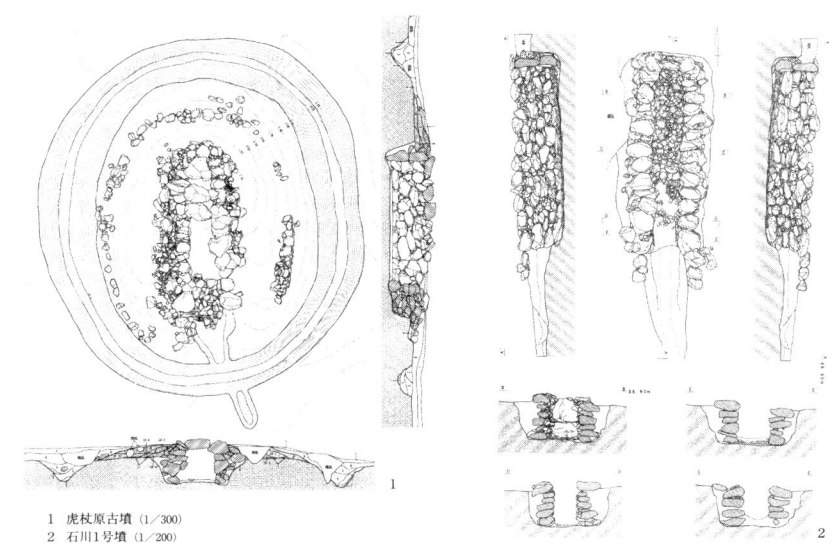

1 虎杖原古墳 (1/300)
2 石川1号墳 (1/200)

図4　深い墓坑の石室

　以上、初現的な無袖においては、「掘り込み式」、「準地表上式」、「山寄せ式」のいずれもが存在することがいえる。「掘り込み式」と「準地表上式」は袖を持つ石室ではみられず、無袖に限られる点は注目に値しよう。「山寄せ式」は築造労力の簡略化や地形的な影響が強いとみられるが、「掘り込み式」や「準地上表式」はそれぞれ墓坑を深くする意図や、石室を地表面上に構築するという意図が明白である。

　小地域別にみると、西部では「掘り込み式」のみが見られ、東部では全てのタイプが見られるという違いがある。また、東部では「掘り込み式」と「準地表上式」の両者において「竪穴状」の墓坑が確認できる。次に、展開期以後の状況を小地域別に概観する。

　展開期以降（西部）　西部における展開期以後の無袖は、いずれも「山寄せ式」の墓坑であり、墓坑を深くするという意識は断絶する。

　「山寄せ式」へと変化する背景には、古墳が急斜面に立地することも一因といえるが、無袖の石室と並び主流形態となる擬似両袖形では「山寄せ式」が占有形態であることを勘案すると、むしろその影響が強いと考えられる。

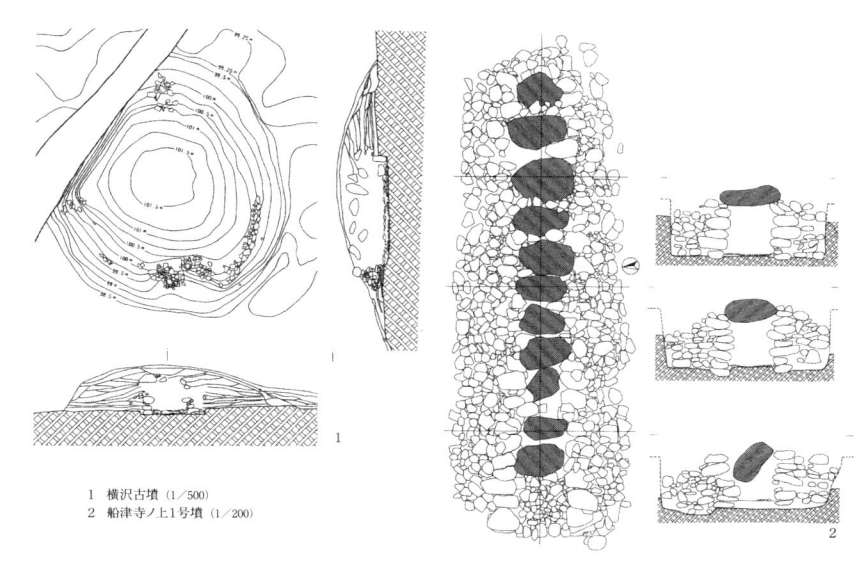

1　横沢古墳（1/500）
2　船津寺ノ上1号墳（1/200）

図5　浅い墓坑の石室と礫多用の裏込めの石室

　なお、殿沢2号墳で指摘される地上式の可能性をもつ無袖は、展開期にも確認できない。また、礫多用の裏込めや、「竪穴状」の墓坑もみられない。

展開期以降（東部）　東部では、沼津市虎杖原古墳（図4-1）や沼津市石川1号墳（図4-2）のように「掘り込み式」墓坑の存続が確認できる。これらは「竪穴状」の墓坑である点からも中原4号墳の系譜を引くといえる。

　「準地表上式」も実円寺西第1号墳や長泉町原分古墳のように少数であるが存続する。原分古墳は「竪穴状」の墓坑であり、横沢古墳（図5-1）の系譜を引くといえる。なお、石室高が同程度の場合、「準地表上式」の古墳はその構造上、「掘り込み式」や「山寄せ式」より墳丘盛土を多く要する。「準地表上式」の墓坑を採用する石室は、いずれも駿河東部屈指の規模である。導入当初から一貫して上位階層が採用する墓坑ともいえる。

　このように、初現的な無袖でもたらされた「掘り込み式」と「準地表上式」は展開期にも引き継がれる。ただし、多くの石室は「山寄せ式」あるいは、いずれとも判断し難い墓坑である。もっとも、「山寄せ式」の全てが船津寺ノ上1号墳からの直接的な系譜を引くというわけではない。

「山寄せ式」の中には「掘り込み式」から派生したと考えられるものがある。沼津市石川11号墳は「山寄せ式」の墓坑に分類できるが、石室は床面に段差をもつ段構造で墓坑は「竪穴状」になる。古墳群内には1号墳（図4-2）のように「掘り込み式」で「竪穴状」の墓坑を持つ石室が存在することから、立地や築造労力軽減などの理由から派生した「山寄せ式」と捉えられる。なお、「竪穴状」の墓坑は「準地表上式」でもみられ、その派生形態としての「山寄せ式」も想定できる。ただし、「準地表上式」は採用階層が上位層に限定されるため、小規模墳である場合はその可能性は低いであろう。

船津寺ノ上1号墳に直接連なると断定できる「山寄せ式」の石室は見出し難い。ただし、段構造が主流となる東部において、大型の石室でありながら段構造とならない富士市大阪上古墳や同市赫夜姫古墳は、床面に段差を持たない船津寺ノ上1号墳の影響を受けている可能性も想定できる。床面の造作以上に注目すべきは、裏込めに礫を多用する点である（図5-2）。石川1号墳、虎杖原古墳に代表されるように礫多用の裏込めは展開期に多くみられる。

なお、段構造の石室における段差部分の造作は、当初、多石多段積みであったが、展開期には一石一段、多石一段などが出現する。

以上、東部では初現的な無袖でもたらされた「掘り込み式」、「準地表上式」、「竪穴状」の墓坑は、展開期の古墳にも引き継がれる。ただし、導入当初の状況をそのまま受け継ぐものばかりではなく、種々の要素の融合や在地的な変容を遂げたものも多くみられる。

(3) 側壁の構築と使用石材

初現的な無袖の側壁構築方法　初現的な無袖の石室のうち、鵜田1号墳では、側壁の2段目以上が中央部から奥壁と開口部の両方向へ石材が設置されたことが報じられている。実測図からも側壁中央部付近に目地の乱れが確認でき、横目地は中央部付近から奥壁側と開口部側の上方へ向かい斜行する様子がうかがえる（図6-2）。同様の事例として、中原4号墳（図6-3）、横沢古墳（図6-1）があげられる。大平小山古墳も側壁中央部付近に横目地が通らず、大きめの石材が使用される箇所があり、同類の可能性がある。また、床面が開口部方向に緩やかに下る殿沢2号墳の側壁も中央部付近において2段目が開始され、3段目はほかより小型の石材、4段目はほかよりやや大型の石材を使用している。鵜

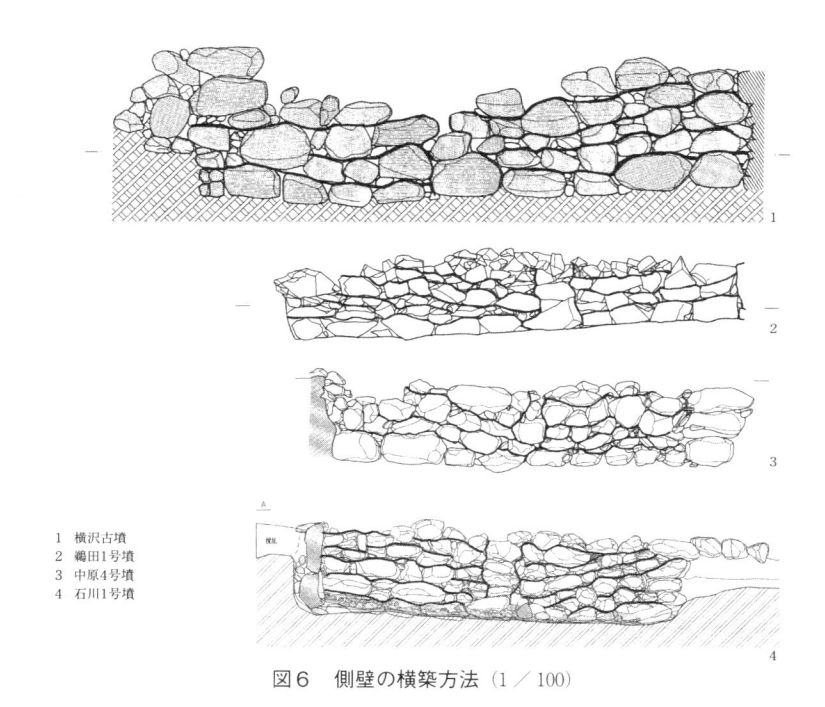

1 横沢古墳
2 鵜田1号墳
3 中原4号墳
4 石川1号墳

図6 側壁の横築方法（1／100）

田1号墳などと同一とは言えないまでも、中央部付近が側壁構築の作業区分となっていた可能性もある。

　船津寺ノ上1号墳は、目地の乱れが多く、いくつかの作業単位に分かれて側壁が構築されたようである。この石室が長大であることと、使用石材が小振りであることがその背景にあるのであろう。

　展開期以降の側壁構築方法　東部では、中原4号墳や横沢古墳の構築方法が引き継がれる。石川1号墳はその一例である（図6-4）。なお、同様の側壁構築方法をとる石室では、側壁中央付近の基底石や2〜3段目に、作業工程上の指標となる石材と考えられる大きめの石材を設置する場合が多い。また、開口部にほかに比べ大きな石材を積み上げる点も、中原4号墳や横沢古墳から引き継がれる特徴である。

　西部でも、中央部付近に指標石を配し、その前後で工程を分けていたとみられる例はある。しかし、横目地は床面と水平となる石室が多い。擬似両袖形

でも両者がみられ、前者が鵜田1号墳の系譜を引くとは断定できない。
　ところで、側壁に使用される石材は、西部では割石と自然石、東部では自然石を主体とする傾向にある。割石と自然石の境となるのは、安倍川周辺である。ただし、東部における自然石の多くは火成岩であり、川原石であっても角張った印象を受ける。丸みを帯びた石材が主体となるのは有度山周辺〜富士川周辺であり、そのほかの地域は角張った石材が主体である。
　(4)　空間区分
　初現的な無袖のうち横沢古墳は、敷石の大小により空間を区分していたことがうかがえる。展開期になると、敷石や仕切石などの床面の造作により区分しているものが多くみられるが、西部と東部ではその傾向が異なる。
　西部では、閉塞部付近に敷石を施さない範囲を持つものや、敷石の大小などにより空間区分が為される例が多く、仕切石の使用は極めて希である。
　東部では、西部と同様に敷石の範囲や大きさによる空間区分もあるが、仕切石により区分する事例も多々みられる。また、実円寺西第1号墳のように天井の造作からも区分するものがある。天井が一段低くなる箇所は、敷石による区分箇所とほぼ合致し、側壁もわずかに幅を狭める。大阪上古墳も奥壁側よりも開口部側の天井が一段低くなる。大型の無袖の石室では、天井の高低により空間が区分されていたようである。
　(5)　西部の無袖と東部の無袖
　以上、駿河の無袖について概観したが、構成要素の違いから初現的な無袖は、平面形が長方形という共通点を除くと次のように分類できる
　①鵜田1号墳タイプ　掘り込み式の墓坑で床面には段差を持たない。
　②中原4号墳タイプ　掘り込み式で竪穴状の墓坑、段構造の石室。
　③船津寺ノ上1号墳タイプ
　　　　　　　　　　山寄せ式の墓坑で床面に段差を持たない。裏込めに礫を多用。
　④横沢古墳タイプ　準地表上式で竪穴状の墓坑、段構造の石室。
　釣瓶落7号墳、八幡2号墳、大平小山古墳は鵜田1号墳タイプといえる。なお、地上式の可能性を持つ殿沢2号墳、竪穴系横口式石室の可能性もある釣瓶落2号墳は、その特徴が確実視できるならば、それぞれ上記とは異なるタイプ

と捉えることができる。

　初現的な無袖と展開期以降の無袖との関係をみると、西部では鵜田１号墳タイプの系譜は断絶し、遅れて到来した擬似両袖形などの袖を持つ石室から派生した無袖に塗り替えられるといえる。殿沢２号墳や釣瓶落２号墳も後続する石室に大きな影響を与えるものではない。

　いっぽう、東部では中原４号墳や横沢古墳と、側壁の構築方法、墓坑、床面の造作がそれぞれ共通する石室が展開期に存在する。船津寺ノ上１号墳タイプと特定できる石室は抽出しえないが、裏込めに礫を多用という要素を持つ石室は展開期に存続する。

　西部では系譜の断絶、東部は系譜の継続という違いがあるといえる。なお、東部における初現的な無袖の３例は、それぞれ床面の構造や墓坑が異なる。展開期には、その組み合わせがこの３基と異なる例がある。船津古墳群では古墳群内で組み合わせが異なるものが併存する。それぞれのタイプが導入された後、地域内における技術あるいは情報の交流を繰り返した結果、墓坑の状況や開口部における段差部分の構造の組み合わせの多様性が生じたと考えられる。その背景には石室の規模や立地状況に起因する築造労力の省力化もあるだろうが、被葬者の出自が起因していることも想定される（木ノ内1998）。

　なお、７世紀中葉以降、富士川西岸では、妙見古墳群にみられるように石室幅の２〜３倍程度の幅広の墓坑を持ち、裏込めに礫を多用する小型の無袖の石室が築造される。構成要素自体はすでにみられるものであるが、墓坑の幅に注目するならば、新たに導入されたタイプの可能性を持つ。

4　無袖の石室を採用する階層

　西部では、鵜田１号墳タイプが導入される６世紀中葉において最上位に位置づけられるのは、畿内系の横穴式石室を持つと推測される前方後円墳の荘館山１・２号墳である。八幡２号墳から金銅装馬具が出土しているとはいえ、無袖の導入階層は最上位階層とはいえない。ただし、釣瓶落２・７号墳は４世紀末から形成される古墳群中にあり、伝統的勢力に連なる被葬者像がうかがえることは注目に値しよう。

　無袖の石室を導入した集団は、最上位階層とは異なる独自の経緯で無袖を

導入しているといえる。また、古墳の築造数が急増するのは6世紀後葉以降であり、鵜田1号墳タイプの導入がその契機となったとはいえない。6世紀後半代には賤機山古墳を頂点とする階層構造がうかがえるが、概して無袖は袖を持つ石室より下位である。ただし、袖をもつ石室の全てが必ずしも無袖より上位階層とは限らない。

　東部では、無袖が主体を占めるため、導入当初から必然的に最上位層が無袖を採用する。なかでも、横沢古墳タイプが最上位に採用される。中原4号墳タイプやその派生形態は、横沢古墳タイプより下位といえる。しかし、主流となるのは中原4号墳タイプの系譜に連なるものである。なお、中原4号墳は特殊な技能集団との関連性も指摘されている。特定の職掌に係る石室形態であるとしても、それが地域の中で波及し展開していくことは注目に値しよう。

　なお、東部の上位階層の無袖の規模は、西部の畿内系石室に比肩しうる。全長11.1m、最大幅1.9mの実円寺西第1号墳は、駿河最大の賤機山古墳（全長12.4m、玄室長6.8m、最大幅2.6m）には及ばないが、駿河丸山古墳（全長9.7m、玄室長4.1m、最大幅2.4m）、宗小路19号墳（全長11.0m、玄室長4.5m、最大幅2.0m）と比べても遜色ない玄室空間をもつ。東部では、大阪上古墳、かぐや姫古墳、下戸狩西1号墳など、全長10m前後の石室がみられ、これらが等質的な最上位階層を形成する。

5　祖型をめぐって

　初現的な無袖の各タイプの祖型やその故地を特定することはできない。ただし、鵜田1号墳と中原4号墳は、開口部における床面の造作などに違いがあるが、「掘り込み式」の墓坑や側壁の構築などが共通することから、両者の淵源自体は同じと捉えたい。中原4号墳と鵜田1号墳の相違点は、伝播の経緯によるものであろう。ただし、遠江の湖西市天神山3号墳はこの2基と同様の側壁構築方法をとり、そのほかの地にもその可能性を持つ事例がある[1]。散発的ではあるものの、畿内系や九州系の石室の伝播以外にも、広範囲に伝播する横穴式石室に関する情報発信源があったと推測され、石室構築技術もあわせて伝えられたと考えられる。なお、鵜田1号墳は竪穴系横口式石室の系譜を引くという指摘もある（森下1987、土生田1989）。

横沢古墳や船津寺ノ上1号墳はこれらとは別系譜、あるいは大本となる起源は同じだとしてもほかの系譜の影響が強いものと捉えられる。本稿では主たる対象から除外した釣瓶落2号墳は、竪穴系横口式石室の2次的受容であったとしても、変容を遂げる前に伝播してきたものの可能性がある。

いずれにせよ、西部、東部ともに初現的な無袖は、その特徴から畿内系や三河を起源とする擬似両袖形などの石室とは系譜が異なるものであり、東部では複数の系譜を持つ無袖の石室が導入されるといえる。

6　まとめ

駿河における無袖の特徴としては、ほかの形態に先駆けあくまでも「無袖」の石室として導入される形態であることが、まずあげられる。さらに初現的な無袖は、構成要素の違いから複数の系譜があったものと推測される。そのなかには、袖を持つ石室ではみられない裏込めや墓坑の特徴を持つものもある。

導入は東部と西部とほぼ同時期であるが、以降の状況は東部と西部では異なる。西部では初現的な無袖の系譜は断絶し、以後にみられる無袖は擬似両袖形からの派生形態である。袖を持つ石室の従属的な扱いとなる。いっぽう、複数の系統の無袖がもたらされた東部では、それぞれの要素を受け継ぐ石室が築造される。この違いには様々な要因があると考えられるが、ここでは無袖を導入した被葬者の階層の違いが反映されたものと理解したい。

西部において、無袖を導入するのは最上位層ではない。石室築造が本格化する6世紀後半〜7世紀初頭、最上位層は畿内系石室、その下位は擬似両袖形の石室を採用する。ともに袖を持つ石室である。畿内系石室の築造が限定されるなか、同じ袖を持つ擬似両袖に関する石室築造技術・情報が希求されるところとなり、下位層が導入した無袖には倣うことがなかったと考えられる。また、釣瓶落7号墳のような伝統的集団が無袖を導入するが、6世紀以降勢力を伸張させる集団へ影響を与えない点にも注目できよう。

東部では、導入当初から最上位階層が無袖を採用していることに加え、袖を持つ石室が伝わらなかったことが、導入当初の系譜が引き継がれる要因と考えられる。ただし、ここでも主流となるのは、初現的な無袖の中では下位といえる中原4号墳タイプであることも興味深い。

駿河で横穴式石室の築造がピークを迎える7世紀、東部の無袖と西部の無袖では、平面形は類似しても系譜や背景が異なるものであったといえる。

註
(1) 側壁中央に大きめの石材を配置し、その付近に横目地の乱れがあるものは同様の側壁構築をとっている可能性がある。この観点から見ると、豊橋市稲荷山4号墳・向坪3号墳などはその候補としてあげられる。

参考文献
木ノ内義昭 1998「前壁上の封鎖施設を有する横穴式石室の意義」『静岡の考古学』静岡の考古学編纂委員会
土生田純之 1989「東海道ルートへの横穴式石室の伝播」『東日本における横穴式石室の受容』千曲川水系古代文化研究所ほか
森下浩行 1987「横穴式石室・伝播の一様相―北九州型B類」『奈良市埋蔵文化財調査センター』奈良市教育委員会

図出典
㈶静岡県埋蔵文化財調査研究所 2003『寺林遺跡・虎杖原古墳』
静岡県教育委員会 1975『静岡県埋蔵文化財発掘調査報告書』第13号
静岡県教育委員会 1986『駿河・伊豆の横穴』
島田市教育委員会 1978『鵜田1号墳・2号墳、法信寺1号墳』
清水市教育委員会 2000『殿沢古墳群発掘調査報告書』
沼津市教育委員会 2006『石川古墳群 第二東名№34地点』
藤枝市史編さん委員会 2007『藤枝市史』資料編1 考古
富士市教育委員会 1981『西富士道路（富士地区）岳南広域都市計画道路 道路田子浦臨港線埋蔵文化財発掘調査報告書』
富士市教育委員会 1987『富士市指定実円寺西古墳群保存修理工事報告書』
富士市教委委員会 1987『船津寺ノ上1号墳 発掘調査報告書』
富士市教育委員会 1994『中原3号墳・4号墳』

甲　斐

小林健二

　甲斐地域の古墳時代は、甲府盆地を一つの大きなまとまりとし、富士川（釜無川）・笛吹川によって形成された盆地内の各地域に分布する古墳群についての長年にわたる分布調査、発掘調査の成果により、その変遷が捉えられてきた。巨視的には、前期は大型前方後円墳の時代、中期は中・小規模な墳墓の時代、そして後期は大型横穴式石室墳と群集墳の時代、という流れを見ることができる。

　このうち後期古墳についての研究は、山本寿々雄の基礎的研究を引き継いだ坂本美夫による古墳出土遺物を中心とした成果（坂本 1972ab）と、小林広和・里村晃一による横穴式石室の測量調査を基にした成果（小林・里村 1975ab）があげられ、現在の流れを作っている。

　このような中、現在甲斐における横穴式石室の初現は、甲府市下向山町（旧中道町）の米倉山にある無名墳（県番号 18070）とされている。直径 20 m 前後の円墳であり、発掘調査は行われていないが、採集された須恵器から 6 世紀初頭の年代が与えられている（坂本 1986）。さらに重要なことは、この無名墳の現況や、相次いで発掘された積石塚古墳が無袖横穴式石室であること、出土遺物からその年代が 6 世紀前半～中葉に位置づけられることから、年代が遡る米倉山無名墳も無袖の横穴式石室をもつ可能性が指摘されていることである。

　甲斐における横穴式石室については、その導入から無袖、片袖、両袖の変遷についてこれまでも研究されてきたが、特に無袖について見たとき、その構造や系譜に関してはほとんど取り上げられていないのが現状である。このような状況を踏まえた上で、小稿では甲斐における無袖横穴式石室の位置づけについて考えてみたい。

1　甲斐の無袖石室

　前期から中期へ、そして後期へと、甲斐の古墳分布は甲府盆地内のほぼ全

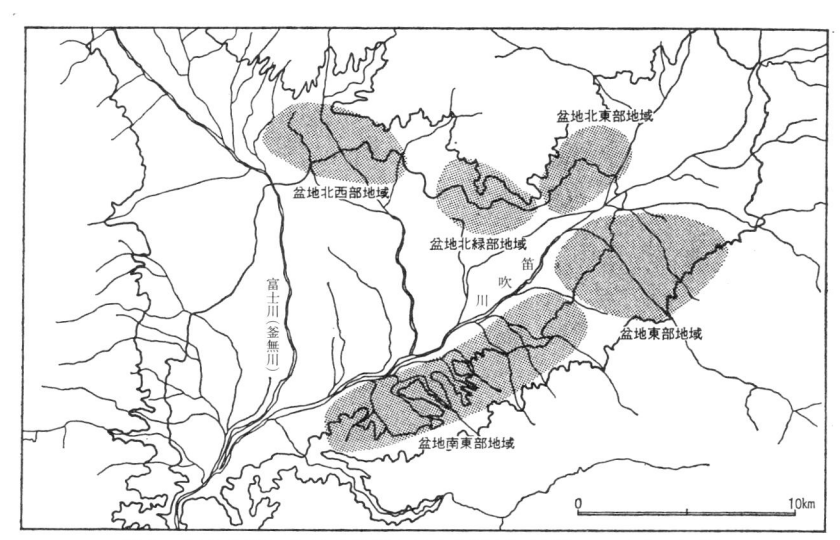

図1　甲府盆地における後期古墳主要地域（宮澤1989文献に加筆）

域へと展開していくが、後期古墳については特に濃密に分布する地域がある。かつて宮澤公雄は、甲府盆地内の主要な後期古墳が分布する地域を5箇所に分け、各地域の内容を分析している（宮澤1989、図1）。その後、発掘調査された後期古墳は増加しているが、分布の状況は現在も変わるものではない。よってここでもこの地域区分に基づき、甲府盆地内の無袖横穴式石室を見ていくこととする。もちろん、石室の実測図が公表されているもののみであり、これ以外にも相当数あることをお断りしておく。

（1）甲府盆地南東部地域（図2）

　甲府市南部（旧中道町）、笛吹市境川町（旧境川村）・八代町、中央市（旧豊富村）、市川三郷町（旧三珠町）を中心とした地域である。甲府盆地南東部に連なる曽根丘陵一帯には多くの古墳群があり、中でも大丸山古墳、甲斐銚子塚古墳、丸山塚古墳を中核とする東山古墳群（甲府市下曽根町）は、甲斐の古墳時代の幕開けとなった舞台である。

　一方、東山古墳群の南西に所在する米倉山古墳群（甲府市下向山町）は、甲斐地域最古の古墳である小平沢古墳（前方後方墳）を盟主墳とする前期から後期にかけての古墳群であるが、実質的には南斜面を中心に分布する後期古墳が

主体を占める。はじめに触れた無名墳のほか、3基の後期古墳が発掘調査され、地山を掘り込んだ中に横穴式石室が構築されていることが確認された。このうちの1基、地元で「くちゃあ塚」と呼ばれている古墳が最も残りが良く、直径10m、高さ3.2m（現状）ほどの周溝をもつ円墳で、南に開口する無袖横穴式石室が確認されている[1]。全長4.15m、玄室長3.12m、奥壁幅0.67m、玄室中央幅1m、羨門幅0.82mを測り、やや胴張状を呈する長方形の石室である。羨道には敷石はなく、閉塞石が羨道部分をすべて充満するように設置されている。また、奥壁より1.8mほどに間仕切り石が設置され、奥壁側の敷石が高く造られている。掘り方内に構築されており、奥壁側で深さ1.2m、中ほどで50cmを測り、正面は斜面下側にあるため自然に消えている。裏込石は全くといっていいほど使われていない。遺物は須恵器の蓋杯（TK46－遠江Ⅳ期後半－飛鳥Ⅲ）が確認され、本墳は7世紀中頃の築造が考えられている。

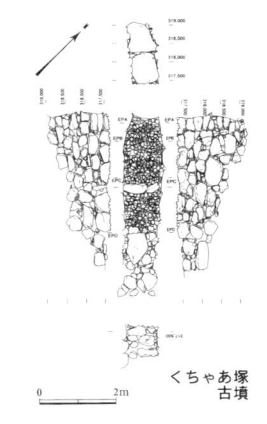

図2　甲府盆地南東部地域の無袖石室（1/200）

(2)　甲府盆地東部地域（図3）

笛吹市一宮町・御坂町一帯を中心とした地域である。笛吹川支流の金川・京戸川扇状地を舞台に6世紀中葉以降に古墳の築造が活発になる地域で、東国屈指の大型片袖横穴式石室を誇る姥塚古墳をはじめとして、千米寺・石古墳群（68基）、国分古墳群（110基）、四ツ塚古墳群（27基）、長田古墳群（35基）などの群集墳が形成され、甲府盆地で最も後期古墳が集中する地域である。

7世紀初頭に築造が開始される国分古墳群（一宮町国分）は、ほとんどが直径20m以内の円墳と考えられ、両袖と無袖の横穴式石室が存在するとされている。これまで6基の古墳の調査が行われているが、このうち国分築地1号墳は無袖石室をもつ古墳である。墳丘は削平されていたが、直径12m以上の円墳と考えられている。周溝はない。南に開口する石室は地山を30cmほど掘り下げた中に構築し、花崗岩の自然石を使用している。全長6.22m、玄室長は5.8m、奥壁幅2.07m、羨門幅1.2mの長台形を呈し、開口部両側壁の延長上に1.5mほど張り出して小型の石を並べ前庭部が構築されている。羨道の敷石

68 Ⅱ 甲 斐

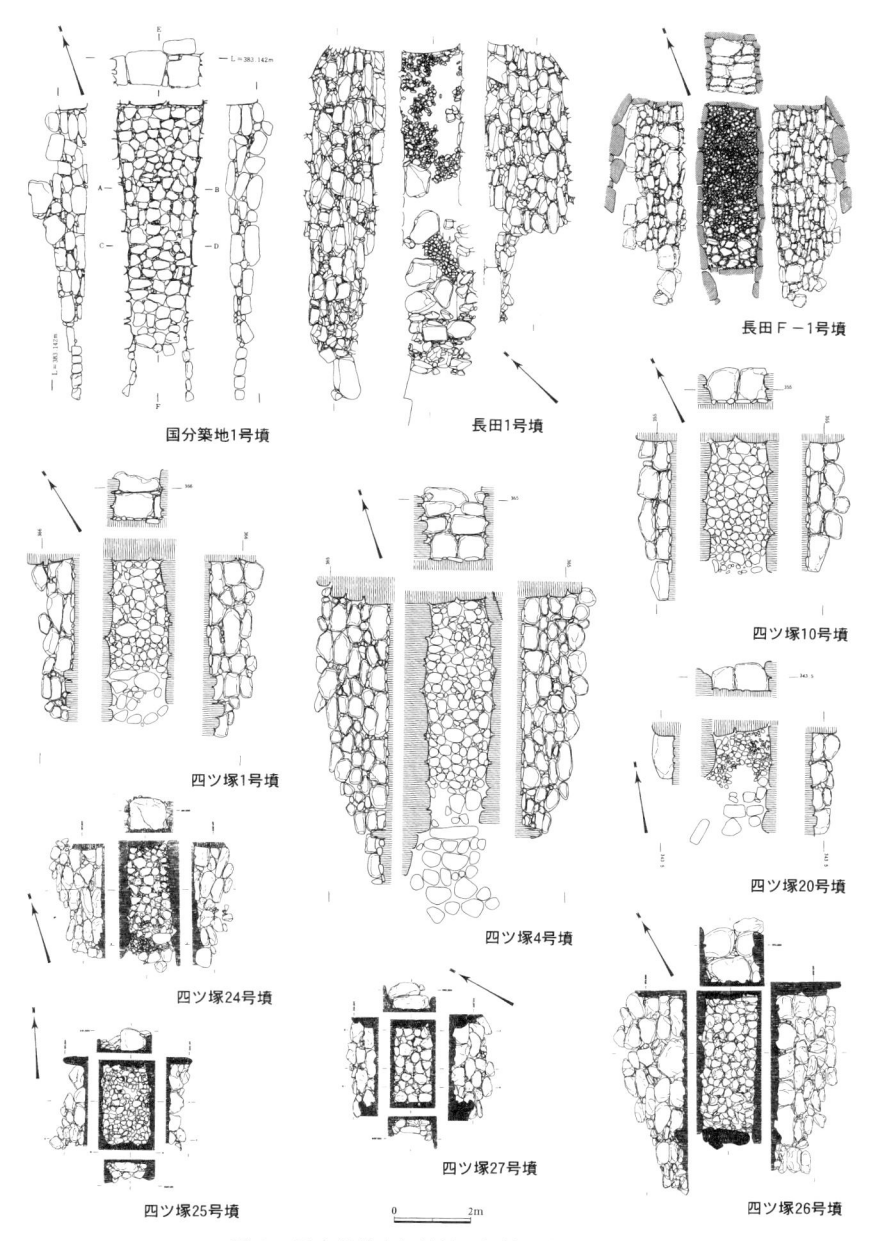

図3　甲府盆地東部地域の無袖石室 (1/200)

の間には、玄室のように小石が詰められていない。遺物は、鉄鏃、刀子、耳環、玉類、須恵器（TK209―遠江Ⅲ期後葉）・土師器などが出土しており、7世紀初頭の築造と考えられる。

長田古墳群（御坂町下黒駒）は、6世紀中葉から7世紀中葉にかけて造営されたと考えられている。多くの古墳が耕作により墳丘・主体部が破壊されていたが、周溝を巡らすものが多く、ほとんどが円墳と推定されている。直径は最大で約25mのものから、最小で約5m足らずのものまであり、墳丘規模の格差は大きい。

石室は花崗岩の自然石を使用し、有袖と無袖に大別される。初現期は小型の用材による無袖、大型の用材による有袖、最終的には竪穴系の施設へという変遷が考えられている。8mを超える比較的大型のものから2m以下の小型のものまでが存在し、すべてが南ないし南西に開口する。

1号墳は本古墳群中最大の規模を誇り、直径25～26m、天井石も残る現存高約3mで、遺存状態も良好であった。南西に開口する無袖石室は全長8.16m、玄室長7.1m、奥壁幅1.56m、高さは奥壁付近で1.6m、中央部で2.04mを測る。平面形はやや幅の狭い長方形で、羨道部分の側壁は玄室より小さい礫を積み上げている。現地保存されているため墓坑については不明。遺物は人骨、鉄鏃、馬具、銅釧、須恵器が出土しており、古墳群の中では最も古い6世紀中葉頃の築造と考えられる。

F－1号墳は微高地状の地山を南北5.8m、東西2.5m、深さ1.6mほどの規模で墓坑を掘り込み、無袖の石室を構築している。天井石および側壁最上部の石がわずかに露出する程度であったという（宮澤1991）。全長は5.3m、玄室長4.33m、奥壁部幅1.25m、中央部で1.45mほどを測り、胴張形プランを有し、短い羨道を持つ。遺物には直刀、鉄鏃、馬具などがあり、6世紀後半の築造と見られている。

四ツ塚古墳群（一宮町国分）も墳丘・主体部とも大半が破壊されていたが、発見された円墳は直径15～16m前後のものが最大で、12m前後のものが最も多い。河原石で積み上げた石室は南に開口しており、主体は両袖であるが、無袖のものも10基はあるとされる。平面形は胴張形ないし長方形で、短い羨道に閉塞石が積まれているものが多い。前庭部の付くものもある。墓坑の掘り

込みのない平地式とみられ、裏込めには小礫を充塡している。遺物は鉄鏃、玉類、須恵器、土師器など量的には少ないが、6世紀後半から7世紀後半まで造営されたと見られる。以下は無袖石室を持つ主な古墳のデータである。1号墳は直径約14m、石室全長5.5m、奥壁部幅1.24m、中央部幅1.52m、開口部幅1.3m、平面胴張形。4号墳は直径約12m、石室全長6.1m、奥壁部幅1.4m、中央部幅1.77m、開口部幅1.3m、平面胴張形。10号墳は直径約13m、石室全長4.27m、奥壁部幅1.41m、中央部幅1.67m、開口部幅1m、平面やや胴張形。20号墳（規模不明）は石室全長2.67m、奥壁部幅1.44m、平面長方形。24号墳は直径約9m、石室全長3.1m、奥壁部幅1m、中央部幅1.05m、開口部幅1.20m、平面長方形。25号墳は長軸11m・短軸9m、石室全長2.05m、奥壁部幅1.1m、中央部幅1.25m、開口部幅1.1m、平面胴張形。26号墳は直径約18m、石室全長3.5m、奥壁部幅1.3m、中央部幅1.35m、開口部幅1.3m、平面長方形。27号墳は直径約7m、石室全長2m、奥壁幅0.9m、中央部幅0.95m、開口部幅1m、平面長方形。

なお、千米寺・石古墳群では両袖石室のみが知られている。

(3) 甲府盆地北東部地域（図4）

笛吹市春日居町・山梨市を中心とした地域である。一宮町・御坂町と並び北に位置する春日居町にも群集墳が広がっている。

春日居古墳群（春日居町鎮目）は山林を中心に八支群から成り、積石塚と土盛墳が混在し、6世紀前半から末にかけて形成された古墳群で、このうち平林支群にある平林2号墳は、墳丘はかなり削平されていたが、発掘調査の結果、直径約15m前後の円墳と考えられている。石室は前半部分は残りが悪かったが、安山岩系の割石で構築され、全長8.6m、奥壁幅1.89m、最大幅1.98mを測る南東に開口した無袖石室である。報告では平面形は「極わずかな胴張りプラン」とされているが、やや狭い長台形であろう。開口部分の側壁には小振りの石積みが見られ、この部分が羨道と考えられる。裏込めには大型の礫を置き、壁の安定を図っている。墓坑については、地山を削平して造った面の上に版築様に土層を重ねながら墳丘と石積みを同時に構築していったと考えられる。遺物は直刀、鉄鏃、馬具、鏡、耳環、玉類、須恵器（TK43－遠江Ⅲ期中葉以降）、土師器など豊富に出土しており、6世紀後半に築造され、8世紀前半まで追葬

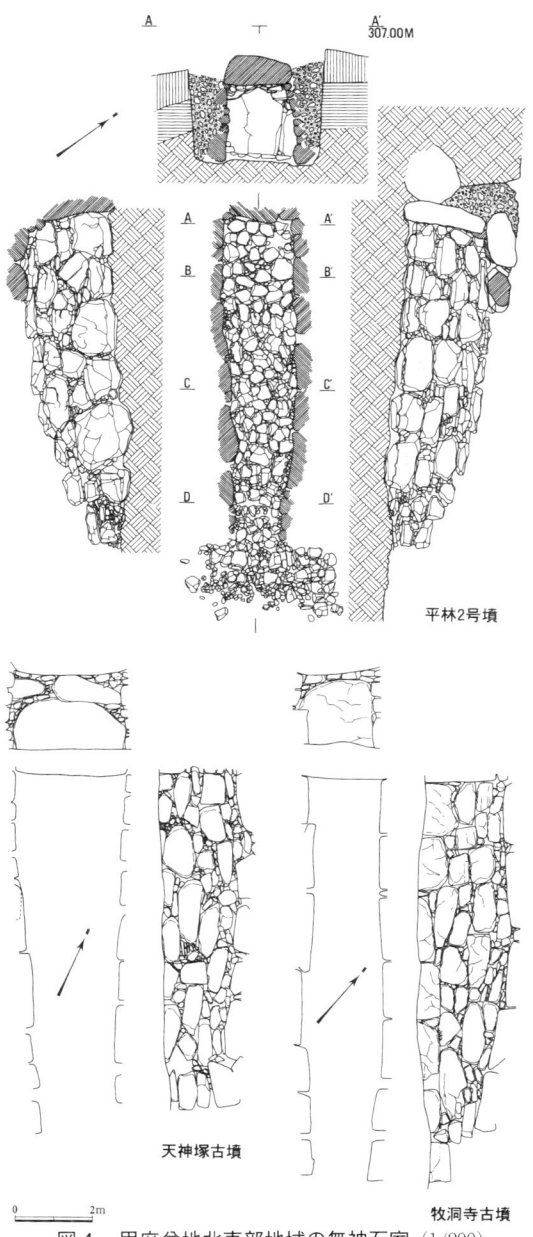

図4 甲府盆地北東部地域の無袖石室 (1/200)

平林2号墳

天神塚古墳

牧洞寺古墳

が行われたと見られている。

　このほか、天神塚古墳、御室山古墳、梅沢1・2・3号墳などで無袖石室が構築されている。

　春日居古墳群の東に位置する岩下古墳群（山梨市上岩下）は、6世紀後半から7世紀初めに築造が開始され、4基の古墳が現存する。このうちの2基の古墳に無袖石室が採用されている。

　牧洞寺古墳は直径約16mの円墳で、河原石を利用した石室は南東に開口した全長10.55m、奥壁部幅1.82m、開口部幅1.5mで、県内第4位の規模を持ち、平面形態はやや胴が張る長方形の無袖である。天井石は5枚遺り、開口部の天井石は欠落している。奥壁部付近の現状高1.85mあり、開口部にかけて徐々に高さを減じている。開口部前面を中心に須恵器片の散布が認められている。墓坑については不明である。

　隣接する天神塚古墳は、直径20m、高さ5mほどの円墳で、河原石による石室は南に開口し、全長9.16m、奥壁部幅2.90m、開口部幅1.8mで、平面長台形の無袖であるが、6枚遺る天井石の奥から6石目、一番前方の天井石を一段下げて玄門を構成している。最高部の高さ2.24m、開口部の高さ1.10mを測る。両墳とも早くから開口しており、遺物は明確ではないが、須恵器片が採集されている。墓坑については不明である。

(4) 甲府盆地北縁部地域（図5）

　甲府市東部と笛吹市石和町を中心とした地域である。

　石和町には大蔵経寺山古墳群（石和町松本）が分布しており、積石塚と盛土墳から成る20基ほどの古墳群である。大蔵経寺裏支群にある積石塚の15号墳は発掘調査が行われ、直径約12mの円墳で南西に開口する無袖石室は全長6.2m、玄室長4.7mを測り、奥壁部幅1.5m、中央部幅1.55m、開口部1.45mの長方形プランを呈する。墳丘・石室の用材はすべて複輝石安山岩の割石で、羨道には閉塞石が設置されている。墓坑については不明である。遺物は刀子、鉄鏃、耳環、玉類、須恵器（MT15〜TK10－遠江Ⅱ期〜Ⅲ期前葉以降）、土師器などが出土しており、6世紀前半頃の築造が考えられている。同じ大蔵経寺山無名墳の出土品（坂本 1986）とともに、甲斐における積石塚の初現を考える上で重要な古墳である。

横根・桜井積石塚古墳群（甲府市横根町・桜井町）は、甲斐の積石塚古墳の主体をなすものであり、145基とういう本県最大の規模を誇る。大きくは4支群に分けられ、すべて円墳で直径10m前後の小規模な古墳で、内部主体は無袖・有袖、竪穴系のものなどが混在している。6世紀前半以降に築造が開始されたと考えられているが、出現年代を含め未解決な問題は多い。

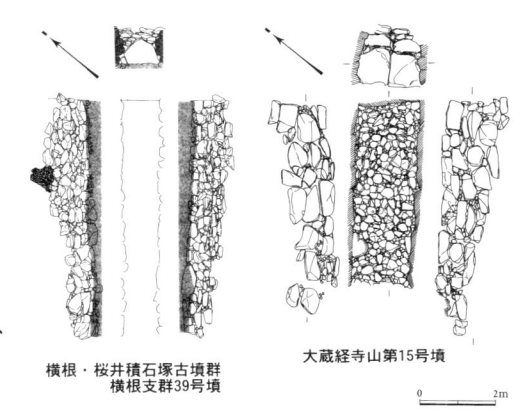

図5 甲府盆地北縁部地域の無袖石室 (1/200)

1983（昭和58）年に行われた横根支群39号墳の発掘調査において、この古墳が直径11.2mの比較的大型の円墳であり、等高線に平行するように西南に開口した無袖石室が存在することが確認された。墳丘・石室とも複輝石安山岩を利用して構築されている。石室は全長6.2m、奥壁部幅1m、中央部0.95m、開口部0.85mで、狭長な長方形プランである。玄室と羨道の区別ははっきりせず、墓坑については不明である。遺物は鉄鏃、刀子、ガラス玉、土師器片などが発見され、6世紀前半に築造されたことが推定されている。

(5) 甲府盆地北西部地域（図6）

甲府市北西部と甲斐市（旧竜王町・旧敷島町・旧双葉町）を中心とした地域である。甲府市北西部の荒川左岸に広がる扇状地には、石室規模では姥塚古墳に次ぐ大型片袖横穴式石室をもつ加牟那塚古墳、第3位で湯村山古墳群の盟主墳万寿森古墳（両袖）をはじめ、千塚・山宮地区に多くの古墳が分布している。

一方、荒川右岸の旧敷島町域では、古墳数が少なくなるが、旧竜王町から旧双葉町にかけて展開する赤坂台古墳群には、かつて50基ほどが存在したといわれている。現在は3つの支群からなる30基が確認されており、6世紀後半以降に形成されたものと見られるが、発掘調査により確認された6基の無袖石室をもつ古墳はいずれも7世紀代のものである。

竜王2号墳（甲斐市竜王新町）は、直径約14mの円墳で、地山の上層の旧地

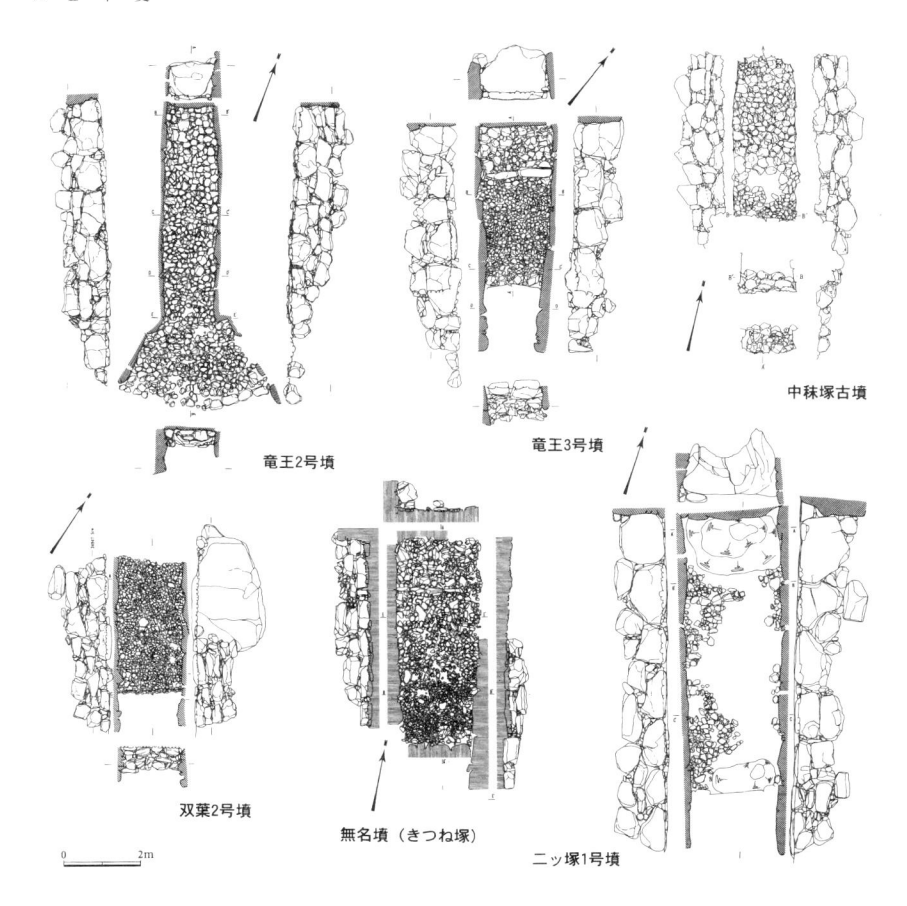

図6　甲府盆地北西部地域の無袖石室 (1/200)

表黒色土を敲きしめ整地した上に石室とともに造られている。安山岩と見られる自然石や割石により積まれた南に開口する石室は、全長5.75 m、奥壁部幅1.15 m、中央部幅1.40 m、開口部幅1.3 mの長方形を呈する。明確な羨道を持たない無袖石室である。床面には扁平な礫を用いた敷石が、前庭部には粗い敷石がそれぞれ施されている。裏込め石は側壁を中心に径10〜30cmほどの礫を詰め込んでいる。遺物は直刀、刀子、鉄鏃、耳環、馬具、須恵器（TK217新〜TK46－遠江Ⅳ期前半〜後半－飛鳥Ⅱ〜Ⅲ以降）、土師器などが出土しており、7世紀中葉頃に築造された古墳である。

竜王3号墳（甲斐市竜王新町）は、直径10mほどの円墳で、墳丘は地山の上層の旧地表黒色土に盛り上げているが、石室は地山を若干掘り下げ構築している。南東に開口する石室は全長6.1m、玄室長4.2m、奥壁部幅1.90m、中央部幅1.70m、羨門幅1.25mの長台形を呈する。2号墳同様、自然石・割石により造られ、90cmの厚さで閉塞石が羨道いっぱいに積まれている。また、奥壁から1.2mに板状の石を用いた屍床仕切り石が設置され、奥壁側が高くなっている。裏込め石は2号墳と比べかなり多く詰め込まれていた。遺物は直刀、刀子、鉄鏃、馬具、玉類、須恵器（TK217古～新－遠江Ⅲ期末葉～Ⅳ期前半－飛鳥Ⅰ～Ⅱ以降）、土師器などが出土しており、7世紀前半頃に築造された古墳である。

　中秣塚古墳（甲斐市竜王・下今井）は、直径約14mの円墳で、南に開口する石室は地山を整地した上に割石で構築されており、全長6.4m、玄室長約4.3m、奥壁部幅1.4m、中央部幅1.6m、羨門付近の幅約1.5mの胴張形を呈する。羨道部分の側壁にはやや小振りの礫を、裏込めは側壁裏に5～30cmほどの礫を使用している。前庭部は緩やかなⅤ字状を呈する。遺物は直刀、刀子、鉄鏃、耳環、ガラス玉、須恵器、土師器などが出土しており、7世紀前半頃に築造された古墳である。

　二ッ塚1号墳（甲斐市竜地）は、直径約22mの円墳で、南に開口する石室は全長9.1m、玄室長7.12m、奥壁部幅2.48m、中央部幅2.4m、羨門幅2.2mの長方形を呈する。羨道部分の側壁の用材はやや小さく、閉塞石が多量に積まれている。前庭部が長方形に張り出している。小礫地山を若干掘り窪め、安山岩の割石で構築している。裏込め石は多い。出土遺物は直刀、刀子、馬具、耳環、ガラス玉、須恵器、土師器などであり、こちらも7世紀前半頃の築造とされている。

　双葉2号墳（甲斐市竜地）は、直径15m前後の円墳と考えられ、原地形の小丘を整地し地山を掘り窪め、墳丘を構築している。南に開口する石室は奥壁部分が欠損している。残存の長さ6m、中央部幅1.55m、羨門幅1.46mの長方形のプランを持つ。安山岩の割石で築いている。短い羨道は閉塞石が積まれていた。裏込め石は比較的大きな礫を使用している。遺物には直刀、刀子、鉄鏃、馬具、耳環、玉類、須恵器（TK48－遠江Ⅳ期末葉－飛鳥Ⅳ）、土師器などがあり、7世紀末の築造と見られる。

無名墳（きつね塚）（甲斐市下今井）は、直径 10 mほどの円墳と考えられている。双葉 2 号墳同様、自然小丘の頂部を平坦に整地し、安山岩の割石で墳丘を構築している。ただし、地山面よりも若干上層に造られている。南に開口する石室は奥壁部分が欠損している。全長約 6.5 m、奥壁部および中央部幅 2.3 m、閉塞部付近の幅 1.8 mの長台形のプランを持つ。床面には小礫を敷き詰め、双葉 2 号墳同様短い羨道を持つ。奥壁から 1.5 mに板状の石を用いた屍床仕切り石が設置されている。刀子、鉄鏃、耳環、玉類、須恵器（TK217 古〜新－遠江 Ⅲ期末葉〜Ⅳ期前半－飛鳥Ⅰ〜Ⅱ以降）、土師器などが出土しており、7 世紀前半頃の築造とされる。
　このほか、往生塚古墳（甲斐市竜地）も無袖石室をもつ古墳として知られている[2]。
　一方、県東部地域（大月市・上野原市）でも無袖石室をもつ古墳が確認されているが[3]、こちらについては、相模との関係が指摘されている。

2　甲斐の無袖石室の構造・系譜について

　これまで見てきた甲斐の無袖石室をもつ古墳について、いくつか検討してみたい。
　まず、受容と消長についてであるが、はじめに述べた通り、甲斐における横穴式石室の導入は、積石塚である大蔵経寺山 15 号墳や横根・桜井 39 号墳の調査成果から、現段階では遅くとも 6 世紀前半頃とされている（坂本 1986）。それは奥壁部と開口部の幅の差がほとんどない無袖石室から始まっている。それまでは両袖からの簡略化によって片袖への変遷が考えられていたが、坂本美夫による出土遺物の検討から、その初現は 6 世紀初頭まで遡ることとなった。未調査の古墳からの採集資料をもとにした考察ではあるが、須恵器ばかりではなく、馬具・武器などの年代も含めて導き出された年代であり、新資料が確認できない現状では、最も確実な成果であろう。
　一方、その終わりはというと、赤坂台古墳群での調査成果から 7 世紀末頃まで無袖は継続されたことになろう。
　次に構造について見てみたい。今回、静岡県考古学会シンポジウムの中心

となった東駿河では、6世紀後半から7世紀にかけては、開口部に対して玄室床面が一段下がる構造を持つ横穴式石室が盛行し、しかも袖部をもつ石室は皆無に近く、玄室と羨道の区別が見られない狭長な無袖石室で占められるという（井鍋 2003・志村 2003 など）。

　甲斐においては、無袖石室の導入からやや遅れて有袖石室が見られ、その後はいくつかの古墳群においてはおおまかには無袖と有袖が混在しながら変遷していく。

　また、無袖とはいえ、側壁の積み方や敷石の状況から、玄室と羨道を区別できるものがほとんどであり、短い羨道として機能しているものが多い。

　さらに、掘り方が確認されているものもあるが、開口部から明瞭な段差を持ち、墓坑内を深く掘り下げて構築するのは、極めて例外的な存在である。また、今回取り上げたように、裏込めに礫を多用することは比較的多く、間仕切り石を伴うものもあるが、組合式箱形石棺を伴うものは全く確認できない。

　このように、東駿河の無袖石室とは導入時期、構造を見ても様相は多くの点で異なるのである。

　階層性については宮澤公雄が指摘しているように、6世紀中葉以降に出現する甲斐の初期の大型横穴式石室をもつ甲府市万寿森古墳や笛吹市御坂町弾誓窟古墳などの土盛墳と、これらに先行する積石塚の大蔵経寺山 15 号墳や横根・桜井 39 号墳では、墳丘規模・石室用材などに歴然とした差がある（宮澤 1989）。

　しかし、7世紀になると、新興勢力とされる盆地北東部の岩下古墳群のように比較的大型の横穴式石室にも無袖が採用されており、無袖石室は下位に留まることなく、上位の階層にも受け入れられている傾向がある。このように無袖石室は甲府盆地東部、北東部、北縁部、北西部各地域の中で一定の位置を占めているようであるが、姥塚古墳・加牟那塚古墳のような有袖の大型横穴式石室を持つ古墳とは明らかに一線を画していたと考えられる。

　以上見てきたように、甲斐の無袖石室は、特異な形態が展開する駿河との関係は極めて薄いことは明らかであり、出現時期も駿河に先行するものである。甲斐においては渡来系の遺物は見られないものの、積石塚古墳や馬具—馬匹生産—との関連から考えると、むしろ信濃（大室古墳群）、上野、三河との関係をも考慮する必要があり、シンポジウムでは無袖石室は 6 世紀前半に積石塚古墳

の出現に伴って各地で同時多発的に出現していることも明らかになった。平面形も胴張り形はわずかであるが、長方形、長台形のものが多く、各地域でも見られるように多様性をもつ。

また、時期は下るが、牧洞寺古墳・天神塚古墳に見られる大型の自然石塊を架構した無袖石室は、伊那谷の御猿堂古墳・馬背塚古墳後円部などの「a類」横穴式石室（白石 1988）に類似しており、やはり信濃の影響も考えられる。しかし、甲斐の古墳文化の波及ルートは、駿河を抜けて甲府盆地南部の曽根丘陵でまず開花したことを考慮するならば、駿河からの影響を全く否定することもできないだろう。また、甲府盆地には湖西産ほかの須恵器が多く流入していることから、遠江の影響も視野に入れておく必要があろう。

したがって、甲斐の無袖石室について、その系譜は、周辺複数地域の影響を受け出現し、その後在地の中で発展したものであることを提示しておきたい。

3　おわりに―甲斐の無袖石室の変遷―

最後に、甲斐における無袖横穴式石室の変遷について整理しておきたい（図7）。

6世紀初頭から前半にかけて、まず甲府盆地の北と南に小規模な無袖石室が導入される。未調査の米倉山無名墳と考古博物館構内古墳の石室構造に問題が残るが、各地の状況からも、無袖石室は積石塚古墳の出現に伴って出現する可能性がある。そして6世紀後半以降、中・小規模の群集墳の中で拡がり、7世紀初めにかけて、盆地北東部の岩下古墳群のような上位層にも一時的に採用されるが、その後は再び小規模な群集墳において展開し、7世紀末まで継続する。

甲斐は原東山道と原東海道との結節点（平川 2008）であり、交通の要衝として南北からのさまざまな情報を受け入れ、後期の古墳文化を形成していったのである。

註
(1) 東山古墳群の東端に位置する考古博物館構内古墳（6世紀前半代築造の直径15ｍ前後の円墳）について、シンポジウムでは発掘調査報告書に基づき、「無袖」として報告した。しかし、実測図からは右片袖ではないかとの指摘を受けた。

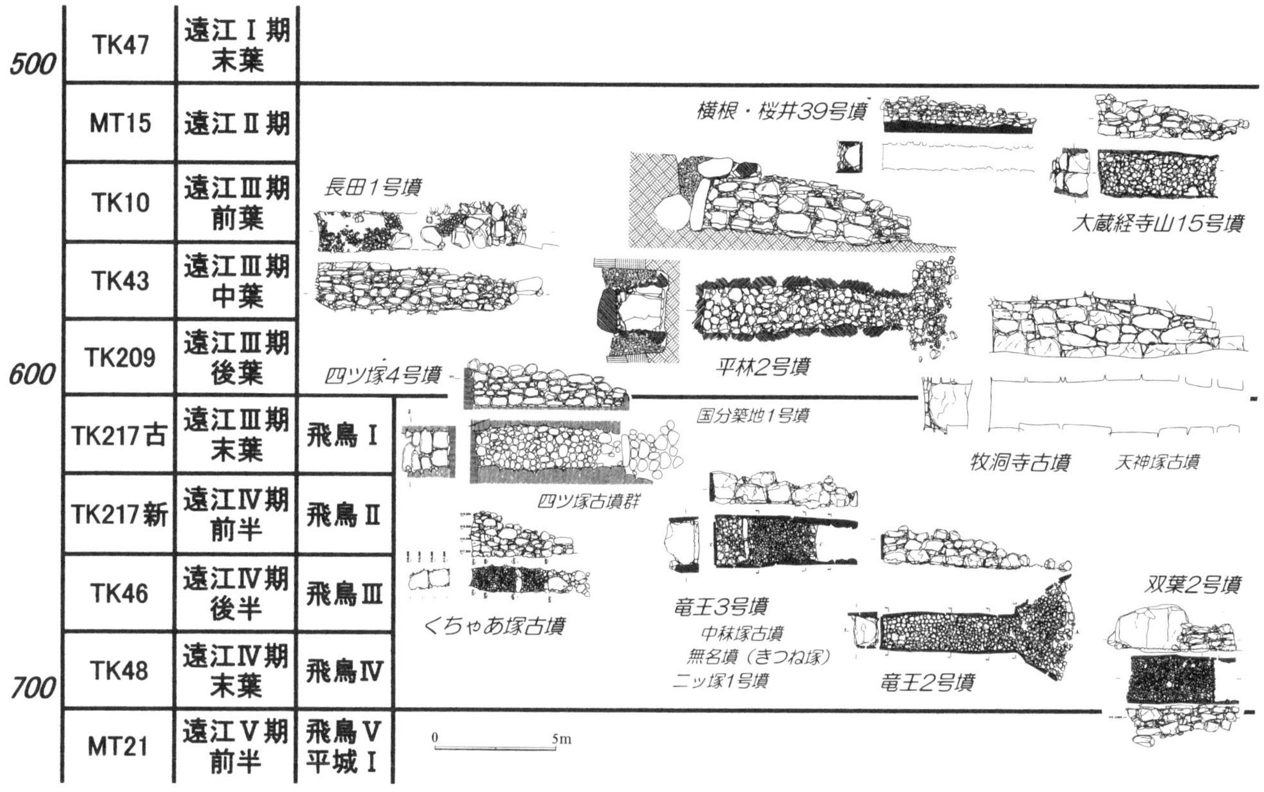

図7　甲斐の無袖石室の変遷

調査報告では「閉塞部付近の側壁が若干、また敷石については一部を破壊された程度でほぼ完全に遺されていた」とされているが、梱石を境に右側壁から羨道部にかけての石の配置から、袖部が存在した可能性がある。したがって、ここでは無袖石室として扱わないこととする。

(2) 往生塚古墳は、直径 15 m、高さ 3.3 m 前後の円墳で、南西に開口する長台形の無袖石室は全長 7.5 m、奥壁部幅 1.9 m、開口部で 1.1 m ほどの規模を持つ。天井石 5 枚が架かり、ほぼ完全な形を残している。遺物は全く確認されていないが、赤坂台古墳群などの石室形態の比較から、7 世紀前後に造られた古墳と考えられている。

(3) 大月市賑岡町にある強瀬子の神古墳は、全長 5 m、奥壁部幅 1.2 m、中央部幅 1.4 m ほどの、胴張りの強い無袖石室を内部主体部とする古墳である。上野原市では、大野地区で確認された西ノ原古墳において、全長 3.3 m ほどの胴張りの無袖石室が発見されている。

参考文献

石和町教育委員会ほか 1984『大蔵経寺山第 15 号墳』
井鍋誉之 2003「東駿河の横穴式石室」『静岡県の横穴式石室』静岡県考古学会
甲府市教育委員会ほか 1991『横根・桜井積石塚古墳群調査報告書』
小林広和・里村晃一 1975a「甲斐国分寺周辺における後期古墳の様相」『古代学研究』第 77 号、古代学研究会
小林広和・里村晃一 1975b「山梨県の大型横穴式石室墳」『信濃』第 27 巻第 4 号、信濃史学会
坂本美夫 1972a「狐塚古墳（春日居町）稲荷塚古墳（一宮町）葉舞場古墳（御坂町）出土遺物の集成」『甲斐考古』9 の 2、山梨県考古学会
坂本美夫 1972b「荘塚古墳、無名墳（山梨市）、稲荷塚古墳（同）、古塚古墳、住村塚古墳出土遺物集成図」『甲斐考古』10 の 1、山梨県考古学会
坂本美夫 1986「大蔵経寺山無名墳の提起する問題」『山梨考古学論集 I』山梨県考古学協会
静岡県考古学会 2007 年度シンポジウム実行委員会 2008『東国に伝う横穴式石室―駿河東部の無袖式石室を中心に―』

志村　博 2003「富士市周辺の特異な石室構造」『静岡県考古学研究』No.35、静岡県考古学会
白石太一郎 1988「伊那谷の横穴式石室（一）（二）」『信濃』第40巻第7・8号、信濃史学会
鈴木敏則 2001「湖西窯古墳時代須恵器編年の再構築」『須恵器生産の出現から消滅』第5分冊、東海の土器研究会
田辺昭三 1981『須恵器大成』角川書店
橋本博文 1984「甲府盆地の古墳時代における政治過程」『甲府盆地―その歴史と地域性』雄山閣
土生田純之 1992「3 横穴系の埋葬施設」『古墳時代の研究』第7巻、古墳Ⅰ、墳丘と内部構造、雄山閣
平川　南 2008「古代日本の交通と甲斐国」『古代の交易と道　研究報告書』山梨県立博物館
御坂町教育委員会　2004『長田古墳群』（概報）
三澤達也 1997「4．牧洞寺古墳」『山梨考古』第65号、山梨県考古学協会
宮澤公雄 1989「後期古墳から見た甲府盆地の様相」『山梨考古学論集Ⅱ』山梨県考古学協会
宮澤公雄 1991「御坂町長田古墳群の調査」『帝京大学山梨文化財研究所報』第12号、帝京大学山梨文化財研究所
宮澤公雄 1999「甲斐の積石塚」『東国の積石塚古墳』山梨県考古学協会
竜王町教育委員会 1997『赤坂ソフトパーク内遺跡群・四ツ石遺跡・中秾塚古墳』
山梨県教育委員会ほか 1974『国分築地一号墳』
山梨県教育委員会ほか 1978『山梨県中央道埋蔵文化財包蔵地発掘調査報告書―北巨摩郡双葉町地内1―』
山梨県教育委員会ほか 1979『山梨県中央道埋蔵文化財包蔵地発掘調査報告書―北巨摩郡双葉町地内2・中巨摩郡竜王町地内―』
山梨県教育委員会ほか 1985『四ツ塚古墳群』
山梨県教育委員会 1987『岩清水遺跡・考古博物館構内古墳』
山梨県教育委員会ほか 1987『金の尾遺跡・無名墳（きつね塚）』
山梨県教育委員会ほか 1999『南西田遺跡・西林遺跡・四ツ塚古墳群』

山梨県教育委員会ほか 1999『米倉山B遺跡』
山梨県教育委員会ほか 2000『平林2号墳』
山梨県史編纂室 1998『山梨県史』資料編 1　原始・古代 1　考古（遺跡）、山梨県
山梨県史編纂室 1999『山梨県史』資料編 2　原始・古代 2　考古（遺構・遺物）、山梨県
山梨県史編纂室 2004『山梨県史』通史編 1　原始・古代、山梨県
山梨市 2005 『山梨市史』資料編　考古・古代・中世

信　濃

飯島　哲也

「松本、伊那、佐久、善光寺、四つの平は肥沃の地…」

　県歌「信濃の国」は、長野県が北信・東信・中信・南信という大きく4つの地域に分かれていることを唄っている。713（和銅6）年に「科野」から「信濃」へと変わったという文献の記述からも、奈良時代には一つの国として成立していたと考えられているが、山国という地形的な特質から細分され、例えば南信地域であれば東海地方、北信地域であれば北陸地方というように、それぞれ隣接する他県地域との影響関係を色濃く表出させている。このことは横穴式石室に関する研究においても例に漏れないが、1980年代の長野県史刊行を契機に集成・分析作業が行われ、長野県においても広域的な視点に基づく系譜論が展開されるようになった。本稿では、筆者の能力的な制約から、長野県内の無袖石室についての管見による集成と、これまでの研究成果についての整理を主眼とすることをお許しいただきたい。

1　各地域の概要

(1)　南信地域

　長野県南部に位置する南信地域は、古東山道ルート上に位置し、地形的には八ヶ岳南麓、諏訪湖盆地、伊那谷北部（上伊那）、伊那谷南部（下伊那）に大別される。このうち八ヶ岳南麓以外の地域で後期古墳が築造されており、飯田市を中心とする下伊那は顕著である。

　下伊那　下伊那の横穴式石室については、小林正春の継続的な研究成果を土台として、1988年に白石太一郎が統括的な論文を発表している。近年では飯田市教育委員会による総合的な研究成果が発表されており、様相解明に向けた研究が進んでいる地域である。

　白石は、「…下伊那地方の古墳に横穴式石室が受容されたのは六世紀前半であり、しかも初期の段階からそれぞれ系統を異にすると思われるいくつかの類

表1　信濃の無袖石室一覧

No.	地区	所在地	※　古墳名	墳丘形態	平面形	天井	玄門部	壁面	※　時期
1	南信	飯田市	塚穴1号墳	円	長方形	下降	仕切り石		7c前半
2	南信	飯田市	塚穴2号墳	円	長方形				7c前半
3	南信	飯田市	下辻古墳（御射山原3号墳）	円	羽子板	下降			
4	南信	飯田市	御猿堂古墳	前方後円	羽子板	下降	まぐさ石		6c前半
5	南信	飯田市	馬背塚古墳後円部石室	前方後円	長方形	水平	まぐさ石		6c後半
6	南信	飯田市	金山二子塚古墳	前方後円					6c前半
7	南信	飯田市	樋明古墳						
8	南信	飯田市	おかん塚古墳前方部石室	前方後円	長方形	下降？			6c後半
9	南信	飯田市	上溝天神塚古墳	前方後円	羽子板	下降	まぐさ石		6c前半
10	南信	飯田市	高岡1号墳	前方後円	長方形？	水平		立腰石	6c前半～中
11	南信	飯田市	畦地1号墳	円	L字形	段違え		立腰石	6c前半～中
12	南信	飯田市	北本城古墳	前方後円	長方形	水平	段	立腰石	6c初頭
13	南信	飯田市	石塚1号墳	円					
14	南信	飯田市	石塚2号墳	円					
15	南信	飯田市	ナジギリ1号墳	円	羽子板	水平	仕切り石		6c後半
16	南信	飯田市	壱丈藪3号墳	円？	長方形				7c後半～8c初
17	南信	高森町	武陵地1号墳（秋葉塔の塚）	円	羽子板	水平			
18	南信	高森町	北原4号墳						7c前半
19	南信	高森町	畑中古墳（金部1号墳）		羽子板	下降？			
20	南信	喬木村	郭1号墳	前方後円	羽子板	下降			6c前半～中
21	南信	松川町	屋敷添古墳	円					6c後半
22	南信	松川町	一ノ坪古墳	円	L字形	下降			
23	南信	宮田村	天白古墳	円	長方形				7c中～
24	南信	伊那市	富士塚古墳	円	長方形		仕切り石		7c後半
25	南信	伊那市	名廻東古墳	円	長方形		仕切り石		7c
26	南信	伊那市	鎮護塚西古墳	円	長方形			立腰石	時期不明
27	南信	伊那市	鎮護塚東古墳	円	長方形		仕切り石	立腰石	時期不明
28	南信	伊那市	八人塚古墳	円	F字形				
29	南信	箕輪町	松島王墓古墳	前方後円					6c後半
30	南信	箕輪町	源波古墳	円	羽子板				6c末～7c初
31	南信	箕輪町	狐塚古墳						
32	南信	岡谷市	大久保B1号墳墓						8c中、奈良
33	南信	岡谷市	大久保B2号墳墓						8c中、奈良
34	南信	岡谷市	唐松林古墳		長方形				8c
35	南信	岡谷市	タワラコロビ古墳		長方形				8c
36	南信	岡谷市	長者の蔵古墳	円	長方形	水平	仕切り石		8c
37	南信	岡谷市	唐櫃石古墳	円	羽子板				7c末
38	南信	諏訪市	藤塚古墳	円	長方形	下降			7c末
39	南信	諏訪市	小丸山古墳	円					
40	南信	下諏訪町	青塚古墳	前方後円	羽子板	下降			6c後半～末
41	南信	茅野市	乞食塚古墳						終末期
42	南信	茅野市	疱瘡神塚古墳		T字形	水平			
43	南信	茅野市	神長官裏古墳		羽子板	水平			
44	南信	茅野市	川久保古墳		長方形				
45	南信	茅野市	姥塚古墳	円	T字形				終末期
46	南信	茅野市	一本梶古墳	円	羽子板				
47	南信	茅野市	矢穴3号古墳	円	長方形				終末期
48	東信	佐久市	東御陵古墳	円	長方形？				6c後半～7c前半

No.	地区	所在地	※ 古墳名	墳丘形態	平面形	天井	玄門部	壁面	※ 時期
49	東信	佐久市	新海神社新発見	円	羽子板				6c後半～7c前半
50	東信	佐久市	中御陵古墳	円	羽子板				6c後半～7c前半
51	東信	佐久市	西御陵古墳	円	羽子板				6c後半～7c前半
52	東信	佐久市	大星尻古墳	円	長方形		仕切り石		8c中
53	東信	佐久市	蛇塚1号墳	円	L字形？				6c末
54	東信	佐久市	土合第1号墳	円？					6c後半～7c後半
55	東信	佐久市	山の神第3号	円					6c後半
56	東信	小諸市	加増第1号墳	円					
57	東信	東御市	蛇川古墳	円					7c中
58	東信	東御市	海善寺二子塚古墳	円	羽子板	下降		立腰石	6c後半～7c初
59	東信	上田市	二子塚古墳	前方後円					6c前半
60	東信	上田市	長者穴古墳	円					7c前半
61	東信	上田市	藤森塚	円		アーチ			6c後半
62	東信	上田市	穴倉古墳	円					6c末
63	東信	上田市	練合日向山古墳	円					
64	東信	上田市	沢田大塚古墳	円					
65	東信	上田市	塚穴原1号墳	円	羽子板		段？		6c末～7c初
66	東信	上田市	他田塚古墳	円	羽子板	水平			6c末～7c前半
67	東信	上田市	皇子塚古墳	円	羽子板	下降			7c中
68	東信	上田市	清水下古墳						7c後半
69	中信	塩尻市	襦ノ神1号古墳	円	羽子板		仕切り石		6c中～後半
70	中信	塩尻市	襦ノ神2号古墳	円	長方形		仕切り石		6c後半
71	中信	山形村	穴観音古墳	円	長方形	下降	袖？		
72	中信	山形村	大久保2号墳	円	長方形		袖？		
73	中信	松本市	向畑8号墳	円	長方形				6c末～7c初頭
74	中信	松本市	西越古墳						8c前半
75	中信	松本市	中山15号墳	方？					7c前半～8c
76	中信	松本市	中山17号墳						
77	中信	松本市	中山38号墳	円					7c前半～後半
78	中信	松本市	中山39号墳						7c前半～後半
79	中信	松本市	中山54号墳						7c前半～後半
80	中信	松本市	中山55号墳	円					6c後半？～7c
81	中信	松本市	中山61号墳	円	逆台形				7c末
82	中信	松本市	中山64号墳	円？	長方形				7c後半～8c前半
83	中信	松本市	中山66号墳	円？	長方形				7c末
84	中信	松本市	中山69号墳	円？	長方形				7c後半～8c前半
85	中信	松本市	中山73号墳	円？	長方形				8c初～前半
86	中信	松本市	丸山古墳（里山辺6号墳）	円	羽子板		段	立腰石	6c中～後半
87	中信	松本市	秋葉原1号墳	円？	長方形		擬似立柱		7c末～8c前半
88	中信	松本市	秋葉原2号墳	円？	長方形				7c末～8c前半
89	中信	松本市	秋葉原3号墳	円？					8c中
90	中信	松本市	秋葉原5号墳	円？					7c後半～8c前半
91	中信	松本市	安塚1号墳						8c中
92	中信	松本市	安塚2号墳						8c後半
93	中信	松本市	安塚3号墳						
94	中信	安曇野市	有明A1号墳（陵塚）	円	羽子板	水平	袖？		6c後半～末
95	中信	安曇野市	有明B1号墳（ぢいが塚）	円	羽子板	水平	段？	大石	7c前半
96	中信	安曇野市	有明B5号墳（金堀塚）		羽子板				

No.	地区	所在地	※ 古墳名	墳丘形態	平面形	天井	玄門部	壁面	※ 時期
97	中信	安曇野市	有明D1号墳（魏磯城窟）		羽子板	下降		立腰石	6c後半〜7c前半
98	中信	安曇野市	有明E3号墳（十三屋敷西）						
99	中信	安曇野市	有明E7号墳（狐塚2号墳）						
100	中信	安曇野市	有明F1号墳（一本杉古墳）	円	羽子板				
101	中信	安曇野市	有明F6号墳（中上古墳）						
102	中信	安曇野市	有明G1号墳（上原古墳）	円	長方形？				6c後半〜
103	中信	松川村	祖父が塚古墳	円	羽子板	水平			7c前半
104	中信	大町市	新郷1号墳	円	羽子板		仕切り石		6c後半
105	北信	千曲市	中山古墳	円	羽子板				7c前半
106	北信	千曲市	湯ノ崎3号墳	円	長方形		仕切り石		6c末
107	北信	千曲市	大岩古墳	円	羽子板	下降			
108	北信	千曲市	森3号墳	円	長方形		段		6c前半・6c後半
109	北信	千曲市	森4号墳	円					6c後半
110	北信	千曲市	森6号墳	円					6c後半〜7c初頭
111	北信	千曲市	森8号墳	円					6c中
112	北信	千曲市	森12号墳	円	長方形				7c後半
113	北信	千曲市	森14号墳	円					7c前半
114	北信	千曲市	大穴1号墳	円					7c後半
115	北信	千曲市	杉山A号墳	六角形	羽子板				7c
116	北信	長野市	西前山古墳	円	長方形			立腰石	6c前半〜中
117	北信	長野市	竹原笹塚古墳	円	長方形	合掌	段		6c中
118	北信	長野市	桑根井空塚古墳	円	長方形	合掌	段		
119	北信	長野市	大室25号古墳	円	羽子板		仕切り石		6c後半
120	北信	長野市	大室187号古墳	円	長方形			立腰石	6c中〜後半
121	北信	長野市	大室204号古墳	円		水平			
122	北信	長野市	大室222号古墳	円	羽子板	水平	仕切り石		6c後半
123	北信	長野市	大室224号古墳	円	長方形	水平	仕切り石		7c前半
124	北信	長野市	大室230号古墳	円	胴張り		仕切り石		7c後半
125	北信	長野市	大室235号古墳	円		水平			
126	北信	長野市	大室239号古墳	円	長方形	水平	まぐさ石		
127	北信	長野市	大室243号古墳	円	羽子板				
128	北信	長野市	大室348号古墳	円	羽子板	水平		立腰石	
129	北信	長野市	大室362号古墳大石室	円	羽子板			立腰石	6c後半
130	北信	長野市	大室429号古墳	円	羽子板		段	立腰石	
131	北信	長野市	大室436号古墳	円	羽子板			立腰石	
132	北信	長野市	大室466号古墳		長方形			立腰石	
133	北信	長野市	布施塚2号古墳	円	羽子板		段		6c初頭
134	北信	長野市	海道北山古墳		長方形			立腰石	
135	北信	長野市	葭水2号古墳	円	長方形	合掌？		立腰石	
136	北信	長野市	双子塚古墳西石室	円	羽子板	下降	まぐさ石		
137	北信	長野市	弥勒寺東古墳	円	L字形	下降			
138	北信	長野市	湯谷東1号古墳	円	羽子板		仕切り石	大石	6c後半
139	北信	中野市	風呂屋古墳	円					7c末〜8c前半
140	北信	山ノ内町	東町3号墳	円					
141	北信	木島平村	和栗古墳	円	長方形	合掌			

※ 本表には、無袖石室となる可能性をもつ古墳が含まれているため、報告書等との記述に相違点がある。
※ 時期は基本的に報告書等によるが、出土遺物等から筆者が判断したものも含まれる。

型が存在…」していることを明らかにし、実測調査に基づきa～d類の4類型を設定した。このうち無袖形はa類とd類が該当し、特にa類はこの地域でもっとも多く採用された形態である。横穴式石室導入当初から御猿堂古墳（4）や馬背塚古墳後円部（5）など大型前方後円墳の埋葬主体部として採用され、古墳が集中する天竜川右岸の松尾・竜丘地区に分布の核がある。6世紀後半以降は小型円墳にも採用されるようになり、下伊那のほぼ全域に広がっている。平面形は細長い長方形か、あるいは奥壁側が若干広い羽子板形で、天井も開口部に向かって若干下降するものが多い。天井部の段、床面敷石の差異、仕切り石の配置をもって玄室と羨道とを分ける意識を読みとることができるが、近年壁面構成においても区別する意識があったのではないか、と指摘するむきもある。また、壁面構成に特徴があるd類の存在が特筆される。下伊那では座光寺地区のみに3石室が現存しており、6世紀初頭から前半というきわめて早い段階で採用された形態とみられている。ちなみに高岡1号墳(10)も畦地1号墳(11)も入口部が埋没しているために判断しにくいが、北本城古墳（12）と同様、段構造を持つ無袖形か、あるいはその変異形態ではないかと想像している。白石論文以後、ナジギリ1号古墳（15）など調査例が蓄積されつつあるが、大きく再考を必要とするような事例は確認されていない。

　上伊那・諏訪盆地　天竜川の河岸段丘地形である伊那谷の北部、伊那市を中心とする地域が上伊那である。下伊那とは異なり、箕輪町の松島王墓古墳（29）が全長60ｍを測る唯一の前方後円墳であり、これ以外はほぼすべて小規模な円墳と考えられている。箕輪町源波古墳（30）は、全長11.5ｍの狭長な羽子板形の横穴式石室が検出され、報告書では片袖形と記載されている。平面形だけを見れば玄室が歪んでおり、左側壁には内側に突出した石材が認められるが、壁面構成から袖の意識を看取することが難しい。比較的多くの副葬品に恵まれ、6世紀末から7世紀初頭の築造時期が推定されている。白石分類d類に該当すると考えられる鎮護塚東古墳（27）の石室は1925（大正14）年の発掘で、詳細な情報が少ないものの、図面を見る限り北本城古墳の石室に近似しているようである。ほかにもＦ字形の平面形を呈する八人塚古墳（28）など特異な形態の石室もあり、詳細な調査と分析が待たれる地域である。

　諏訪盆地には約150基の古墳が分布しているが、5世紀代と考えられてい

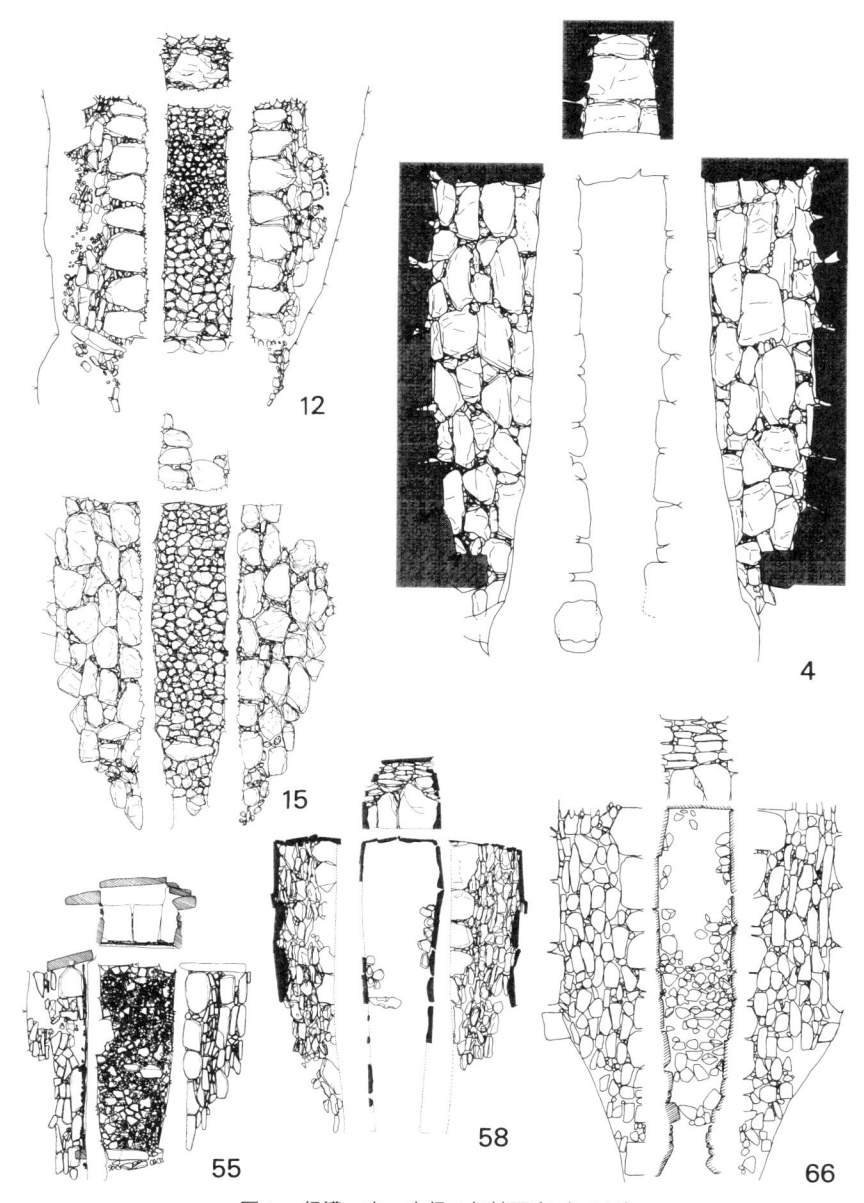

図1 信濃　南・東信の無袖石室（1/100）
4：御猿堂古墳　12：北本城古墳　15：ナジギリ1号墳
55：山の神第3号墳　58：海善寺二子塚古墳　66：他田塚古墳

るフネ古墳や一時坂古墳などの一部以外はほぼすべて後期円墳である。全長57mを測る唯一の前方後円墳である下諏訪町の青塚古墳 (40) は、後円部の中段あたりに横穴式石室が開口しており、極端な羽子板形を呈している。両袖形とも言われているが、開口部が土砂に埋没しているために袖の有無は不明である。積極的な根拠に乏しいものの、6世紀後半の年代観が与えられており、この地域に横穴式石室が導入された最初の古墳である可能性が考えられる。おそらく上伊那の松島王墓古墳も同様の存在と考えることができ、下伊那との関係を考慮すれば、どちらも無袖形の石室が採用されている可能性は否定できないのではないだろうか。横穴式石室自体はそれ以降小円墳に継続して採用されているようである。気になる存在として、8世紀代の墳墓と考えられている無袖形の石室を挙げておきたい。岡谷市大久保B遺跡1・2号墳墓 (32・33) や長者の蔵古墳 (36) などであるが、諏訪盆地全域に分布している、全長3.5mほどの長方形を呈する小石室である。これらは今後の検討事項とせざるを得ないが、注意しておきたい事例である。

(2) 東信地域

長野県東部の上田市・佐久市を中心とする地域であり、南信地域と群馬県の中間、古東山道ルート上に位置しているため、特に群馬県との関係が表出する地域といわれてきた。主に、千曲川流域の佐久平と上田盆地が古墳築造の舞台となっているが、下伊那や善光寺平南部にみられる卓越した首長墓は築かれなかった地域である。

この地域の横穴式石室に関して、平面形、玄門構造、側壁・奥壁構成を基に検討を行った冨沢一明は、「…東信地域内における横穴式石室の導入は6世紀後半に無袖タイプの石室が導入され、以後6世紀末〜7世紀代に入り両袖タイプの石室も加わる。しかし、7世紀中葉を境に石室形態は両袖で立柱石を持ち側壁も下段に腰石的積み方を行うタイプの横穴式石室にほぼ統一される。以後は8世紀代に入るまでこのタイプの石室が規模を小さくしながら群集して造られていく…」という結論に達した。さらに、導入期の石室は北信地域の影響下で成立した無袖形横穴式石室であること、次の発展段階として畿内型石室の二次的伝播という形での導入がみられること、そして群馬方面からの影響で成立した立柱石をもつ両袖形石室が群集墳の小規模な古墳に取り入れられながら終

末を迎える、という3つの画期を想定し、それぞれ影響を及ぼした地域が異なることを把握した上で、当該地域の石室の系譜が単純ではないことを指摘した。

　佐久平　佐久平には現在までのところ前方後円墳は存在しない。また、5世紀代およびそれ以前と考えられる古墳はきわめて少なく、大多数が千曲川右岸の山裾に築造された、7世紀後半から8世紀代に構築された小規模な円墳である。横穴式石室の初現は、佐久市山の神第3号墳（旧望月町、55）とみられ、千曲川流域の平地部ではなく山間部の小規模な盆地に立地している。半地下式に構築された石室は羽子板形を呈し、6世紀後半の時期が推定されている。佐久市蛇塚1号墳（53）は、主軸に直交して石障状の仕切り石が玄室奥に設置されていることから、右壁が変則的に曲がる片袖形と報告されているが、L字形＋羽子板形の平面形を呈する無袖石室とみることも可能であろう。出土遺物から6世紀末の築造時期が推定され、佐久平における導入期石室の一つとみることができる。ちなみに平面形として副室をもつ石室の県内事例を挙げると、L字形は飯田市畦地1号墳、松川町一ノ坪古墳（22）、長野市弥勒寺古墳（137）、F字形が伊那市八人塚古墳、T字形として茅野市姥塚古墳（45）と疱瘡神塚古墳（42）が知られている。古くから開口し入口が改変されている例が多く袖部の状況は不明瞭であるが、その多くが無袖石室となるのではないだろうか。

　上田盆地　県内他地域と異なり、横穴式石室導入以前の上田盆地に関しては大蔵京古墳と中曽根親王塚古墳という大型方墳の存在が特筆される。5世紀後半の築造時期が推定されている帆立貝形古墳の王子塚古墳が後続し、東信地方唯一の前方後円墳である全長49mの上田市二子塚古墳（59）で、6世紀第2四半期に横穴式石室が初めて導入されたとみられているが、調査されていないために石室に関する情報はない。つづく6世紀後半に東御市海善寺二子塚古墳（旧東部町、58）が築造される。直径15mの小規模な円墳であるが、墳丘より人物・動物・器財などの形象埴輪や円筒埴輪の破片が多量に出土したことから、古墳築造当初は各種の埴輪列が巡っていたようであり、やはり群馬県地域との関係が想起される。全長8mを測る無袖形の石室は、奥壁・側壁ともに最下段に大型石材を用いており、下伊那での白石分類d類あるいは後述の岡林分類D類に近似している。以後、上田盆地内でも千曲川を挟んで左岸の塩田平と右岸の神科地区に後期群集墳分布の核が認められるが、無袖石室は塩田平に

密集し、塚穴原1号墳 (65) や他田塚古墳 (66) が築造される。

(3) 中信地域

中信地域は地形的に、長野県のほぼ中央に位置する松本盆地と、岐阜県に南下するルート上の木曽谷、日本海に北上するルート上の安曇野および大町以北、そして長野盆地との中間地点となる麻績盆地に大別される。この地域では確実な前方後円墳は確認されておらず、木曽谷には古墳自体がまったく築造されていない。麻績盆地では無袖形の石室を確認することができなかった。

松本盆地　松本盆地では主に東縁山麓に横穴式石室墳が築造されている。東南部の丘陵南麓斜面に立地している中山古墳群の総数は80基以上と伝承されており、6世紀後半以降に築造され、8世紀前半まで追葬が継続する。松本盆地における初現的な横穴式石室となる可能性が考えられる塩尻市禰ノ神1号古墳 (69) は、羽子板形を呈する無袖石室で、出土した須恵器の年代から6世紀中頃には築造されたようである。壁面には施朱された痕跡が看取され、同例の多い下伊那との関係が想起される。丸山古墳 (里山辺6号墳、86) は、盆地東部に位置する谷の奥に築造された石積み墳丘をもつ円墳で、腰石を立て並べる壁面構成の無袖石室を内蔵しており、6世紀中頃から後半にかけての築造時期が推定されている。この地域でも注意しておきたい存在が、梓川左岸の平地である水田地帯に分布している、安塚古墳群と秋葉原古墳群である。圃場整備工事で発見された秋葉原1号墳 (87) は、墳丘と石室の上部を失った終末期の古墳である。多葬の痕跡が認められないことから個人墓と推定されており、終末期以降の特徴的な存在である。

安曇野・大町以北　穂高町と松川村にまたがる有明山周辺の古墳群は、A群からC群まで3支群に分けられる扇状地扇頂部の有明古墳群と、扇央部に位置する牧古墳群 (E群) と塚原古墳群 (F群)、そして単独墳として魏磯城窟古墳 (D1号墳、97)、松川村の祖父が塚古墳 (103) などから構成され、長野市大室古墳群や松本市中山古墳群とともに長野県を代表する後期古墳群である。金銅製鳳凰形飾板を含む多量の出土遺物が宮内庁書陵部や東京国立博物館に寄贈されており、長野県史編さん事業にともなう調査で概要が明らかとなった。それによると確認されている埋葬施設のすべてが無袖形の横穴式石室であり、全長9m前後と5～6m程度の大小2タイプに分かれる。9m前後の大型

92　Ⅱ　信　濃

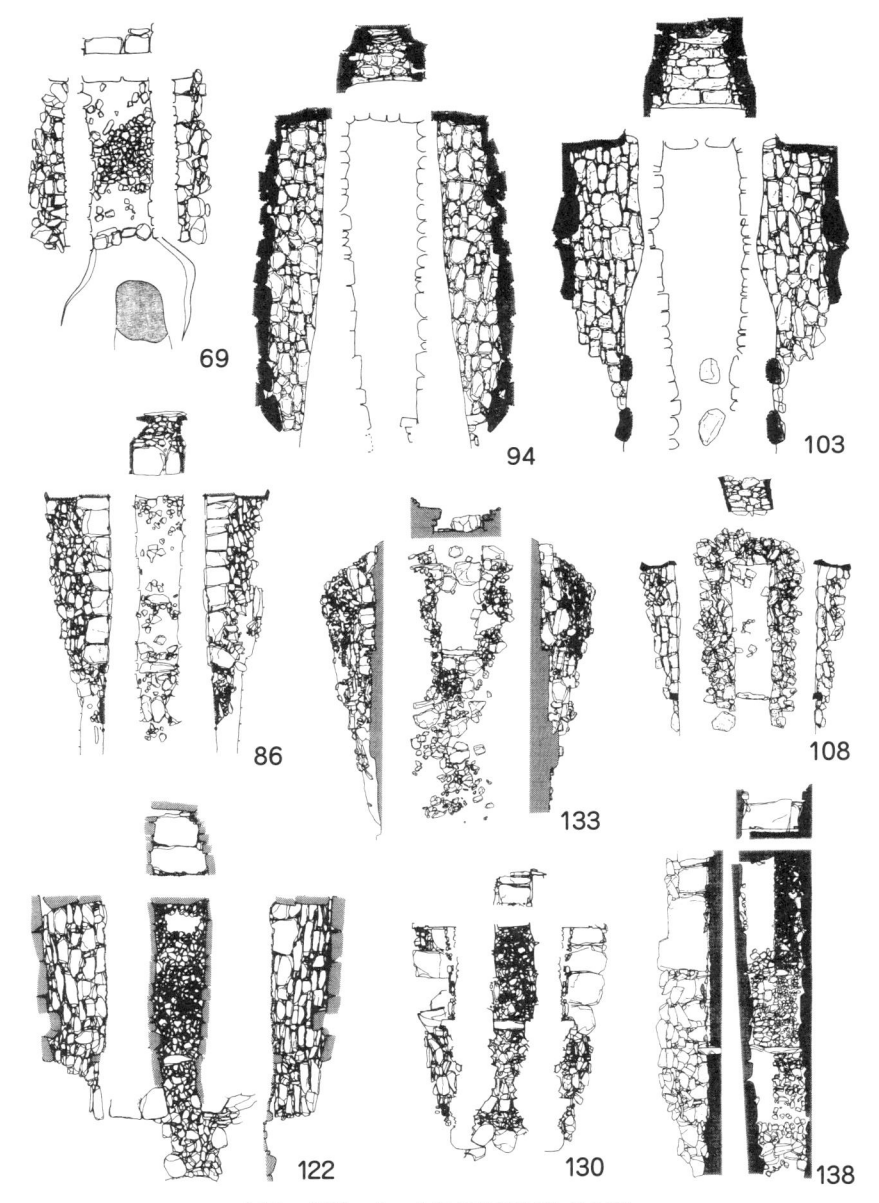

図2　信濃　中・北信の無袖石室（1/100）
69：襴ノ神1号古墳　86：丸山古墳（里山辺6号墳）　94：有明A1号墳（陵塚）
103：祖父が塚古墳　108：森3号墳　122：大室222号古墳
130：大室429号古墳　133：布施塚2号古墳　138：湯谷東1号古墳

の石室については、幅2m以下の狭長な石室と幅2m以上の長大な石室に分類され、前者は6世紀後半、後者は7世紀前半の築造時期が推定されており、限定した期間に築造された古墳群とみられている。魏磯城窟古墳は、巨大な露頭自然石を巧みに利用して墳丘をイメージさせている古墳で、自然石を天井石としてその下部をトンネル状に掘り込み、その内部に白石分類d類の壁面構成をもつ石室を組み上げ、構造的には横穴墓を思わせる特異な例である。

(4) 北信地域

長野県北部に位置する北信地域では、主に善光寺平とも呼ばれる広大な生産域を有する長野盆地と、千曲川下流の飯山・中野地域に古墳が築造されている。長野盆地内でも大型前方後円墳が築かれた南西部、積石塚や合掌形石室などが特筆される南東部、浅川・裾花川扇状地を望む山麓に密集する北部に分かれる。千曲川沿いの須坂市の鮎川扇状地、小布施町の雁田山麓、山ノ内町の夜間瀬川扇状地などにも後期円墳が密集する。

北信地方の横穴式石室を分析した岡林孝作は、北信地方の石室について大きくA〜Eの5分類を設定し、その変遷と系譜を検討している。このうち無袖形は、玄室と羨道部との区別の可否によってD・E類と区別している。D類は白石分類d類に近似する壁面構成をもつタイプで、E類は羽子板形ないしは短冊形のプランをもつものである。長野盆地初現の横穴式石室として森3号墳(108)を取り上げ、開口部に段状施設が存在する特徴から6世紀前半から中頃の年代観を提示し、「…森3号墳石室はおそらく伊那谷を媒介として、東海地方からの影響の下に成立した…」と考えた。そして岡林は結論として、「…長野県北部の横穴式石室もまた、6世紀代には伊那谷、7世紀代には群馬県との強いつながりをもっており、基本的には東山道ルートを媒介として展開した横穴式石室の特徴を備えている…」とまとめている。

長野盆地南西部 長野盆地で最初に横穴式石室が採用された古墳は、現在のところ長野市布施塚2号古墳(133)と考えられる。奥壁側の墳丘の一部を失っているが、石室は羽子板形を呈する無袖形で、玄室部が一段下がる段構造、いわゆる「上がり框」となっており、出土遺物から6世紀初頭の築造年代が推定されている。千曲市森将軍塚古墳の周辺からは、直径3mから20mほどの小さな円墳が13基見つかっており、5世紀前半から7世紀後半までの間に継続

して築造されている。このうち横穴式石室を採用している古墳は6基で、ほぼすべて無袖形と見られている。森3号墳は、報告書では6世紀後葉から末葉という築造時期が推定されており、前述の岡林論文とは整合していない。千曲川左岸の湯ノ崎3号墳(106)や、右岸の大穴古墳群でも無袖石室が確認されている。

長野盆地南東部 大室古墳群は、長野市南部の松代町大室に所在する、5世紀前半から8世紀にかけて築造された総数約500基を数える大規模な古墳群である。いわゆる積石塚と合掌形石室の存在で特筆される古墳群であるが、石積み墳丘と合掌形天井がセットとなる5世紀中頃から6世紀初頭の古墳と、大室古墳群の大多数を占める6世紀中頃以降の横穴式石室墳とでは、現段階ではスムーズな変遷を見いだすことができない。横穴式石室は確実な例で165基と数えられているが、両袖形が多く胴張りにもバリエーションが看取される。無袖形は岡林分類のD類に該当する腰石を立てる石室と、同じくE類に相当する石室に分かれるようである。腰石を立てる石室は石積み墳丘の古墳に、腰石を立てない石室はいわゆる土石混合材を用いた通常の横穴式石室墳に採用されており、前者が若干先行する可能性を指摘しておきたい。西前山古墳(116)からは岡林分類D類とみられる石室の一部が検出されており、出土遺物に時期差が著しいため築造時期の推定が難しいものの、6世紀前半にさかのぼる可能性がある石室である。ちなみに大室古墳群に隣接し、同じく石積み墳丘で知られる長原古墳群は、ほぼすべて両袖形の石室を採用しており、須坂市鮎川古墳群は詳細不明である。

長野盆地北部ほか 千曲川左岸となる裾花川・浅川扇状地を望む山裾付近にも後期古墳群が展開しているが、おおむね6世紀後半以降の群集墳であり両袖形の石室が多い。調査されてはいないが、長野市安茂里の双子塚古墳には2基の横穴式石室が構築されており、東石室は両袖形で西石室(136)は無袖形である。また弥勒寺古墳は入口が破壊されているもののL字形の石室を内蔵している。浅川扇状地に立地する湯谷東1号古墳(138)は、右側壁に大型の石材を用いる無袖石室で、岡林はD類と判断している。大室古墳群に次ぐ古墳数の吉古墳群には現在のところ無袖形は知られていない。また、小布施町雁田山古墳群や、山ノ内町の夜間瀬古墳群には無袖石室が存在する可能性があるが、詳細は明らかではない。

2　腰石を立てる石室について

　腰石を立てる石室とは、側壁の最下段に大型の石材を用いただけの、いわゆる「腰石」とは若干ニュアンスが異なり、大きな平石を縦方向に建て並べ、その上部に小型石材を2〜3段程度小口積みする構造であり、「腰石を立てる」という表現がふさわしい。下伊那で伊那谷では白石がd類と分類し、長野盆地では岡林がD類と分類したもので、信濃における無袖石室の特異例として挙げられよう。主に下伊那と長野盆地に分布し、上伊那・松本盆地・安曇野・上田盆地にもその類似例が知られている。当初白石は系譜不明としたがその後1998年に百済石室の類似例に着目し、楠元哲夫と土生田純之が百済地域以外にも目を向ける必要性を説いている。ここでは、腰石を立てる石室についてその系譜を述べるだけの検討ができていないため、まずは遺構そのものに対する詳細な検討の必要性を挙げるにとどめておきたい。とりあえず現段階での信濃における腰石を立てる石室をまとめると、以下のとおりである。

① 　下伊那では、6世紀初頭に北本城古墳が築造され、確認されている古墳は6世紀前半までの3基のみである。

② 　長野盆地でも6世紀前半から中頃には出現する可能性があり、おおむね6世紀中頃から後半にかけて大室古墳群を中心に築造され、7世紀代には継続しないようである。

③ 　県内他地域では、構造的にも若干変質した類似例が、6世紀中頃から後半の古墳に採用されるが、単独採用であり以後継続しない。

④ 　各地域における横穴式石室の導入期における一形態とみられる。

3　おわりに

　今回、合掌形天井を持つ竪穴系横口式石室については、あえて触れなかった。東海地方における無袖石室の特徴の一つとして挙げられる段構造を有するなど要素としては検討課題となろうが、これら導入期の合掌形石室は石室というよりは組合式箱形石棺であり、今回のテーマには即さないと判断したことによる。また、全国的な横穴式石室波及の動きに呼応して自立的に発生したと考えられる、長野市竹原笹塚古墳（117）や桑根井空塚古墳（118）などの横穴式

石室形態の合掌形石室についても、現存例での開口部の改変が著しく保留せざるをえない。最後に、信濃における無袖石室について、これまでの研究成果について整理した点を箇条書きにすることで、まとめに代えさせていただきたい。

① 長野県における無袖石室は、下伊那の北本城古墳、長野盆地南西部の布施塚２号古墳が６世紀初頭に登場し、横穴式石室の初現となる。ただし、長野盆地にみられる合掌形天井構造をもつ竪穴系横口式石室とは連動していないようである。

② 下伊那では６世紀前半から後半に、大型の無袖石室が前方後円墳の埋葬主体として採用され、以後小型円墳の主体部として７世紀前半まで継続する。

③ 長野盆地では、６世紀前半から中頃の確認例が少ないものの、６世紀後半には盆地内の各地に展開し、７世紀代を通じて築造されている。

④ 上伊那の松島王墓古墳、諏訪盆地の青塚古墳、上田盆地の二子塚古墳の３基は各地で唯一の前方後円墳であり、無袖形の横穴式石室が採用されている可能性は否定できない。

⑤ 松本盆地では６世紀中頃の襴ノ神１号古墳、６世紀中頃から後半の丸山古墳が築造され、６世紀後半には佐久平、安曇野でも無袖石室が登場し、７世紀代を通じて築造される。

⑥ 諏訪盆地、松本盆地、佐久平、長野盆地で、７世紀末から８世紀代にかけての無袖石室が存在する。

引用・参考文献

安茂里史編纂委員会 1995『安茂里史』安茂里史刊行会

飯田市教育委員会 2003『北本城々跡・北本城古墳』

飯田市教育委員会 2007『飯田における古墳の出現と展開』

岩崎卓也ほか 1983「有明古墳群の再調査」『信濃』第 35 巻第 11 号、信濃史学会

岩崎卓也ほか 1989『長野県史』通史編 1　原始・古代、長野県史刊行会

臼田町誌編纂委員会 2007『臼田町誌』第３巻　考古・古代・中世編、佐久市・臼田町誌刊行会

大塚初重・小林三郎・石川日出志 1993『信濃大室積石塚古墳群の研究Ⅰ─大室谷

支群・村東単位支群の調査―』東京堂出版
大塚初重・小林三郎 2006『信濃大室積石塚古墳群の研究Ⅱ―大室谷支群・大石単位支群の調査―』東京堂出版
大室古墳群調査会 1970『大室古墳群北谷支群緊急発掘調査報告書―長野県農事試験場等用地内古墳調査―』
岡林孝作 1992「長野県北部における横穴式石室の編年と系譜」『史跡森将軍塚古墳―保存整備事業発掘調査報告書―』更埴市教育委員会
上伊那誌編纂委員会 1965『長野県上伊那誌』第2巻 歴史編、上伊那誌刊行会
桐原 健 2009「科野における終末期古墳の姿相」『信濃』第61巻第8号、信濃史学会
楠元哲夫 1996「信濃伊那谷座光寺地区の三石室」『研究紀要』第3集、㈶由良大和古代文化研究協会
更埴市教育委員会 1992『史跡 森将軍塚古墳』保存整備事業発掘調査報告書
小林秀夫 2000「信濃の古墳文化」『大塚初重先生頌寿記念考古学論集』頌寿記念会、東京堂出版
小林正春 1989「長野県における横穴式石室の受容（伊那谷）」『東日本における横穴式石室の受容』第2分冊、第10回三県シンポジウム資料
塩尻市教育委員会 1986『襯ノ神・栗木沢・砂田』
白石太一郎 1988「伊那谷の横穴式石室(1)・(2)」『信濃』第40巻第7・8号、信濃史学会
白石太一郎 1998『古墳の語る古代史』歴博ブックレット⑥、国立歴史民俗博物館
土屋 積 1989「長野県における横穴式石室の受容」『東日本における横穴式石室の受容』第2分冊、第10回三県シンポジウム資料
東部町教育委員会 1978『海善寺 大門田遺跡・二子塚古墳・浅間田古墳』海善寺遺跡群発掘調査報告書
冨沢一明 2000「信濃、千曲川流域における横穴式石室の導入と展開―東信地域を中心として―」『専修考古学』第8号、専修大学史学会
鳥居龍蔵 1926『先史及原史時代の上伊那』信濃教育會上伊那部會
長野県教育委員会 1973『長野県中央道埋蔵文化財包蔵地発掘調査報告書―伊那市西春近―』

長野市教育委員会 1981『湯谷古墳群・長礼山古墳群・駒沢新町遺跡』長野市の埋蔵文化財第10集

長野市教育委員会 1981『長野・大室古墳群―分布調査報告書―』

長野市教育委員会 1996『布施塚1号古墳・2号古墳』長野市の埋蔵文化財第78集

長野市教育委員会 1998『西前山古墳』長野市の埋蔵文化財第90集

土生田純之 1997「信濃における横穴式石室の受容」『信濃』第49巻第4・5号、信濃史学会

土生田純之 2000「積石塚古墳と合掌形石室の再検討―大室古墳群を中心として―」『福岡大学総合研究所報』第240号総合科学編(第3号)、福岡大学総合研究所

穂高町誌編纂委員会 1991『穂高町誌』第2巻(歴史編上・民俗編)、穂高町誌刊行会

松尾昌彦ほか 1982「飯田市周辺における前方後円墳の実測調査」『信濃』第34巻第11号、信濃史学会

松本市 1996『松本市史』第2巻歴史編Ⅰ 原始・古代・中世

松本市教育委員会 1993『松本市里山辺丸山古墳―緊急発掘調査報告書―』松本市文化財調査報告№104

三木 弘ほか 1986「長野県南安曇郡穂高町所在魏磯城窟古墳について」『信濃』第45巻第5号、信濃史学会

箕輪町教育委員会 1988『源波古墳～発掘調査報告書～』

望月町教育委員会 1991『山ノ神A遺跡 山ノ神第3号古墳 山ノ神第4号古墳』望月町文化財調査報告書第20集

(※報告書は一部割愛させていただきました。)

相　模

植山　英史

　相模では古墳時代後期に数基から数十基の円墳による群集墳が各地に築かれる。円墳の主体部は6世紀中頃まで、石材を用いない竪穴系の墓坑が主体である。竪穴式石室の導入については、6世紀前後までには一部の地域で導入されていたものと思われるが、未だ不明点も多い。横穴式石室は6世紀中頃前後に導入され、石材を用いない竪穴系の石室と併存した後に、6世紀末から7世紀初頭を境に急激に数を増し、7世紀中頃まで主に小規模円墳の埋葬施設として用いられる。横穴式石室の形態は、そのほとんどが無袖石室で、当地域の古墳時代後期中頃から後半の代表的埋葬施設と言える。

　相模地域の横穴式石室の研究は、主に玄室の平面形態や副葬品を中心に行われており（立花2001bなど）、そのほかの内部構造や築造方法について言及しているものは、多くはない。相模地域の横穴式石室は、自然石（河原石）積みの横穴式石室が圧倒的多数を占めるという特徴を持つ。このため、調査が実施された石室の多くは石室が崩れ、室内に土砂が流入しており、細部の正確な構造の把握に困難が伴う。今回、筆者が集成した横穴式石室の調査報告事例でも細部の形態や床面のあり方が不明瞭なものが多く、石室各部の呼称についても統一をみない点もあるが、本稿では、主に『東国に伝う横穴式石室』（静岡県考古学会2008）に基づいて記述する。

　相模の無袖石室を持つ古墳は、今のところ円墳に限られる。従来、古墳時代後期の前方後円墳は、秦野市・二子塚古墳などがその可能性を指摘されていたに過ぎなかったが、近年の調査で、寒川町宮山中里遺跡、平塚市市場古墳例のような、古墳時代後期の前方後円墳の周溝跡と考えられる遺跡が発見され、市場古墳では石室跡の可能性のある石材が発見されている。また、2007年から調査が開始された横須賀市・大津古墳群では、帆立貝形の墳形を持つ第1号墳で片袖横穴式石室が確認されている（稲村2008）。二子塚古墳についても、今後、新たな調査が予定されている。このように、近年の発見によって相模の古墳・

横穴式石室研究は新たな段階を迎えようとしているが、本稿では、そのような最新の状況に留意しつつ、現在までに調査報告などで明らかにされてきた点を中心に論を進めることとする。

1　相模の無袖石室の特徴

(1)　無袖横穴式石室を持つ古墳の概要

相模地域の代表的な横穴式石室は、自然石を積み上げた無袖横穴式である。当地域で規模が判明または推定されている無袖横穴式石室を持つ円墳数は100基余りになるが、いずれも墳丘径（周溝内径）規模30m以下で、10〜20m未満が8割近くを占める。最大規模は秦野市・桜土手古墳群第1号墳（径28m）、同第7号墳（径28.3m）である。両袖式の横穴式石室を持つ古墳では、伊勢原市らちめん古墳が約40mの規模を誇る。そのほかに、石室規模や発見された周溝と推定される溝の一部から30m級の可能性のある古墳（厚木市・桜樹古墳）や、主体部の調査が実施されていない小田原市・久野1号墳（径約39m）や石室形態が判明していない南足柄市・八幡神社古墳（径約35m）などが存在する。墳丘構造は、秦野市・桜土手古墳群で葺石、外護列石、墳丘内石列など、様々な構造が確認されている。この構造は関根孝夫によってA〜D類に4区分されている（関根 2001）。そのほかに、小田原市・久野4号墳も段築構造と葺石が確認されているが、そのほかの古墳では築段、墳丘などは確認されておらず、無段築、無葺石の古墳が大半を占める。

(2)　無袖石室の概要

相模ではほとんどの横穴式石室が地山に墓坑（掘方）を掘削し、その中に石室を構築している。墓坑の有無について触れられていない調査報告も多いが、横穴式石室で墓坑の掘込みが無いと報告されている古墳は、片袖石室の伊勢原市・鎧塚第1号墳例のみである。墓坑の形状は、ほとんどが長方形を呈する。

墓道（前庭部）は、地山面まで掘削するものと、掘削が明瞭でなく墳丘盛土面までに留まるものが存在する。地山面まで掘削する古墳には、墓坑の底面と同レベルまで掘り下げる場合と、墓坑より浅く墓坑との接続部で段を為すものがある。また、墓坑と同レベルまで掘削するものには、一旦掘り込んだ墓道を埋土によって仕上げ、礫床などによって高くなった玄室床面とほぼ同一レベル

にするものが存在する。墓道の形態には、①石室開口部の幅とほぼ同等で周溝に向けて直線状に延びるもの、②石室開口部で幅が広がり、周溝に向けて直線的に延び、上から見て「コ」の字を呈するもの、③石室入口から周溝に向けて広がり、周溝側からみて「ハ」の字状に開く、もしくは、石室入口部との接続部で幅が広がり、さらに周溝側に向けて開き「ハ」の字を呈するものに大別される。また、側壁に礫を積むものと無礫のものが存在する。秦野市・桜土手古墳群（図3）ではすべてが存在する。報告されている21基中、直線状に石積みを施すものが5基、「コ」の字状に礫積みを持つものが3基、「ハ」の字状に礫積みを持つものが6基、「ハ」の字状で精緻な礫積みが認められないものが3基ある。また、石室開口部から直線的に延び周溝との接続部直前で開き、礫積みが周溝端に続いて開くものが2基存在する。秦野では、このほかに金目原1号墳で直線状の礫積み、下大槻欠山遺跡1号墳で「ハ」の字状に礫積みが、それぞれ確認されている。伊勢原市内では日向・渋田2号墳が「コ」の字状を呈する石積みを持ち、北高森1号墳、日向・洗水遺跡古墳では「ハ」の字状の石積みが認められる。厚木市域では、中原古墳、上依知第2号墳、中依知古墳第4・5墳などが礫を持たない直線状の形状である。中依知第2号墳は直線的な掘込を一旦埋めて、その両脇に小礫を配置した跡が部分的に確認されている。同第3号墳は、直線状に礫積みを持つ。また、金井2号墳、岡津古久古墳などが「ハ」の字状の礫積みを持つ。

　石室入口部の構造は、床面に仕切石を置くものが大半で、側壁は玄室よりも大形の石を積み上げるものが多いが、入口部に立柱石を立てる石室は金井2号墳（図2）が知られているのみである。そのほかに、秦野市桜土手第9号墳は直方体状の石を3段積み上げており、報告では立柱状と記されている。

　相模地域の無袖石室の大半が、入口から玄室にかけて、玄室とは一線を画す構造や施設を有している。具体的には、床面幅の変化、床面の変化、仕切石の設置、側壁の変化に大別し得る。これらすべての変化要素を備えている石室はむしろ少ないが、いずれかの特徴を持ち、また閉塞状況のわかるものの大半が、当該箇所に礫を積み上げて閉塞している。したがって、用途的にも遺骸を安置する玄室とは異なるものと判断され、当地域においては一般的に「羨道」と呼称、報告されている。本書では無袖・無羨道の考え方に基づき、同部分

を便宜的に、「羨道該当部」と呼称する。羨道該当部は、玄室に比べ幅が10～20％程狭くなる。床面は玄室床面より大きめの礫を置く石室が多いが、明瞭な礫敷きが無くなるものや、玄室より小形のものを敷くなどの様々な変化が認められる。側壁は、玄室よりやや大きな石を積み上げるもの、入口部に積まれた大石が同部分まで継続しているもの、積まれる石の大きさに変化は無いが目地の変化が見て取れるもの、特に変化が認められないものが存在する。玄門部に立柱を立てる古墳は、伊勢原市三ノ宮・下谷戸7号墳の1例のみが知られている。

　床面高の変化は、墓道から羨道該当部、玄室の高さがほぼ一定、もしくは礫敷きの分だけ羨道該当部から玄室の方がわずかに高い石室が多数を占めるが、有段構造の石室も存在する。玄室の境界に段を有する古墳として桜土手古墳群の第9・11・14・16・35・40号墳、厚木市桜樹古墳群内の中依知5号墳が挙げられる。また、厚木市上依知2号墳は入口部に段を持つ。上依知1号墳、厚木市山際堀附古墳は前庭部との関係が不明瞭であるが、同様に入口部に段を持つ可能性がある。玄室床面の構築方法は様々なパターンが確認されている。最も丁寧なつくりは、地山面に小礫混じりの土やローム、黒褐色土、木炭を敷き、その上に10～30cm程の扁平・板状の礫を並べ、さらに10cm以下の小礫を敷き詰めるもので、すべてが施される床面は少数で、それぞれの工程の一部が省略されているものが多い。また、厚木市小野2号墳は一切の礫敷きがなく、地山面が剥き出しとなっている。

　玄室平面形態は、ほぼ長方形を呈するもの、奥壁が広く入口側が狭い台形を呈するもの、玄室中央一帯が最も広くやや膨らむものに大別し得るが、自然礫積みの石室という性格上、何らかの形状を意図して構築したものか、判断が困難なものも多い。玄室の規模については、全長3～4mの石室が最も多く、4～5mのものと合わせると約半数を占める。6m以上の玄室は約1割と少なく、最大規模は金井2号墳（図2）の8.5mである。

　奥壁の形態には奥壁幅の樽状、長方体状、または扁平の自然石を複数段積み上げて構成するもの、板状もしくは奥壁側が平滑の大形の自然石を立てて1枚もしくは2枚で構成するもの、複数の礫を底面に並べて上方も複数の石を積み上げて構成するものに大別される。奥壁幅前後の石を複数段積み上げたもの

が全体の7割程を占め主流で、板状が25％、最下段から複数の石を並べる多段・多石は5％である。時期的には複数段・板状は全期間に見られるが、多段・多石の奥壁を持つ石室で新しい時期のものは、今のところ認められない。裏込めについては、詳細に報告されている例が少ないが、中依知1号墳（図2）例のように、側壁と同規模、もしくはやや小形の石を側壁と複数列平行して並べて積み、小礫、砂、黒色土、ロームなどで隙間を埋めているものが精緻な造りといえる。墓坑壁際は砂礫の量が減り、土で埋めているものが多い。以上が、無袖石室の各部の主な形態である。そのほかの横穴式石室では、両袖式石室は伊勢原市登尾山古墳、秦野市金目原1号墳、茅ヶ崎市石神古墳、羨道を持たず開口部の立柱石が玄室の前壁を兼ねる大磯町釜口古墳、前壁部が「ハ」の字に開き、羨道との幅の差が大きい伊勢原市尾根山2号墳[1]が挙げられる。片袖式は伊勢原市尾根山4号墳、同高森・赤坂古墳、同鎧塚1号墳が知られている。このうち、高森・赤坂古墳と鎧塚1号墳はいずれも前壁部が破壊されており、詳細な形態は不明である。

2　無袖石室の分布

　相模の無袖石室は、相模川以西および相模川流域北部に分布している。数基～数十基単位での古墳群の分布と重なる。主な分布域は、西湘地域の真鶴半島を中心とする海岸域と酒匂川流域、金目川水系域の秦野、伊勢原市域、相模川水系中～上流域の厚木西部、厚木依知周辺から相模原田奈一帯などである（図1）。

　西湘地域は真鶴町、湯河原町一帯の南端の海岸域、酒匂川水系流域に一定の分布が認められる。海岸域には狐塚古墳群、平台古墳群などが所在し、狐塚1号墳は河原石積みの石室内から切石の石棺が発見されたと伝えられるが、そのほかの古墳を含め詳細は不明である。酒匂川流域では、小田原市久野（諏訪ノ原）丘陵一帯に、かつて久野百塚とも呼ばれた群集墳が所在する。久野古墳群は40m級円墳である久野1号墳を中心とした、久野丘陵に沿って東西に長く展開する古墳群で、久野1号墳より西に位置する第2・4・6・15号墳、また、これより西に位置する総世寺裏古墳、南側に所在する久野森下古墳の調査・報告が行われており、いずれも無袖石室を持つ古墳である。久野4号墳・

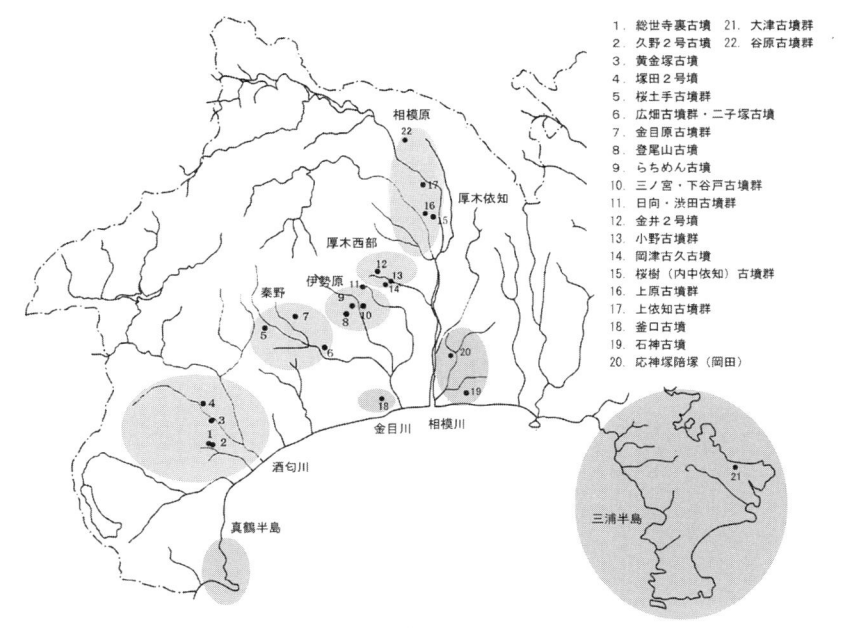

1. 総世寺裏古墳	21. 大津古墳群
2. 久野2号墳	22. 谷原古墳群
3. 黄金塚古墳	
4. 塚田2号墳	
5. 桜土手古墳群	
6. 広畑古墳群・二子塚古墳	
7. 金目原古墳群	
8. 登尾山古墳	
9. らちめん古墳	
10. 三ノ宮・下谷戸古墳群	
11. 日向・渋田古墳群	
12. 金井2号墳	
13. 小野古墳群	
14. 岡津古久古墳	
15. 桜樹（内中依知）古墳群	
16. 上原古墳群	
17. 上依知古墳群	
18. 釜口古墳	
19. 石神古墳	
20. 応神塚陥塚（岡田）	

図1　相模の横穴式石室の分布

　総世寺裏古墳は、出土遺物からTK217型式併行期前後の築造と推定される。久野丘陵より北に位置する南足柄市域にも、数多くの横穴式石室を持つ古墳が所在するが、横穴式石室の詳細については不明点が多い。黄金塚古墳群は、20基ほどの古墳群とされ、黄金塚古墳からは金銅装単龍環頭大刀の出土が伝えられる。同古墳群内で、現存している八幡神社本殿裏古墳は、径35mの円墳と推定されている。同じく現存している山神塚古墳からは、金銅圭頭大刀、銅製鈴、馬具などが出土している。塚田2号墳では金銅装単鳳環頭大刀、挂甲、鞍金具、鞍金具、輪鐙などの馬具が出土している。南足柄市の北側に位置する山北町の南原古墳群は3基の円墳で構成され、1号墳は自然礫積みの横穴式石室を持つ。推定規模全長5～6m、最大幅2mで、石室内からTK43～209型式併行期の須恵器提瓶、銅釧、玉類が出土している。このように、現状では、久野丘陵一帯よりも上流域の南足柄市域が先行し、副葬品の内容も豊富であることが知られているが、久野丘陵一帯の多くの古墳は、久野1号墳をはじめ埋葬施設や古墳そのものが未調査であり、また同古墳の丘陵東側では横穴式石室の

痕跡が認められない円墳周溝が8例存在するなど、古墳群の築造開始時期については留意する必要がある（佐々木2000、植山ほか2007b）。

　大磯丘陵は数十基単位の横穴墓群が数多く築かれることで知られているが、大規模な古墳群は発見されていない。大磯丘陵の東側、金目川の西岸には、先に触れた大磯町釜口古墳が所在する。銅製散蓮華形小匙が出土しており、築造時期は7世紀後半～8世紀初頭とされる。同墳の周辺域では、河原石積みの無袖横穴式石室と推定され、TK43～209型式併行期の須恵器が出土している猫塚古墳（明石ほか2001）や、挂甲小札が出土した化粧坂古墳などが存在するが、詳細不明なものが多い。大磯丘陵西部では、森戸川水系の小田原市物三塚古墳が横穴式石室を持つ古墳として伝えられ、出土遺物から6世紀後半と推定されているが詳細は不明である（南舘1997）。

　金目川水系上流の秦野盆地では、秦野市桜土手古墳群のような数十基単位の群集墳が所在する。同盆地の導入期の無袖石室は広畑古墳群3号墳の石室とされる（宍戸ほか2000、宍戸2001）。残存度が低く、入口部や奥壁形態などの詳細は不明だが、墳丘径約20mで、石室は全長6.7m、玄室長4.8mである。須恵器短頸壺、土師器坏、直刀、鉄鏃、刀子などが出土しており、短頸壺はTK43～209型式併行期、土師器の年代観は6世紀後半である。桜土手古墳群（図3）は35基の円墳で構成され、このうち21基が調査・報告されている（吉田ほか1989・2000）。第38号墳が最も古く、古墳群の中で最も高い扇状地最上段に位置する。墳丘径は約21mで、葺石のみの構造である。石室規模は全長5.2m、玄室長3.65m、奥壁幅1.8mを測り、幅は相模の無袖石室の中で最大級である。玄室形態は奥壁がやや広い台形を呈する。入口部と玄門の床面にそれぞれ仕切石を置き、その間の羨道該当部には玄室床面より大形の石を敷くが、側壁の変化は明瞭でない。床面は2面確認されており、20～30cmの扁平礫を敷き詰める。奥壁は、最下段から複数の石を積み上げて造る。前庭部はほぼ入口部と同等の幅で、直線的に延びる長い小礫積みの前庭である。遺物は土師器坏、須恵器杯・横瓶・フラスコ形瓶、直刀、鉄鏃、環状鏡板付轡、壺鐙、雲珠、辻金具などが出土している。須恵器の年代はTK217型式併行期だが、土器類は羨道部、墳丘上から出土しており、そのほかの遺物の年代観からTK209型式併行期にまで遡ると思われる。以降、同古墳群は8世紀初頭（飛鳥Ⅴ型式併行期）

106　Ⅱ　相模

小田原市久野4号墳

伊勢原市三ノ宮・下谷戸7号墳

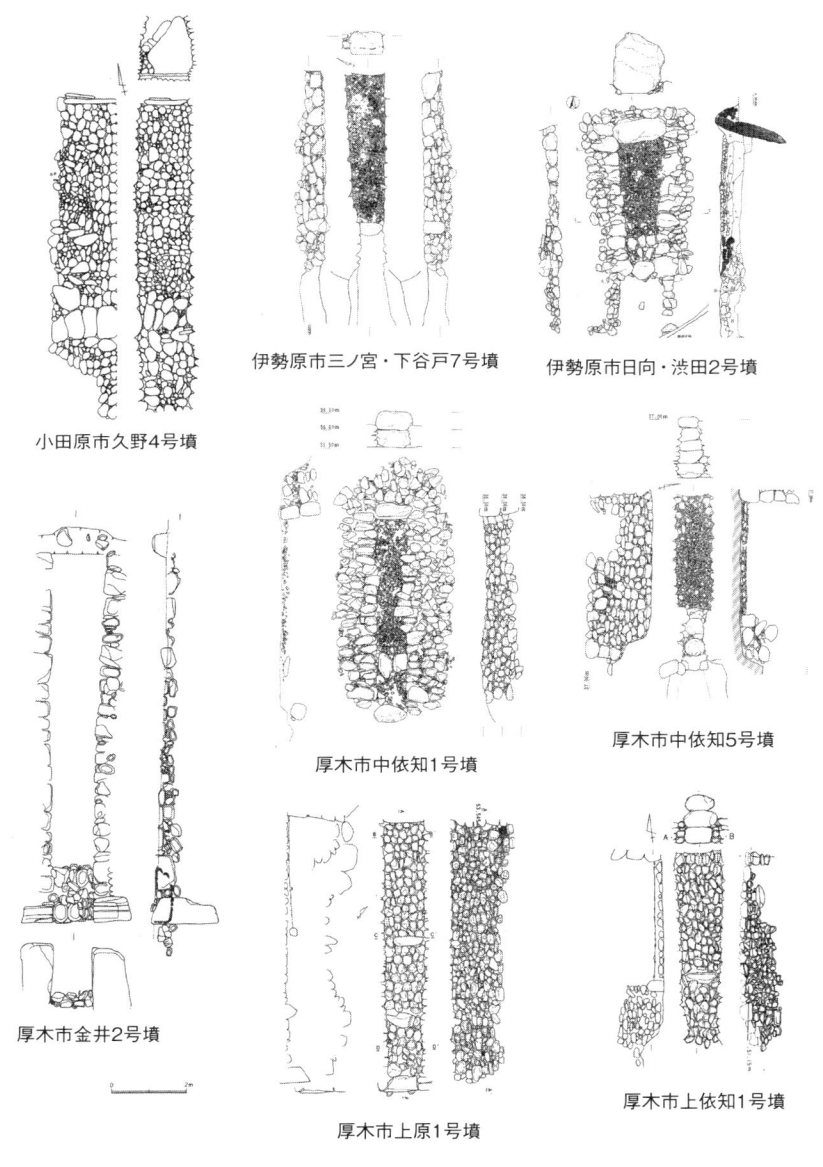

伊勢原市日向・渋田2号墳

厚木市金井2号墳

厚木市中依知1号墳

厚木市中依知5号墳

厚木市上原1号墳

厚木市上依知1号墳

図2　相模の無袖石室

まで継続して営まれる。

　秦野盆地の東側に位置する伊勢原市三ノ宮周辺一帯は、銅鋺、装飾大刀、金銅製馬具類など、相模では上位に属する副葬品を持つ横穴式石室の古墳が数多く存在し、その卓越性が指摘されている（立花 2001b）。石室の形態も両袖・片袖式の横穴式石室が集中する。そして、相模で最も古い無袖石室とされる三ノ宮・下谷戸7号墳（図2）が所在する地域でもある。三ノ宮・下谷戸7号墳は径20mの円墳で、石室規模は全長5.2m、玄室長4.0m、奥壁幅1.0m、玄室前幅0.74m、玄室の平面形は奥壁側がやや広く、右側の開きが大きい。このため、調査者の宍戸信悟は片袖としている（宍戸ほか 2000）。石室入口部は仕切石や大形石の側壁などの明瞭な境界を示すものはないが、入口手前の墓道がやや高くなり、入口に向けて緩やかな下りとなる。玄門部に高約70cmの立柱石を立て、床面にも框石を置くが立柱石の室側への突出はわずかである。玄室床面は小礫敷きで、奥壁は板状の自然石一枚が残存する。上部が欠損しており、築造時から1枚石だったと推定される。裏込めは側壁よりやや小振りの石を主体として2～4列並べ、土で隙間を埋める。MT15型式併行期の須恵器甕（はそう）、土師器、鉄鏃、刀子、玉類が出土している（宍戸ほか 2000）。これに続く時期の古墳は、両袖の石室を有する登尾山古墳とらちめん古墳が挙げられる。らちめん古墳は銀装大刀、金銅製鏡板付轡、杏葉、鞍金物、乳文鏡など当該地域では最上位の副葬品が出土している（関根 1999、立花 2001b など）。登尾山古墳は鏡板、引手、雲珠、杏葉、須恵器高杯、埴輪などが出土し、須恵器高杯はTK43～209型式併行期段階と思われる（赤星 1970 など）。また、片袖横穴式石室で、八窓鐔倒卵形鐔が出土している鎧塚1号墳も同時期であろう（後藤 1991）。無袖の横穴式石室では、銀象嵌八窓鐔を持つ大刀が出土した日向・洗水古墳も同時期の可能性がある（立花 2008）。TK217型式併行期では、無袖横穴式石室が主流となり、金銅製の鞘飾、鎺（はばき）を持つ装飾大刀が出土している日向・渋田1号墳や素環鏡板付轡や金銅製雲珠などの馬具が出土している三ノ宮・下谷戸3号墳などが築造される。北高森2号墳は馬具やTK48型式併行期の須恵器が出土しており、当地域の無袖横穴式石室の最終段階の古墳と思われる。各期を通じて、展開する古墳群の規模は必ずしも大きくなく、今のところ数基～十数基単位で把握されている。

伊勢原の東隣にあたる厚木市西部の玉川流域[2]一帯には、相模でもほかに類例をみない特徴的な無袖石室が分布している。金井2号墳は推定径約24 mの円墳で石室は全長10.0 m、玄室長8.5 mと相模で最大規模を誇る。調査年代が古く細部は不明点も多いが、写真から周溝側でやや「ハ」の字状に開く小礫積みの羨道が確認出来る。入口には立柱石を両側に立てる。玄室接続部は玄室床面より大形の石を敷き、その上を閉塞する。玄室床面は20～30cmの河原石を敷いた上に玉砂利を敷いていると報告されている。出土遺物は鉄釘、耳環、須恵器、土師器などが伝えられる。また、丘陵の小山状の地形を利用し、土坑墓や木棺直葬が所在する地山を掘り込んで無袖石室が造られている岡津古久古墳や、「L」字の玄室を持ち床面に石敷が無い小野2号墳（TK43～209型式併行期）などが所在する。そのほかに7～8基の古墳があったとされる龍鳳寺古墳群などがあるが、詳細が明らかになっているものはわずかである。また、古墳群の規模も伊勢原市域同様、数基から十数基単位が中心になると推定される。

　相模川本流の西岸に位置する厚木市依知周辺一帯は、相模地域で最も小規模円墳が集中する地域であり、150基以上の古墳が確認されている。また、依知の北隣、相模川の東岸にあたる相模原市田名一帯にも、谷原古墳群をはじめとする横穴式石室を持つ古墳群が展開する。一帯の古墳群はいずれも無袖石室で構成され、形態的な特徴も類似している。厚木市上原1号墳（図2）は、本地区にみられる無袖横穴式石室の特徴の多くを備えている。推定径20 m、石室規模は全長6.3 m、玄室長5.0 mで平面形は長方形である。入口部側壁は、大形の石を積む。床面には板状の石を立てて仕切り、玄室との境界にも一石を置いて仕切る。玄室床面は20～30cmの河原石を敷いた上に、5～15cm程の小礫を敷いて仕上げる。また、奥壁から3.0 mに仕切石を一枚立てる。奥壁は大形の石を4段積み上げる。裏込めは側壁より小振りの石を2～3列並べて積み上げ、砂利と小石で隙間を埋めている。直刀、刀子、須恵器杯が出土し、TK209～217（古）型式併行期に相当する。入口部と接続部に仕切を持ち、玄室床面は基底部というやや大形の礫を敷き詰めた上に小礫を敷き詰め、大形の石を複数段積み上げた奥壁、裏込めに側壁と同等かやや小振りの石を積み上げて控積みとする形態は、仕切石の形状や床面の構築方法に若干の差異や不明点はあるものの、上原2号墳、中原1号墳、中依知1・2・4号墳など周辺の古

墳と共通する。また、有段構造の無袖石室も存在する。中依知5号墳（図2）は径14.4m、石室は全長4.6m、玄室長2.7mで平面は長方形を呈する。入口に大形の石を置いて墓道と仕切り、側壁は大形の石を積み上げる。接続部は掘込みに石を詰めて埋め、玄室との境界に大形石を置く。側壁も掘り込んで墓坑に中段をつくり積み上げている。段によって玄室床面は羨道該当部より70cm、仕切石（框石）の頂部より90cm低い。玄室床面や奥壁、裏込めの様相は、先に述べた上原1号墳など周辺の古墳と類似する。遺物は直刀、土師器坏、須恵器提瓶などが出土しており、時期は須恵器がTK209（旧）～（新）型式併行期、土師器は6世紀末と思われる。本墳と同様の有段構造を持つ古墳として、上依知2号墳が挙げられる。また、上依知1号墳は入口部に段を持ち、山際堀付古墳は入口部と玄室部の2ヵ所に段を有する可能性がある。

　相模川中～下流域の東側では、横穴式石室を持つ古墳が極めて少なく、前述したように近年の調査によって、その様相が明らかになりつつある。相模川東岸の寒川町では、古墳時代中期に築造された前方後円墳である大（応）神塚古墳の陪塚と呼ばれていた5基の小規模古墳があり、そのうちの1基（寒川町史「に」陪塚）は河原石積みの横穴式石室を持つ古墳だった可能性が指摘されている（鈴木保1996）。さらに、岡田西川内遺跡では、切り出した凝灰岩を用いた両袖の横穴式石室が発見されている（小林2008）。南隣の茅ヶ崎市では、大形の石材を用いた両袖の横穴式石室を持つ石神古墳が知られており（岡本1996）、三浦半島でも大津古墳群で片袖の横穴式石室が発見されている（稲村2008）。このように近年、新しい発掘や資料化が行われているが、無袖横穴式石室の様相は未だ明らかでない。

3　無袖石室の変遷

(1)　横穴式石室の出現

　相模の導入期の横穴式石室は、伊勢原市三ノ宮・下谷戸7号墳とされる。同古墳の横穴式石室は玄門に立柱を持ち、この玄門立柱石を持つ石室は、側壁構造において玄室の境界が明確である。本墳の立柱は室内側への突出もわずかであり、床幅は羨道該当部とほとんど変わらず、また、羨道該当部の長さも短い部類である。さらに、羨道該当部の側壁基底石が玄室よりも小振りであるなど

の特徴は、遠江の横穴式石室を分析した鈴木一有が指摘する狭義の無袖石室と近い関係を持つ「融合形石室」（鈴木一 2000）と多くの共通項を持つ。遠江では疑似両袖式石室は三河の影響を受けながら 2 期（TK47〜217（古）型式併行期）に登場するとされ、三河においても、それ以前の時期の明確な両袖石室は明らかにされていない（土生田 1988）。本墳からは、MT15 型式併行期の須恵器甑が出土している。副葬品の鉄鏃は、短頸三角形・短頸腸抉三角形群と長径三角形・長径腸抉三角形群があり、宍戸は「MT15〜TK10 段階と TK43 段階の 2 つの時期のもの」の副葬としている。古墳群一帯の主体部のあり方は、同時に調査された 6 基の古墳では竪穴系の主体部が想定され、築造開始時期はほかの横穴式石室を有する古墳のみで構成される古墳群よりも古い様相を呈しており、これは本地域における導入期の横穴式石室という位置付けを補強するものだが、具体的な年代を示すものではない。また、本墳を MT15 型式併行期と位置付けた場合、これに継続する横穴式石室は発見されておらず、相模の横穴式石室の中では突出して古い時期となる。宍戸は石室の系統について、「東海地方で変容された竪穴系横口式石室が更に畿内系の横穴式石室の影響を受ける過程で、単発的に導入された形態の一つ」と推定している。筆者も先に挙げた特徴から、形態的には本石室は広義の意味での無袖石室であり、三河・遠江の疑似両袖石室・融合型石室との関連性を持つ石室と推定しているが、年代観については短頸三角形鏃と長径鏃のセットは、一括して TK43 型式併行期前後のセット関係として捉え得る可能性がある[3]と考えるが、須恵器との齟齬が生じる。無袖石室導入時期の問題については、下野においても TK10 型式併行期に有段構造の河原石積み石室を採用する飯塚 29 号墳が築造され、駿河での有段構造石室の導入よりも早い時期であることが指摘されている（市橋 2008）。甲斐でも、無袖石室は 6 世紀前半に有袖石室に先行して導入され、東駿河とは構造上も様相が異なることが、以前より明らかにされている（小林 2008）。市橋は同じ構造を持つ石室以外だけでなく、竪穴系埋葬施設に横口を加えたような形態の辺田平 12 号墳や三河・岐阜地方の影響を視野に入れた検討が必要としている。宍戸の片袖式石室とする説も含め、本墳の検討にも同様の視点が必要と思われる。

　礫積みの横穴式石室の導入を考えるにあたって今ひとつ留意すべき点は、礫積みによる竪穴式石室の存在である。今のところ確認されているものは、厚

木市西部の登山4号墳のみで、その時期は5世紀末とされる。同古墳は6基で構成される堂山古墳群に属し、1号墳は6世紀前半の埴輪を持ち、石室は存在しない。また、2・3・5号墳は横穴式石室を持ち、3・5号墳は無袖の石室であることが判明している。

(2) 無袖石室展開と系譜

　TK43〜209型式併行期には、各地に無袖の横穴石室が導入される。秦野盆地では広畑古墳群で採用され、厚木西部、依知地区でもほぼ同時期かやや遅れて導入されると考えられる。横穴式石室を持つ古墳の築造が伊勢原市域から周辺地域へ拡大している様相が認められるが、この拡大期に伊勢原市域では、両袖・片袖の横穴式石室が継続して築造される。副葬品の内容から首長クラスの古墳には両袖（片袖）石室が用いられ、以降、同地域では無袖石室と併存する。また、両袖（片袖）石室は秦野盆地にも一部導入される。そして、無袖石室は、むしろ周辺地域で盛行するようになる。西隣の秦野盆地では、相模の中では大規模古墳群に位置付けられる桜土手古墳群が形成され、東隣の厚木西部では特異な形態を持つ横穴式石室の採用、さらに東の厚木依知・相模原田奈でも大規模古墳群が形成されるなど、伊勢原市域とは異なる点は留意する必要があるだろう。

　酒匂川流域では、TK209〜217型式併行期に上流域から久野丘陵一帯の古墳群への移行が進行すると推定されるが、先に述べたように導入期のあり方は不明で、その系譜も明らかでない。真鶴半島一帯には、同時期以降に石棺が導入されたと推定される。

　秦野盆地では、桜土手古墳群の築造が開始される。桜土手古墳群は、先にも触れた関根（関根 2001）、宍戸の研究（宍戸 2001）があり、宍戸はその変遷を3区分している。石室形態の変遷をみていくと、導入段階（TK209〜217型式併行期）では羨道部は直線的で、玄室規模は長さ・幅とも古墳群最大の石室が存在し大形の傾向にある。奥壁形態は1石のものと最下段から複数の石を積み上げるものが存在する。羨道部は石室入口と同幅で直線的である。次の段階（TK217（古）型式併行期）では、奥壁に大石を数段積み上げる形態が登場し、以降1石のものと併行して用いられ、TK217（新）型式併行期では、最下段から複数石を積み上げる形態は無くなる。以降、羨道（該当）部は関根・宍戸の

TK209型式併行期

＊幅広の玄室
＊直線的な前庭部
＊奥壁多段・多石

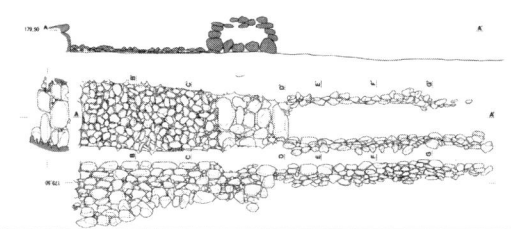

第38号墳

TK217（古）型式併行期

＊奥壁複数段

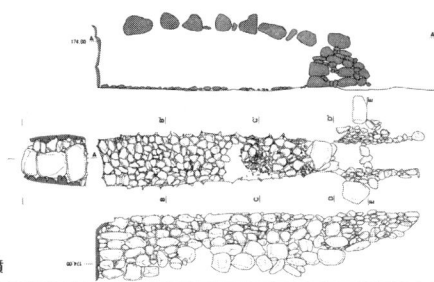

第24号墳

TK217（新）型式併行期

＊側壁の変化明瞭化
＊開く前庭部

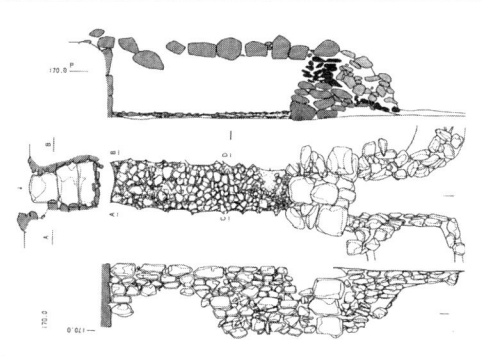

第9号墳

TK46〜48型式併行期

＊前庭部の開き拡大

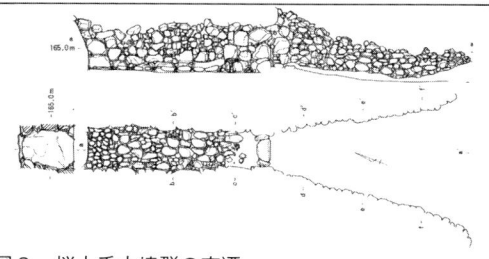

第1号墳

図3　桜土手古墳群の変遷

指摘しているように、入口幅と同幅で直線的なものから、「ハ」の字状に開くもの、「コ」の字状だが入口幅より広いものへと移行する。また、導入段階では入口部の側壁変化が不明瞭なものが多いが、新しくなるに連れ、明瞭化していく。墳丘構造で墳丘内石列を持つ古墳は、最も新しい段階にしか存在しないが、石列について関根は、墳丘規模や構築方法、古墳の占地（遠近）などとの関係も指摘しており、石室形状・構築方法の変遷も一元的でなく、複数の系統が併行して存在していると考えられる。

(3) 新しい要素の系譜

墓道（前庭部）の側壁に小礫を積む石室は、伊勢原市市域から厚木西部、厚木依知〜相模原田名地区に幅広く存在する。また、同地域から相模川東岸の大和市域、北方の武蔵では同様の石積みを施す横穴墓の存在が知られている。相模の横穴墓の形態変遷は、横穴式石室の変遷との関連性が指摘されており（長谷川 2005）、横穴墓の墓道（前庭部）礫積みも同様の横穴式石室の影響が考えられ、その広がりが注目されるところだが、桜土手古墳群では、TK209型式併行期から横穴式石室の終焉期である飛鳥Ⅳ〜Ⅴ型式併行期までの計11基に用いられる。秦野盆地では、下大槻欠山1号墳、両袖式石室の金目原1号墳にも認められる。伊勢原市域では、TK209型式併行期の日向・洗水遺跡古墳に導入され、その後、日向・渋田2号墳、北高森1号墳などに採用されている。厚木市西部では七沢地区の金井2号墳、また依知地区では、中依知3号墳、相模原市田名地区の谷原古墳群などで確認されているが、墓道の形態が判明している横穴式石室の中では少数である。

同時期に、有段構造を持つ石室も展開する。桜土手古墳群では7基の無袖横穴式石室が有段構造を持ち、第11号墳は開口部と玄室入口のそれぞれに段が存在する。ほかの地域では、厚木市依知地区の中依知5号墳、上依知2号墳が玄室入口に段を持ち、山際堀付古墳は桜土手11号墳と同様、2つの段を有する。また、同地区の上依知1号墳や日向・西新田原古墳は開口部に段を持つ可能性がある。築造時期は、桜土手11号墳でTK43〜209型式併行期の須恵器が出土しているが、ほかの遺物は新しい要素を持ち留意する必要がある。また、ほかの古墳も概ねTK209〜217型式併行期以降であり、今のところ、相模では後出的である。入口部に門柱を立てる無袖石室は盛行せず、現状では厚木市

西部の金井 2 号墳が知られているのみである。同墳の形態については、東駿河の影響が指摘されている（井鍋 2003）。また、先に述べたように墓道（前庭部）側壁に小礫積みを持つが、この特徴についても東駿河の原分古墳などに存在し、同地域との関連性が考えられる。そのほかにも礫を多用する裏込めにも類似性が認められ、詳細は不明だが真鶴半島に導入される石棺についても、相模でほかの例を見ないことや位置的な関係から、関連する可能性がある。

　武蔵の無袖石室についても東駿河との関係性が明らかにされており（松崎 2002）、また、同地域の横穴式石室の系譜の一部は「東海地方から相模などの中間地域を経て間接的に受容された可能性」も指摘されている（草野 2008）。相模の無袖石室に認められる東駿河の影響は、石室構造・構築方法をそのまま写したものではなく、むしろ部分的であり、後に継続しないものも存在する。また、桜土手古墳群のように主流になる地域と、厚木依知地区一帯のように各古墳群の一部に認められる地域があるなど、その様相は一様でない。東駿河では複数系統の無袖石室を受容・継承しており（菊池 2008）、この複数系統の諸要素を、TK43 型式併行期以降、主に TK209 〜 217 型式併行期に受容するが、同時期の受容は選択的であると言えよう。そして、すでに相模内で独自の継承・変化を見せていた各地域の無袖石室の諸要素と融合して盛行するが、受容の経路や選択性の意味については、さらに各地域の様相が明らかになるのを待ちたい。

（4）　無袖石室の終焉

　TK46 〜 21（飛鳥Ⅲ〜Ⅴ）型式併行期段階では、相模全体では前段階よりも築造するが徐々に減少する傾向にあり、継続して終末期まで築造が確認される群集墳は桜土手古墳群に限られ、桜樹（内中依知）古墳群のように近隣の横穴墓群への移行が推定される例も存在する。明瞭な形態的変化や新たな特徴の出現も認められず、長 5 ｍを越える玄室が無くなり、副葬品量が減少する傾向が認められるに留まる。なお、終末期、東駿河などでは小石室が登場するが、相模でも桜土手古墳群や三ノ宮・下谷戸古墳群、相模原市谷原古墳群、厚木市依知・金田周辺の対岸にあたる海老名市河原口坊中遺跡などで小石室群が発見されている。これらの小石室は、古墳群内においては横穴式石室を持つ古墳の墳丘外に位置し、また、周囲に古墳墳丘や横穴式石室が認められない場所でも発

見されている。石室の形態も奥壁と推定される側に比較的大形の石を置くことが多いが、羨道～開口～墓道の概念は完全に失われている。横穴式石室との中間形態的な石室も今のところ未発見であり、横穴式石室の変遷上で捉え得る小石室とは異なる様相である。また、ほとんど遺物が出土しないため、宍戸が指摘するように（宍戸ほか 2000）現状では終末期形態と位置付けることは困難である。

相模ではTK46型式併行期以降、大磯町釜口古墳、茅ヶ崎市石神古墳などの両袖式石室を持つ古墳が築造される。従来の無袖石室の古墳群が集中する地域とは異なる地域に築造されており、この時期には、相模内でより大きな古墳築造の画期がもたらされたと考えられる。無袖石室は、引き続き継続して採用するか否かが主眼となる中で、大きな形態的変化・発展をみないまま、減少・衰退し終焉を迎えたと考えられる。

4　終わりに

相模川以西・北部の無袖石室の形態は、大半が墓坑（掘方）を穿ち、河原石・山礫を積み上げ、羨道該当部に類似構造を持つ石室であり、大枠で類似性・規格性が高いとも評価出来るが、本稿では主に無袖石室の細部構造に着目し、そのあり方について検討した。有袖式石室を採用する層よりも下位の層の石室として導入・継承された無袖石室は、上記の大枠を維持しつつも、TK209～217型式併行期に東駿河の諸要素の影響を受け、各地域の古墳群の細部形状の多様化と発展が進む。一方、相模川以東の横穴式石室については、不明点が多いものの、その切石積みの石室の特徴は、相模川以西よりも南武蔵との強い関係性が考えられる。いずれも資料的な制約もあり、現段階で断定出来ることは少ないと言わざるを得ないが、相模では従来の平面形と副葬品を中心とした研究に加え、築造方法構造や細部形状の検討をさらに進める必要があるだろう。

註
(1)　右壁の開きが不明瞭なため片袖式とされることもある。
(2)　玉川は、現在相模川に注ぐが、かつては金目川の支流であった。
(3)　宍戸も同稿の中でTK43型式移行期に腸抉を持つ長径鏃と短頸三角形鏃がセッ

トで副葬される点を述べているが、短頸鏃類を形態からMT15〜TK10型式期段階としている。

引用・参考文献

青木　豊 1998「岡津古久古墳」『厚木市史　古代資料編(2)』

青木　豊 1998「小野古墳群」『厚木市史　古代資料編(2)』

明石　新 2001「相武国から相模国へ」『相模の古墳』平塚市博物館

明石　新ほか 2001「大磯町滝ノ沢所在の猫塚古墳について」『大磯町史研究』第 8 号

赤星直忠 1970「登尾山古墳」神奈川県埋蔵文化財調査報告 1、神奈川県教育委員会

赤星直忠 1974「尾根山古墳群」神奈川県埋蔵文化財調査報告 6、神奈川県教育委員会

赤星直忠 1964「塚田古墳」『南足柄市文化財調査報告書』第 1 集

厚木市教育委員会・文化財協会 1996『厚木の古墳　厚木市文化財調査報告書』第 38 集

荒井秀規 2001「文献にみる相武国造」『相模の古墳』平塚市博物館

安藤文一 1999『南原古墳群試堀調査報告書』山北町教育委員会

飯田　孝 1993「上ノ原古墳群」『厚木市史』古代資料編(1)

飯田　孝 1993「桜樹古墳」『厚木市史』古代資料編(1)

池上　悟 2007『大磯町史』10　別編考古

市橋一郎 2008「下野における無袖式石室」『東国に伝う横穴式石室』静岡県考古学会

井鍋誉之 2003「東駿河の横穴式石室」『静岡県の横穴式石室』静岡県考古学会

稲村　繁 2008「大津古墳群」『第 31 回神奈川県遺跡調査・研究発表会要旨』

井上隆之 1993「上三田古墳群」『厚木市史』古代資料編(1)

今津節生ほか 1992『登山 1 号墳出土遺物調査報告書』厚木市教育委員会

岩原　剛 2008「三河の無袖式石室の様相」『東国に伝う横穴式石室』静岡県考古学会

上田　薫ほか 1977『当麻遺跡・上依知遺跡』神奈川県埋蔵文化財調査報告 12

植山英史ほか 2007a『中依知遺跡群』かながわ考古学財団調査報告 205
植山英史ほか 2007b『多古上山神遺跡第Ⅱ地点』かながわ考古学財団調査報告 213
岡本孝之 1996「石神古墳の再検討」『茅ヶ崎市史研究』20
小田原市 1995「諏訪の原古墳群」『小田原市史』資料編　原始古代中世Ⅰ
柏木善治 1996「酒匂流域の横穴式石室」『神奈川考古』第 32 号、神奈川考古同人会
かながわ考古学財団　1998・1999「総世寺裏古墳」1・2、神奈川県埋蔵文化財調査報告 40・41
金子皓彦 1979『久野森下古墳』小田原市文化財調査報告第 9 集
菊池吉修 2008「駿河における無袖式石室」『東国に伝う横穴式石室』静岡県考古学会
草野潤平 2008「武蔵南部における無袖式石室の様相」『東国に伝う横穴式石室』静岡県考古学会
熊坂英世 1993「上原 1 号墳」『厚木市史』古代資料編⑴
後藤喜八郎ほか 1991『鎧塚古墳群第 1 号墳発掘調査報告書』伊勢原市文化財調査報告書第 16 集
古墳時代Ｐチーム 1994「神奈川県における墳墓出土の鉄鏃について」『神奈川の考古学』第 4 集
小林克利 2008「岡田西川内遺跡第 4 次」『第 31 回神奈川県遺跡調査・研究発表会要旨』
斉藤　忠 1953『小田原市久野諏訪ノ原古墳調査報告』
迫和幸ほか 1999『田名塩田遺跡群Ⅰ』田名塩田遺跡群発掘調査団
佐々木健策 2000『久野多古遺跡第Ⅲ地点』小田原市文化財調査報告第 126 集
宍戸信悟ほか 2000『三ノ宮・下谷戸遺跡Ⅱ』㈶かながわ考古学財団
宍戸信悟 2001「横穴式石室からみた古墳時代の秦野盆地」『秦野市桜土手古墳展示館研究紀要』第 2 号
静岡県考古学会 2008『東国に伝う横穴式石室』
霜出俊浩 1999『秦野市埋蔵文化財調査報告書　下大槻遺跡 9906 地点』秦野市教育委員会
諏訪間伸 2001「日向・渋田遺跡」『伊勢原の遺跡Ⅰ』伊勢原市教育委員会

鈴木一有 2000「遠江における横穴式石室の系統」『浜松市館報』第 13 号
鈴木保彦 1996「古墳時代の遺跡」『寒川町史』8 別編考古
関根孝夫 1999「伊勢原の古墳」『第 23 回神奈川県遺跡調査・研究発表会要旨』
関根孝夫 2001「桜土手古墳群の構成とその性格」『秦野市立桜土手考古展示館研究紀要』第 2 号
曾根博明 1974『秦野下大槻』秦野市教育委員会
田尾誠敏 2001「相武国の様相Ⅱ」『相模の古墳』平塚市博物館
立花　実 1992「高森・赤坂遺跡」『伊勢原市文化財ノート』第 2 集、伊勢原市教育委員会
立花　実 1994「日向・西新田原遺跡」『伊勢原市文化財ノート』第 4 集、伊勢原市教育委員会
立花　実 2001a「日向・西新田原遺跡」『伊勢原の遺跡Ⅰ』伊勢原市教育委員会
立花　実 2001b「相武国の確立」『相模の古墳』平塚市博物館
立花　実 2008「日向・洗水遺跡」『第 31 回神奈川県遺跡調査・研究発表会要旨』
田村隆太郎 2008「遠江における無袖式石室の展開」『東国に伝う横穴式石室』静岡県考古学会
中村義市 1993「辻ノ上 1・2 号墳」『厚木市史』古代資料編(1)
中村義市 1993「中原 1 号墳」『厚木市史』古代資料編(1)
中村義市 1993「山際堀付古墳」『厚木市史』古代資料編(1)
中村義市 1998「衣紋原古墳」『厚木市史』古代資料編(2)
中村義市 1998「金井一・二号墳」『厚木市史』古代資料編(2)
中村義市 1998「金井一・二号墳」『厚木市史』古代資料編(2)
中村義市 1998「辻ノ上 1・2 号墳」『厚木市史』古代資料編(2)
長谷川厚 2005「横穴墓と地域社会」『神奈川の横穴墓』神奈川県考古学会
土生田純之 1988「三河の横穴式石室」『古文化談叢』第 20 集上、九州古文化研究会
日野一郎 1972『谷原』谷ヶ原遺跡調査団
平本元一 2000「厚木市登山古墳群」『第 24 回神奈川県遺跡調査・研究発表会』
西川ほか 1998「伊勢原市北高森古墳群と出土遺物」『御屋敷添遺跡他』かながわ考古学財団調査報告 33

三橋　勝ほか 1992『東原遺跡』相模原市当麻・下溝遺跡群調査会

南舘　則夫 1997『物見塚古墳発掘調査報告書』小田原市文化財調査報告書第 63 集

松崎元樹 2002「瀬戸岡古墳群の再検討」『瀬戸岡古墳群他』東京都埋蔵文化財センター調査報告第 95 集

望月・熊谷 1998「上久保古墳」『厚木市史』古代資料編(2)

山内昭二 1996『久野 2 号墳』小田原市教育委員会

吉岡正雄 1941「愛甲郡棚沢村古墳調査報告」『史蹟名勝天然記念物調査報告』第九輯

吉田章一郎ほか 1989『桜土手古墳群』桜土手古墳群調査団

吉田章一郎ほか 2000『桜土手古墳群の調査（第二次）』桜土手古墳群第二次発掘調査団

武　蔵

草野　潤平

　現在の埼玉県・東京都と神奈川県川崎・横浜市域の一部からなる武蔵の古墳文化について語るとき、利根川・荒川水系を中心とする北部地域と多摩川・鶴見川水系の南部地域とを対比させて論じることが多い。なかでも埼玉古墳群成立前後における大型古墳の消長については、『日本書紀』安閑天皇元年（534）の武蔵国造の乱になぞらえた学説（甘粕1970）が提示されるなど、これまで多くの研究者に注目されてきた。関係する古墳の年代観がある程度明らかとなった現在では、南武蔵から北武蔵への首長墓造営地の移動現象が反乱伝承そのものを反映するのではなく、5世紀中葉頃を境に武蔵への文化流入ルートが"南回り"（古東海道経由）から"北回り"（古東山道経由）に変化する事象との関連が指摘されている（松尾2002）。

　ここで本書の主題である無袖石室に立ち返って武蔵における分布状況を見てみると、明瞭なまとまりをもって南北に分かれて営まれていることがわかる（図1）。導入時期は異なるものの、南北両地域とも最初期の横穴式石室として無袖石室が採用されるわけだが、上述したような文化流入ルートの大局的な転換を経た6・7世紀という時代にあって、両地域の無袖石室にどのような歴史的展開が見出せるのだろうか。無論、松尾によって説かれた流入経路の変化はあくまで巨視的な動態であって、すべての個別事象に当てはまるものではない。すなわち無袖石室が古東山道経由でもたらされたか否かが問題なのではなく、横穴式石室の採用という墓制上の一大変革がいかなる地域間関係のなかで展開したのかという点を熟慮する必要があるだろう。

　本稿では如上の問題意識を念頭に置き、南北双方の無袖石室の特質を、変遷過程・構造的特徴・石室系譜の3項目に分けて整理しながら、比較検討してみたい。

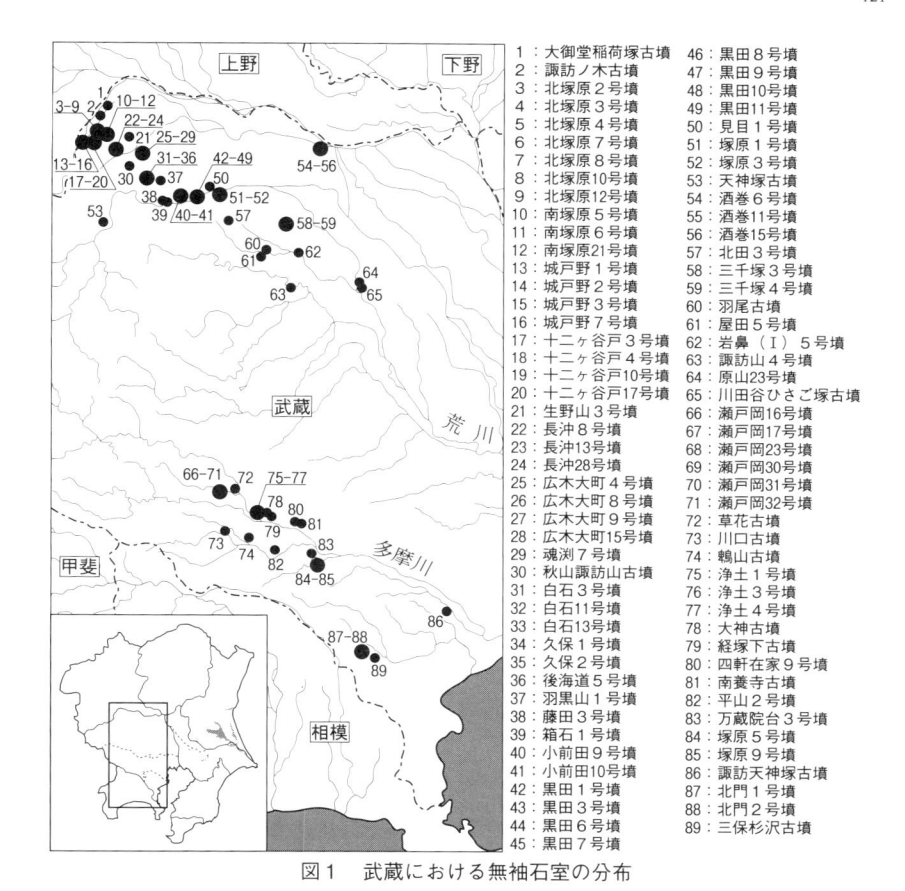

図1　武蔵における無袖石室の分布

1：大御堂稲荷塚古墳	46：黒田8号墳	
2：諏訪ノ木古墳	47：黒田9号墳	
3：北塚原2号墳	48：黒田10号墳	
4：北塚原3号墳	49：黒田11号墳	
5：北塚原4号墳	50：見目1号墳	
6：北塚原7号墳	51：塚原1号墳	
7：北塚原8号墳	52：塚原3号墳	
8：北塚原10号墳	53：天神塚古墳	
9：北塚原12号墳	54：酒巻6号墳	
10：南塚原5号墳	55：酒巻11号墳	
11：南塚原6号墳	56：酒巻15号墳	
12：南塚原21号墳	57：北田3号墳	
13：城戸野1号墳	58：三千塚3号墳	
14：城戸野2号墳	59：三千塚4号墳	
15：城戸野3号墳	60：羽尾古墳	
16：城戸野7号墳	61：屋尾5号墳	
17：十二ヶ谷戸3号墳	62：岩鼻（Ⅰ）5号墳	
18：十二ヶ谷戸4号墳	63：諏訪山4号墳	
19：十二ヶ谷戸10号墳	64：原山23号墳	
20：十二ヶ谷戸17号墳	65：川田谷ひさご塚古墳	
21：生野山3号墳	66：瀬戸岡16号墳	
22：長沖8号墳	67：瀬戸岡17号墳	
23：長沖13号墳	68：瀬戸岡23号墳	
24：長沖28号墳	69：瀬戸岡30号墳	
25：広木大町4号墳	70：瀬戸岡31号墳	
26：広木大町8号墳	71：瀬戸岡32号墳	
27：広木大町9号墳	72：草花古墳	
28：広木大町15号墳	73：川口古墳	
29：魂渕7号墳	74：鶴山古墳	
30：秋山諏訪山古墳	75：浄土1号墳	
31：白石3号墳	76：浄土3号墳	
32：白石11号墳	77：浄土4号墳	
33：白石13号墳	78：大神古墳	
34：久保1号墳	79：経387下古墳	
35：久保2号墳	80：四軒在家9号墳	
36：後海道5号墳	81：南菱寺古墳	
37：羽黒山1号墳	82：平山2号墳	
38：藤田3号墳	83：万蔵院台3号墳	
39：箱石1号墳	84：塚原5号墳	
40：小前田9号墳	85：塚原9号墳	
41：小前田10号墳	86：諏訪天神塚古墳	
42：黒田1号墳	87：北門1号墳	
43：黒田3号墳	88：北門2号墳	
44：黒田6号墳	89：三保杉沢古墳	
45：黒田7号墳		

1　北武蔵の無袖石室

　現在の埼玉県北西部にあたる児玉・大里地域を中心として、管見による限り65例を挙げることができる（図1）[1]。5つの支群に19基の無袖石室が確認された神川町青柳古墳群（2～20）や本庄市（旧・児玉町）長沖古墳群（22～24）、美里町広木大町古墳群（25～28）、深谷市（旧・花園町）黒田古墳群（42～49）などは、その密集性に加え、横穴式石室導入期にあたる6世紀前半（MT15型式期）から6世紀後半（TK43型式期）に至るまで無袖石室の構築を継続した群集墳として注目される。ほとんどの事例は河原石を主要構築材としているが、

児玉・大里地域の南西に位置する長沖古墳群・秋山諏訪山古墳・天神塚古墳では片岩系石材、南東方向にやや離れた比企・北足立地域では凝灰岩がそれぞれ用いられている。

変遷過程　当該地域における無袖石室の展開については、増田逸朗の先駆的な業績によるところが大きい。増田は石室に伴う土器の検討から児玉・大里地域における横穴式石室の導入が6世紀前半に遡り、〈狭長な短冊形の無袖→胴張り形の無袖→胴張り形の両袖〉という構造変化を遂げることを明らかにした（増田 1977）。

増田によって示された変遷観の骨子は、その後多くの研究者に追認され、より細やかな変化が補強されてきた。具体的には、群馬・埼玉・長野の無袖石室を比較検討した坂本和俊が、短冊形と徳利形（胴張り形）の間に奥壁幅と羨門幅の差が大きい「筎形」を挟んで整理したように（坂本 1979）、胴張り化の前段階として奥壁幅の拡大や羨道長の縮小傾向が指摘されている（図2）。

近年では山崎武・金子彰男が北武蔵における各小地域の併行関係に留意した編年案を提示しており、6世紀末葉～7世紀初頭（TK209型式期）を境に無袖石室が「消滅」して両袖式石室に切り替わると説いている（山崎・金子 1997：p.29）。また小林孝秀は、時期ごとの分布状況に着目しながら石室構造の変遷過程を詳細にトレースし、6世紀後半以降における胴張り形両袖式石室の成立が前段階の無袖石室からスムーズに移行する状況を捉えている（小林 2008）。

山崎・金子と小林の所論には、無袖から両袖への変化の間に断絶をみる立場と連続的な動きとして評価する立場という違いが看取される。児玉・大里地域には美里町羽黒山1号墳など埴輪を伴わない無袖石室も存在し、少数であるにせよ7世紀前半まで下る可能性のある事例を認める立場から、筆者は小林同様、無袖から両袖に至る連続性を評価したい。すなわち、北武蔵における無袖石室は形態を変化させながらも一部7世紀前半頃まで構築され続け、7世紀以降は6世紀後半に無袖石室から派生した胴張り形の両袖式石室が主流になっていくと考えられる。

構造的特徴　次に石室の構造的特徴、とくに構築方法に注目してみると、石室周辺に掘り込みを行わず、旧表土上に直接、あるいは盛土した上に側壁を積み上げて、その背後に裏込めや控え積みを施すという事例がほとんどである

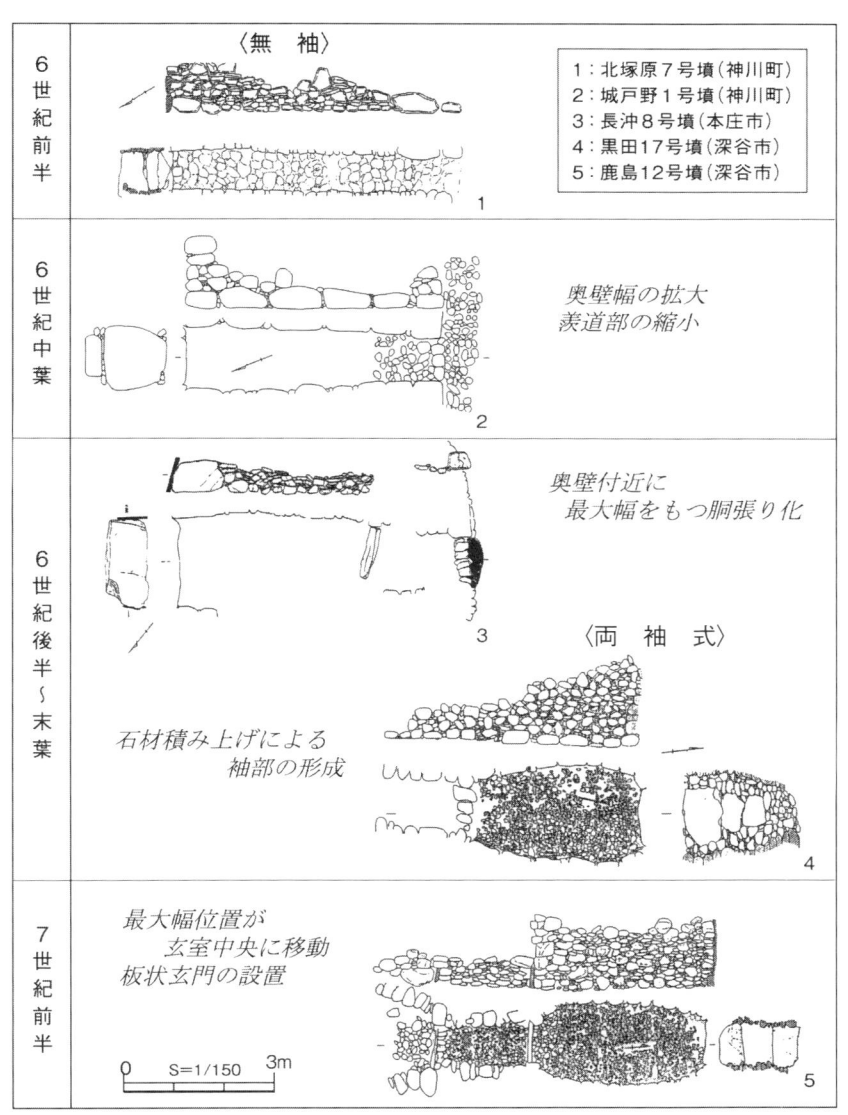

6世紀前半	〈無袖〉 1:北塚原7号墳(神川町) 2:城戸野1号墳(神川町) 3:長沖8号墳(本庄市) 4:黒田17号墳(深谷市) 5:鹿島12号墳(深谷市)
6世紀中葉	奥壁幅の拡大 羨道部の縮小
6世紀後半〜末葉	奥壁付近に最大幅をもつ胴張り化 〈両袖式〉 石材積み上げによる袖部の形成
7世紀前半	最大幅位置が玄室中央に移動 板状玄門の設置 0 S=1/150 3m

【図出典】1:増田逸朗 1989「北塚原古墳群」『第10回三県シンポジュウム 東日本における横穴式石室の受容 第2分冊』千曲川水系古代文化研究所・北武蔵古代文化研究会・群馬県考古学研究所／2:増田逸朗ほか 1973『青柳古墳群』埼玉県遺跡調査会／3:金子章 1980『長沖古墳群 児玉町児玉南土地区画整理事業発掘調査報告』児玉町教育委員会／4:酒井清治 1984『台耕地(Ⅱ)関越自動車道関係埋蔵文化財発掘調査報告書—ⅩⅨ—』埼玉県埋蔵文化財調査事業団／5:塩野博ほか 1972『鹿島古墳群』埼玉県教育委員会

図2 北武蔵における無袖石室の変遷と両袖式石室の成立

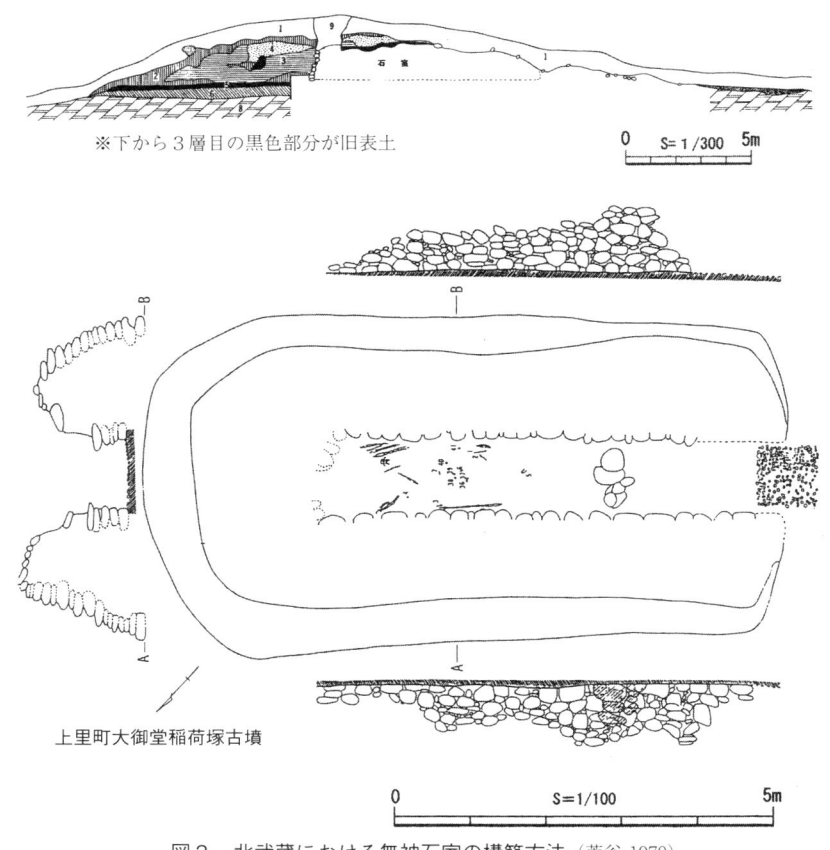

※下から３層目の黒色部分が旧表土

上里町大御堂稲荷塚古墳

図３　北武蔵における無袖石室の構築方法（菅谷 1970）

ことに気づく（図３）。これと異質な構築方法である（半）地下式の横穴式石室は、当該地域において６世紀後半に成立するが、無袖石室に関して言えば時期的に新しい事例も含めて基本的に掘り込みを行わない構築方法を踏襲している。青木敬が論証している通り、北武蔵をはじめとする関東地方の群集墳では異系統の土木技術が等質的に併存するという畿内と異なる地域的特質が窺えるが（青木 2005）、石室周辺の土木技術に関して墓坑の有無という視点で大別した場合、無袖石室については導入期以来の伝統的な構築方法を保持するという、一貫した様相が認められる点で興味深い。

石室系譜　6世紀前半に遡る狭長な短冊形の無袖石室がいかにして成立したかという問題についても、増田逸朗が早くに卓見を示している。具体的な淵源については明言していないが、最初期の事例においてすでに横穴式石室としての構造を備えていることから、竪穴式石室から系統的に出現したのではなく、東国以外の地において完成した石室形態がもたらされたと考えた（増田 1977）。また当該石室の墳丘中央配置や主軸を東西方向にとる傾向を指摘して、前代の竪穴系埋葬施設と思想的に共通すると評価している点も、在地性の温存を主張する見解として傾聴すべきである。

　石室系譜については資料的な制約もあり、その後活発な議論が起こるには至っていないが、北側に隣接する上野地域においても同時代の中小規模古墳に無袖石室が採用されるという共通現象がみられ、相互の関連性は濃厚と言える。ひいては本稿冒頭で言及した古東山道経由の文化流入ルートを想定することが現時点では妥当であろうが、小林孝秀の指摘にあるように、初期カマドの導入など「横穴式石室が受容される前段階からの新来文化・技術の導入状況、あるいは渡来人の動向など多様な背景」を念頭に置く必要がある（小林 2008：p.15）。

2　南武蔵の無袖石室

　東京都を東西に貫流する多摩川中・上流域を中心として24基の事例を挙げることができる（図1：66～89）。ただし、あきる野市瀬戸岡古墳群などは総数約50基のうち調査された石室数が13基（実測図のない2基を含む）にとどまり、本古墳群だけでも無袖石室の実数はカウントした数（6基）を大きく上回ることになるだろう。

　多摩川下流域右岸の川崎市諏訪天神塚古墳、および鶴見川水系の横浜市北門1号墳・同2号墳・三保杉沢古墳の4例は、多摩川中・上流域に構築された一群と分布のうえで明らかな違いをもって存在している。立地の違いは使用石材にも反映されており、前者4例が泥岩の加工石材を用いるのに対して、多摩川中・上流域の一群は河原石を側壁構築材としている。また諏訪天神塚古墳・北門1号墳・三保杉沢古墳が円筒・形象埴輪を伴うのに対して、多摩川中・上流域では6世紀後半まで遡る事例であっても埴輪を伴わないという対照的なあり方を示す。以上のことから多摩川下流域および鶴見川水系に営まれた無袖石

室は、多摩川中・上流域の一群と異なる位置づけがなされるべきであろうと思量する。ただし諏訪天神塚古墳の詳細について未報告部分が多いので、本稿ではこれらの泥岩で構築された無袖石室について検討を保留しておきたい[2]。

変遷過程　当該地域における無袖石室の導入は、日野市平山2号墳や多摩市塚原5号墳の出土土器から6世紀後半頃と捉えられており、北武蔵と比べて半世紀以上の遅れが認められる。石室導入期の状況は研究者間で概ね共通認識となっているが、本格的に構築を開始する7世紀前半以降の変遷過程については意見の分かれるところである。以下では代表的事例である瀬戸岡古墳群に焦点を絞って見解の齟齬をおさえることにする。

瀬戸岡古墳群の造営年代は、石室内出土の骨蔵器の年代観などから当初奈良時代に下るものとみなされていた（大塚1953・後藤1956）。その後1970年代を中心とする資料の蓄積を経て、南武蔵における体系的な石室編年に取り組んだ池上悟は、昭島市経塚下古墳出土の鉄鏃などを参考に瀬戸岡古墳群を7世紀後半に位置づけた（池上1982）。池上の変遷観では羨道部の消失過程が重視され、〈胴張り形・有羨道（22号墳）→胴張り形・無羨道（23・32号墳）→矩形・無羨道（16・17号墳）〉という推移が示された。

これに対して瀬戸岡30号墳の発掘調査を担当した松崎元樹は、石室の設計規格や出土遺物から上記変遷観の見直しを図り、北武蔵における無袖石室の動向も勘案して、玄室と羨道の境が不明瞭な短冊形の石室から胴張りの著しい石室に至る変遷過程を導き出した（松崎2001）。

池上と松崎が、同じ瀬戸岡古墳群を対象としながらも逆順の変遷観を提示することとなった背景として、出土遺物の少なさや調査の古さという資料的制約に加え、形態的にバラエティのある石室群を一系列の変遷過程で捉えたことに問題があったのではなかろうか。16号墳や32号墳のような無袖石室が、本来両袖であったものの袖部が解消されて無袖化したものなのか、あるいは元々無袖石室として成立したものなのかという議論なしに両袖式石室である22号墳からの変遷で捉えることは早計であるし、また北武蔵においてすでに胴張り化の果たされた段階における無袖石室の変遷に矩形プランの先行性を当てはめることにも首肯しかねる。さらに両者とも石室に使用された尺度の検討を編年の基軸としているが、河原石積石室の場合、切石積石室以上に基準点の置き方

が不統一となる危険性を孕んでいる。河原石積みという構造上の問題から、構築に際しての設計変更も多かったことが予想され、石室の基準長を厳密に割り出すことは困難と言わざるを得ない。

　かかる問題意識から、筆者は尺度論によらず出土遺物の年代観と石室構造の比較を通じて当該地域における無袖石室の変遷案を提示した（草野 2008）。詳細は前稿を参照されたいが、①玄室・羨道区分の明確な事例（A類）は6世紀後半から7世紀中葉にかけて存在し、平面形態の胴張り化や側壁控え積みの簡略化といった変化の方向性が窺える点、②瀬戸岡古墳群など平面的な空間区分が不明瞭な事例は、矩形プラン（B1類）と胴張りプラン（B2類）が7世紀前半以降併行して構築された点を主張した（図4）。ただし北武蔵における編年と比べて出土遺物による構築年代の裏付けは弱く、石室構造に関しても情報不足の感が拭えない。今後資料の蓄積を待って再確認していく必要があろう。

　構造的特徴　無袖・片袖・両袖の違いによらず、当該地域の横穴式石室は墓坑のなかに壁体を積み上げる（半）地下式構造を最大の特徴とする。この認識に至るターニングポイントとして、日野市万蔵院台古墳群の調査が挙げられる。調査を担当した池上悟は、〈片袖の2号墳→無袖の3号墳→両袖の1号墳〉という変遷過程にしたがって石室と墓前域の床面構造に変化が生じ、石室の墓坑内構築が進行する流れを捉えた（池上 1982）。この認識にもとづいて、無袖石室の中で最古相に位置づけられる日野市平山2号墳や多摩市塚原5号墳については、概ね同時期に比定される万蔵院台2号墳と同様、明確な墓坑内構築でないとする意見が多い。平山2号墳や万蔵院台2号墳は墓坑前方が開放状態を呈して周溝に接続しており、万蔵院台1号墳などと異なる墓坑形態であることは確かだが、それは石室前方に墓前域や羨道を付設するか否かという違いであって、旧表土を1m近く掘り込むという構築方法自体は石室導入期から採用されたと捉えてよいだろう[3]。

　なお筆者は、万蔵院台古墳群の変遷過程を同一系統の構造変化として捉えるのではなく、異系統石室を採用するかたちで石室形態をモデルチェンジしたのではないかと考えている。国立市四軒在家遺跡では7世紀前半～中葉の短期間のうちに複数系統の石室が併行して営まれたことが確認されており（和田ほか 2005）、同様の状況が瀬戸岡古墳群においても看取される点は前項で述べた

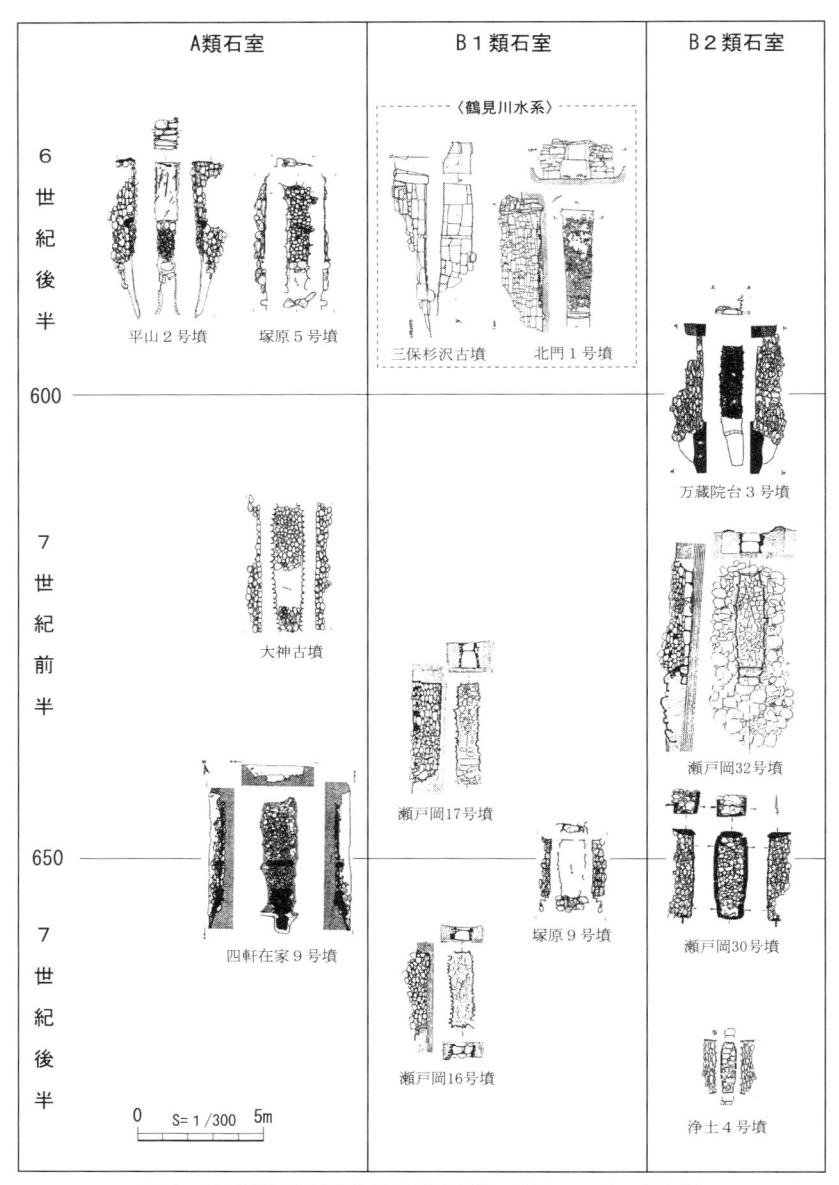

図4　南武蔵における無袖石室の変遷（草野2008を一部改変）

通りである。このように同一古墳群における比較的短期間の造墓活動であっても複数の石室系統が見出される場合、墓坑形態の変化が系統的に辿れるものか、あるいは異系統石室の導入に伴うものなのか、十分留意しなければならない。

石室系譜 当該地域の無袖石室に関わる議論のなかで、系譜についてはあまり踏み込んだ検討がなされていなかった感がある。そのなかにあって、瀬戸岡古墳群の系譜を静岡県愛鷹山南麓に求めた松崎元樹の見解（松崎2001）は、きわめて重要な指摘として受け止められる。すなわち瀬戸岡30号墳の調査を通じて、墓坑内に構築された石室開口部の壁状閉塞施設が明らかとなり（図5-1）、こうした構造の淵源として駿河東部に特徴的な開口部に段を有する無袖石室（井鍋2003ほか）が俎上に載せられたのである。

筆者も松崎の見解を基本的に支持し、玄室・羨道区分の不明瞭な胴張りプランの無袖石室（B2類）については、駿河東部に系譜が求められると判断する（草野2008）。6世紀末葉～7世紀初頭の万蔵院台3号墳も、開口部の段構造や側壁と一体的に構築された壁状閉塞施設のあり方から同様の位置づけが可能である（図5-2）。7世紀前半以降に築かれた瀬戸岡古墳群・浄土古墳群のB2類石室と比べて平面形態や奥壁構造、閉塞構造などに小差が認められる点を勘案すると、それぞれ別個に駿河東部からもたらされた可能性が考えられよう。

松崎は瀬戸岡古墳群の矩形プランの石室も駿河東部系譜としているが、筆者は先述した通り、矩形プラン（B1類）が胴張りプラン（B2類）と同時期に併存した異系統石室であると捉えているので、系譜について一括りに論じるわけにはいかない。玄室・羨道区分の不明瞭な矩形プランの無袖石室（B1類）については、構造的特徴が詳らかでない事例がほとんどである現時点において、具体的な淵源を特定しがたい。

玄室・羨道区分の明確な事例（A類）では、7世紀前半の昭島市大神古墳と7世紀中葉の国立市四軒在家9号墳が、開口部に設置された閉塞石の状況からB2類と同様に駿河東部の系譜と認定できる（図5-3）。

同じくA類とした平山2号墳は、羨道床面の高い段構造を有している点が特徴的である（図5-4）。羨道部に厚い礫床を敷設して床面を嵩上げする構造は、6世紀中葉の愛知県豊田市秋葉1号墳や豊橋市下振1号墳などに認められ、東海地方において竪穴系横口式石室の流れを汲む事例が遡源候補として想定され

130 Ⅱ 武蔵

1. 瀬戸岡30号墳
2. 万蔵院台3号墳
3. 四軒在家9号墳
4. 平山2号墳

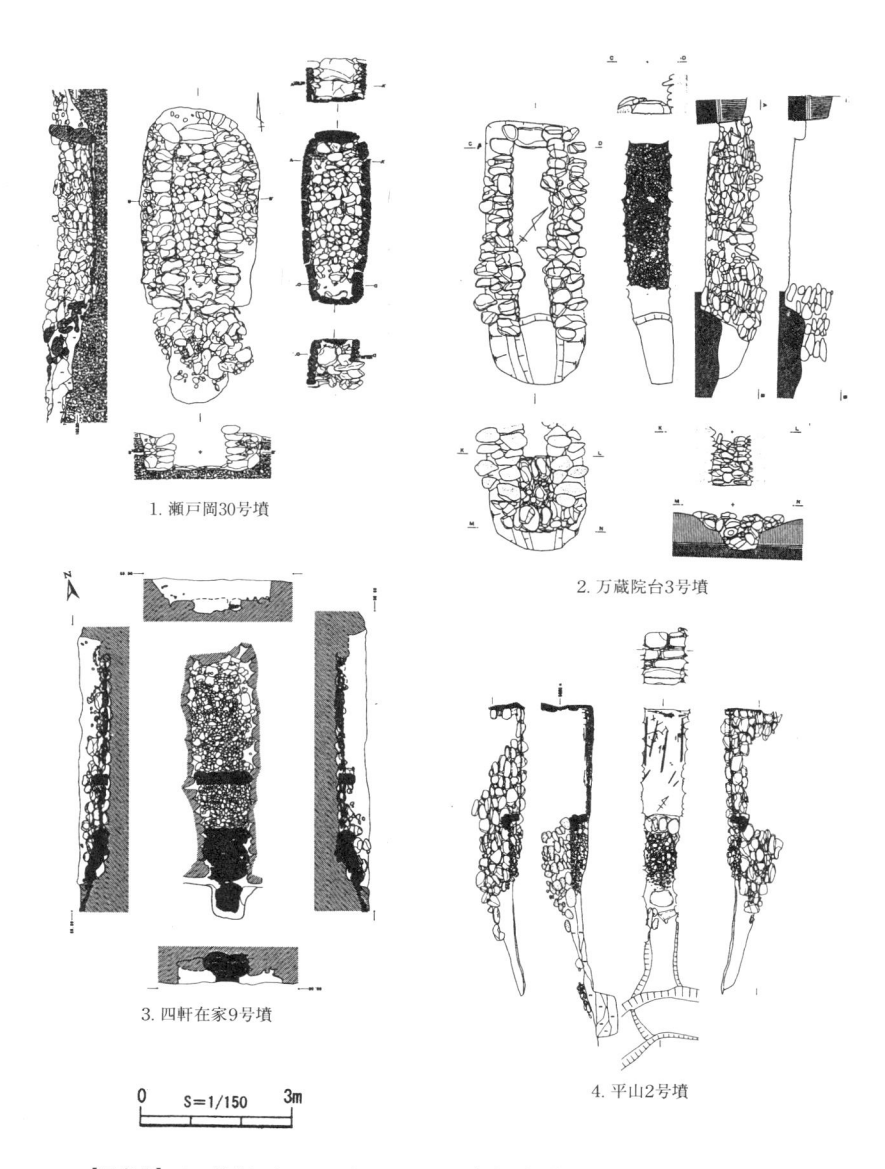

0　S=1/150　3m

【図出典】 1：松崎ほか2001／2・4：日野市史編纂委員会1984／3：和田ほか2005

図5　南武蔵における無袖石室の構造

る。

　以上のように南武蔵の無袖石室は、東海地方、とりわけ駿河東部の影響を受けて成立したと判断され、かつその影響関係が１度ならず複数回にわたって認められる点を強調しておきたい。

3　無袖石室にみる南北間の様相差

　ここまでの検討のなかで、とくに南北双方の石室系譜については、北武蔵において古東山道ルート、南武蔵において古東海道ルートという対照的な流入経路から無袖石室がもたらされた点を明らかにすることができた。北武蔵の無袖石室が石室構築に際して掘り込みを行わないのに対して、南武蔵ではほとんどの事例が墓坑を有するという違いが認められたが、これも上述した石室系譜の違いに起因するものと考えられる。

　南北地域間の相違は、導入後の変遷過程にも如実に表れている。すなわち北武蔵では在地における発展的な構造変化を遂げ、両袖式石室の成立に至るまでスムーズな流れを追うことができるが、南武蔵では多少の形態変化こそあれ無袖石室から両袖式石室が派生するような自律的な構造変化は起こらなかった。南武蔵において受容時の石室形態・構造が在地的変容をほとんど遂げないまま簡略化の方向に推移していく動きは、石室の淵源と目される東海地方との間に複数回にわたる影響関係が想定される点と相俟って、客体的な受容相として評価すべきだろう。

　６世紀前半に遡る北武蔵の動向は、まさに新来文化としての横穴式石室の受容相を示すものにほかならず、在地における墓制の定着化を企図した積極的な動きとして認められる。かたや客体的な様相を呈する南武蔵も、年代的には６世紀後半に下るものの、横穴式石室の出現段階であること自体に変わりはない。それでは南武蔵における無袖石室の受容はなぜ客体的なものにとどまったのか。結論から言えば、当該石室の受容者が基本的に中・下位階層であったため、その後発展的な構造変化に至らなかったのではないかと考えられる。というのも、無袖石室が受容されたのとほぼ同時期に、多摩川下流域左岸では大田区観音塚古墳に両袖式の切石積石室、右岸では川崎市第六天古墳に複室構造の胴張り形切石積石室が採用され、以後７世紀代における有力首長墓の埋葬施設

として、この種の切石積石室が在地内で構造変化を遂げながら構築される状況が認められるのである（草野 2006）。

　無袖石室が首長墓には基本的に採用されなかった点を勘案するならば、古東海道ルートを介したつながりは、首長同士の交流によらない地域間関係と言えるのかもしれない。逆に首長墓に採用されることとなった複室構造胴張り形切石積石室は、構造的特徴から北武蔵系譜である蓋然性が高く、武蔵において"北回り"ルートと"南回り"ルートが担った性格の違いを垣間見ることができよう。

4　おわりに

　本稿執筆の当初は、同じ武蔵のなかの無袖石室であっても、南北間でまったく様相が異なる点を整理して各々の石室系譜を対比しようと目論んだ。結果的には、双方に窺われる受容のあり方、展開過程の違いが何を意味するものなのか雑駁ながら私見を述べたに過ぎない。文化流入の地域相については、無袖石室という一事象にとどまらず複眼的に検討する必要がある。今後の課題として掲げ、筆を擱くことにする。

註
⑴　ここでカウントした事例は、後述する通り7世紀前半頃までに築造されたと考えられる石室で、構造的特徴も共通することから概ね同様の位置づけが可能なものである。この65例のほかに、狭山市笹井1号墳・秩父市安中1号墳の2例も平面形態のうえで無袖石室に含めることができるが、ともに7世紀後半の築造で立地や構造的特徴もほかの事例と異なることから今回は対象外とした。
⑵　諏訪天神塚古墳が泥岩使用の無袖石室であることは、2008年11月の発掘調査によって確認された（新井ほか 2009）。現在報告書の作成を進めているところであり、当該石室の位置づけについて考察を用意している（草野 2010）。
⑶　多摩市塚原5号墳については墓坑の平面プランが検出されておらず、墓道の有無も不明であるが、一部で石室床面の下に深さ30cmほどの掘り込みが確認されている（吉田・桐生編 1988）。

参考文献

青木　敬 2005「後・終末期古墳の土木技術と横穴式石室―群集墳築造における"畿内と東国"―」『東国史論』第 20 号、群馬考古学研究会、pp.1-35

甘粕　健 1970「武蔵国造の反乱」『古代の日本』7、角川書店、pp.134-153

新井　悟・草野潤平・遠竹陽一郎・浜田晋介・多摩川低地遺跡調査団 2009「神奈川県川崎市高津区諏訪天神塚古墳の調査と成果―多摩川低地における 6 世紀後半の切石積横穴式石室の確認―」『日本考古学協会第 75 回総会研究発表要旨』日本考古学協会、pp.84-85

池上　悟 1982「南武蔵・多摩川流域における横穴式石室の導入と展開」『物質文化』第 39 号、物質文化研究会、pp.20-36

井鍋誉之 2003「東駿河の横穴式石室」『静岡県の横穴式石室』静岡県考古学会、pp.241-253

大塚初重 1953「武蔵・瀬戸岡における奈良時代墳墓」『駿台史学』第 3 号、駿台史学会、pp.39-57

草野潤平 2006「複室構造胴張り形切石石室の動態―武蔵府中熊野神社古墳の位置付けをめぐって―」『東京考古』24、東京考古談話会、pp.55-73

草野潤平 2008「武蔵南部における無袖式石室の様相」『東国に伝う横穴式石室―駿河東部の無袖式石室を中心に―』静岡県考古学会、pp.97-108

草野潤平 2010「諏訪天神塚古墳石室の位置づけ」『諏訪天神塚古墳―多摩川低地の遺跡群研究―』川崎市市民ミュージアム考古学叢書 7（刊行予定）

小林孝秀 2008「北武蔵における横穴式石室の動向とその系譜」『専修史学』第 44 号、専修大学歴史学会、pp.4-31

後藤守一 1956「瀬戸岡古墳群」『東京都文化財調査報告書』第 3 集（多摩地方の古墳群）、東京都教育委員会、pp.10-37

坂本和俊 1979「袖無型横穴式石室の検討」『原始古代社会研究』5、校倉書房、pp.6-89

菅谷浩之 1970『大御堂稲荷塚古墳調査報告書―袖無型石室をもつ一古墳―』埼玉県上里村教育委員会

日野市史編纂委員会 1984『日野市史史料集』考古資料編、日野市

増田逸朗 1977「北武蔵における横穴式石室の変遷」『信濃』第 29 巻第 7 号、信濃

史学会、pp.64-81

松尾昌彦 2002 「武蔵における古墳時代文化の流入経路―前・中期の集落を中心として―」『古墳時代東国政治史論』 雄山閣、pp.89-112

松崎元樹 2001 「瀬戸岡古墳群の再検討」『東京都あきる野市天神前遺跡 瀬戸岡古墳群 上賀多遺跡 新道通遺跡 南小宮遺跡―都市計画道路秋多3・4・6号線用地内における埋蔵文化財発掘調査報告―』東京都埋蔵文化財センター調査報告第95集、pp.435-451

松崎元樹・今井恵昭・金持健司 2001 『東京都あきる野市天神前遺跡 瀬戸岡古墳群 上賀多遺跡 新道通遺跡 南小宮遺跡―都市計画道路秋多3・4・6号線用地内における埋蔵文化財発掘調査報告―』東京都埋蔵文化財センター調査報告第95集

山崎 武・金子彰男 1997 「北武蔵の横穴式石室と前方後円墳」『《シンポジウム》横穴式石室と前方後円墳』第2回東北・関東前方後円墳研究会大会発表要旨資料、pp.27-40

吉田恵二・桐生直彦編 1988 『東京都多摩市塚原古墳群―5号古墳の調査（昭和62年度）―』多摩市埋蔵文化財調査報告16、多摩市教育委員会

和田 哲・馬橋利行・桜井聖悟 2005 『東京都国立市四軒在家遺跡Ⅱ―国立市四軒在家土地区画整理事業に伴う発掘調査―』国立市文化財調査報告第49集、国立市教育委員会

（※このほか各古墳の報告書を参照したが、紙幅の都合上、割愛させていただく点をご寛恕願いたい。）

下 野

市橋　一郎

1　横穴式石室の変遷

　最初に下野における横穴式石室の概要を述べる。この下野の横穴式石室についての研究は多くの先学の論考があるが、そのなかでも中村は従来の研究を総括して栃木県の横穴式石室の変遷を4段階に設定している（中村 2003）[1]が、ここでは3期に分けて概述する。

（1）下野の導入期

　下野において最初に受容した横穴式石室は片袖石室であり、それは下野西部の大平町中山（将門霊神）古墳である。中山古墳は足尾山地の南端が一番南にせり出した東部裾部の緩斜面に位置した約18mの円墳で、石室長4.67m・玄室長2.44 m・奥壁幅1.28 mの右片袖である。その築造年代は出土した馬具などからMT15～TK10型式期と比定する（栃木県古墳勉強会 2005）。

　また、従来狭長な石室で群馬県前二子古墳などとの比較で導入期と指摘されていた下野中央部の宇都宮市権現山古墳の無袖石室は玄門構造などから6世紀第Ⅱ～第Ⅲ四半期と想定し、同じ古墳群内の宮下古墳以後の石室とする説もある（山ノ井1989）。

（2）展開期

　TK10～43型式期を中心とした年代に下野各地域では多様な横穴式石室が受容され、首長墓・有力者墓[2]に採用される。

　まずはほかの地域よりやや早く無袖を主体とする地下式で入口部に段を有する石室が、下野中央部南寄りの小山市飯塚古墳群内に受容される。古墳群内で変遷しながら周辺地域に波及していく。またTK10～43型式期頃に別の系統である無袖石室を大平町七廻り塚2号墳・3号墳が受容する。2基とも円墳で、石室平面形状が長方形の山石積み石室である。なお3号墳は赤色顔料が奥壁に塗布されていた。ほかに無袖・両袖の山石積み石室・川原石積み石室もそ

の前後の時期に出現し、多様である。
　TK43型式期の年代になると最高首長墓に凝灰岩の大形切石石室が受容される。吾妻岩屋古墳である[3]。以降最高首長墓としては墳形が前方後円墳から円墳（壬生町車塚古墳など）そして方墳（多功大塚古墳）と変遷していくにも関わらず、おおむねその大形切石石室[4]を引き継いでいく。同じ頃ないしはそれよりわずかに下がった時期に下野東部では小形切石石室が主体的に受容される。
　(3)　終末期
　下野の終末期の特徴はあまり明確ではない。年代を 7 世紀初頭から古墳消滅まで（TK209型式期以降）とすると、最高首長墓では大形切石石室が展開期である TK209 型式期の頃からそのまま最後の古墳と想定される上三川町多功大塚古墳まで続く。今の時点では福島県に所在するような横口式石槨はない。また、群馬県のような截石切組積石室もない。展開期の石室の系譜がそのまま古墳消滅まで続き、その画期は墳丘形状にみられる。
　中小首長墓・有力者墓についてもあまり明らかでなく、終末期前半は玄室平面形状が長方形から胴が張る形になることが指摘できるが、後半においてはすでに構築された石室への追葬による対処が想定される。また、横穴墓の変遷にその画期を見出せる可能性がある。いまひとつは未調査の方墳にその時期のものを求めていくことも考えられる。佐野市大桝塚古墳（1辺38m方墳）、足利市愛宕神社古墳（方墳）などが挙げられる。

2　各種無袖石室の分類

　無袖石室とは、側壁が奥壁から羨門部（入口部）まで変曲線のない横穴式石室とする[5]。よって徳利形石室は除外とする。また擬似両袖石室も原則対象外であるが、無袖の展開期における付加的要素（属性）としては、検討する必要がある。
　無袖石室の分類については、石室が「基本的に無袖式のみ」である東駿河で分類を行っている井鍋によれば石室の分類はＡ類無袖式開口部立柱、Ｂ類無袖式、Ｃ類無袖式段構造に大別される（井鍋 2003）。Ａ類無袖式開口部立柱は下野では受容が明らかでないので、Ｂ類、Ｃ類を下野の無袖石室の大別とした。無袖有段構造石室、無袖無段構造石室と呼称する。次には側壁石材の種類であ

る川原石・山石に分けたが、その理由は①川原石は横穴式石室の伝播元での使用は少なく、伝播先での在地化[6]によって石室の壁石材に採用されており、下野へ初めから川原石積みで伝播された石室の出自・経路を検討するうえで大きな要素となると考えるからである。②下野は河川では多くの川原石が、山には山石となる岩盤が露出しているところも多くあり、石室の石材である川原石・山石の選択は築造関係者の意思によるものと推測できる[7]。すなわち石材の違いは必然性があると考える。ほかに必要に応じて平面形の相違を利用した。

　以降この分類に従って、論究していきたい。

3　各種無袖石室の受容状況と地域性

(1)　無袖有段構造石室

山石積み石室　現在明らかな石室は下野南西部の足利市永宝寺裏古墳のみである。永宝寺裏古墳は全長 66 m・石室長 6.62 m の前方後円墳で平地に所在する足利地域南部の後期首長墓のひとつであり、まわりに所在していた数基の円墳の主墳であった。足利地域南部では後期の前方後円墳は渕の上古墳・勢至堂古墳などがあるが石室の形態は不明であり、このタイプの展開は把握できない。

川原石積み石室　このタイプは下野の中では、一番早くそして幅広く波及している。TK10 型式期の頃には下野中央部の小山市飯塚古墳群内で受容される。初現は全長 21m の前方後円墳・飯塚 29 号墳で、この系譜はほかの古墳群へも波及している。以下に拠点である飯塚古墳群内の石室を中心にその変遷の様子を検討していきたい。

　この石室群の重要な分類要素は、石室入口部構造と考え、羨道部がなく石室入口部が框構造あるいは框構造に類似した構造を有段構造川原石積み石室 1 類とした。類似の石室である南西部の足利市文選 11 号墳は石室内に間仕切り石を敷設させ、玄室の機能分化を計っている。いまひとつは下野市星の宮神社古墳の石室である。1 類の系譜を受けて石室が長大化（全長 7.84 m・幅 1.43 m）したという新しい要素を付加して成立したと考えるか、星の宮神社古墳の石室構造そのものが波及したものか判断の分かれるところである。後者として考えるなら権現山古墳（石室全長 7.80 m・幅 1.05 m）のようにスポット的な伝播で

138　Ⅱ　下野

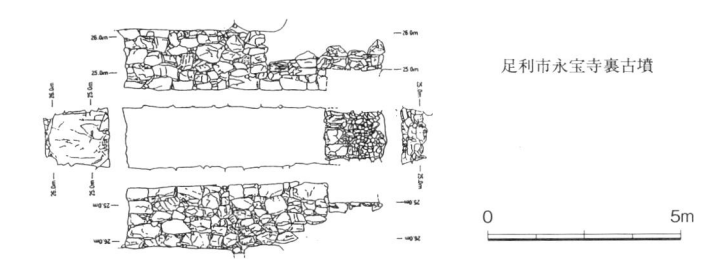

図1　無袖有段構造石室（山石積み石室）

足利市永宝寺裏古墳

1類
2類
3類

1類　小山市飯塚29号墳
2類　二ノ宮町上大曽2号墳
3類　小山市飯塚30号墳

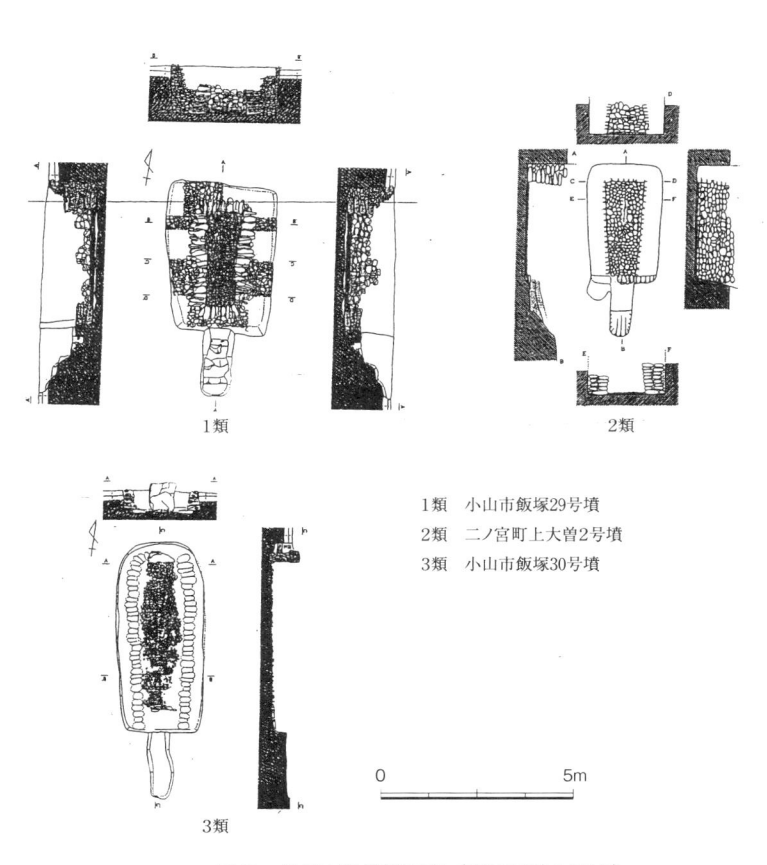

図2　無袖有段構造石室（川原石積み石室）

あろうか。両者とも側壁の使用石材は異なるが、狭長な石室で共通する。

　次に有段構造川原石積み石室２類であるが、框構造の側面にも側壁が延設されて、この側壁が天井石まであったと想定でき、この構造のほうがしっかりとした入口部となることから、１類の構造より発展した構造で、羨道部の形態に近い構造である。この石室は小山市間々田六本木１号墳・宮内11号墳、二ノ宮町上大曽２号墳・下野市朝日観音２号墳など飯塚古墳群の周辺に見られる。この系譜からさらに石材の長大化、胴張り化の要素をうけ飯塚27号墳、北原６号墳の石室が構築される。また有段構造が礫を小口に積むもの（２類A）と１石からなるもの（框石）（２類B）があり、前者のほうが時期は新しいと考える。

　一方、側壁が掘り方（墓坑）の壁近くまで到達し、短いながらも羨道の形成が見られるものを有段構造川原石積み石室３類とした。宇都宮市稲荷１号墳・久部台４号墳（擬似両袖式の要素が見えてきている）、鹿沼市狼塚古墳、小山市外城２号墳・飯塚30号墳、下野市山王山86号墳、壬生町新郭14号墳・上原８号墳などがある。

　初期に導入された有段構造川原石積み石室は奥壁・側壁を構成する個々の石材が小さいこと、掘り方（墓坑）と壁の間に多くの石室は間隙があることが特徴であるが、そのこと自体は安定した構造ではなく、新要素が発生すると容易に受容し石室構造・形状を変化させる。そうした要素の一つである小さい石材から大きい石材への変化すなわち奥壁・側壁を構成する石材において川原石から一部を山石に変えるものがあり（石材の長大化）、これは石室の強化・作業量の低減にかかわる技法と捉えることができる[8]。ほかに胴張り化、両袖化などの技法を順次受け入れている。

　以上をまとめると、１類は石室開口部の形成、２類は類似羨道部の形成、３類は短い羨道部の成立である。

　その後の展開としては羨道部の完成である。この充実化した羨道部を有する川原石積み石室が４類である。羨道部としては完成された構造であるが、内的要素や外的要素が付与され複雑になっている。玄門部構造に組み立て玄門をとりいれるものや玄室袖部が形成され両袖を採用するものなどが目立ってくる。

140　Ⅱ　下　野

1　足利市両崖山東麓古墳
2　足利市第1中学校東麓古墳
3　足利市機神山山頂古墳
4　足利市明神山1号墳
5　足利市足利公園K号墳
6　足利市西宮古墳

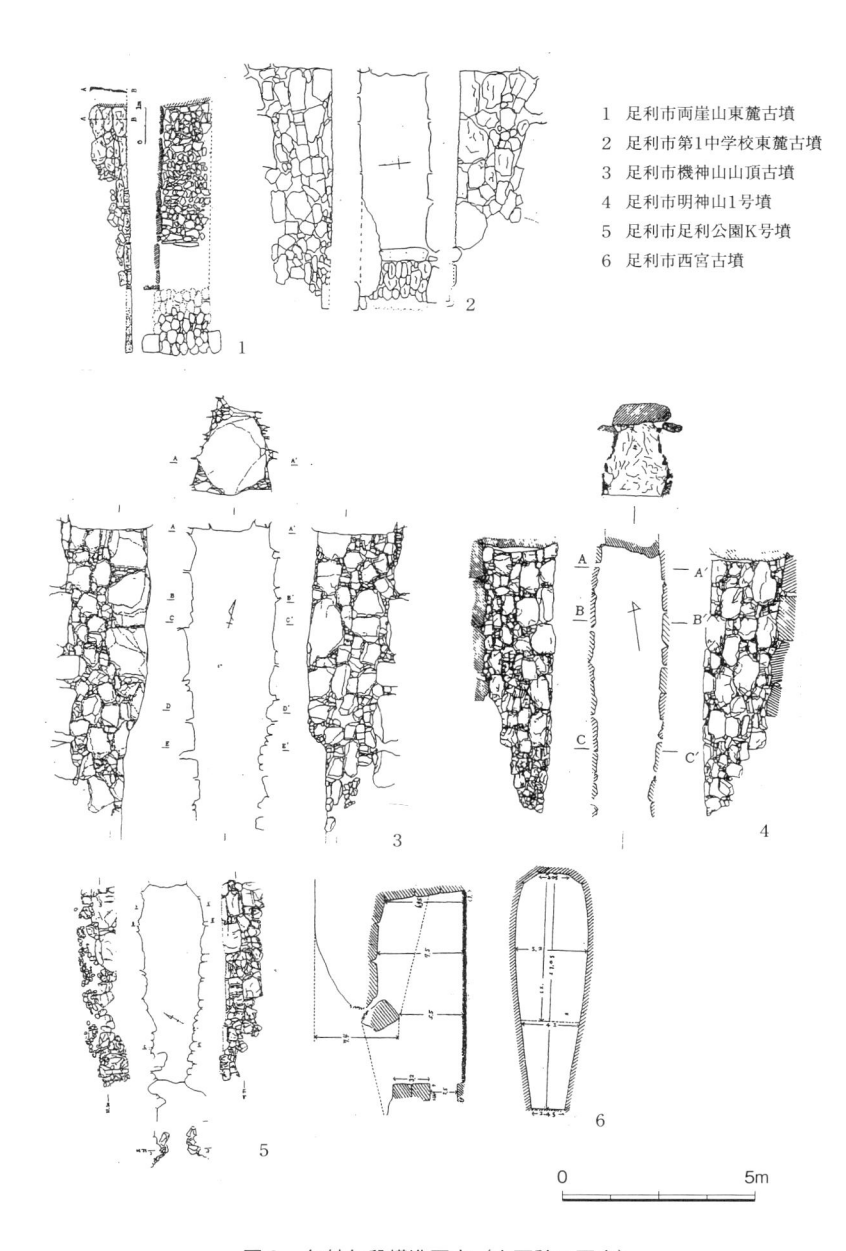

図3　無袖無段構造石室（山石積み石室）

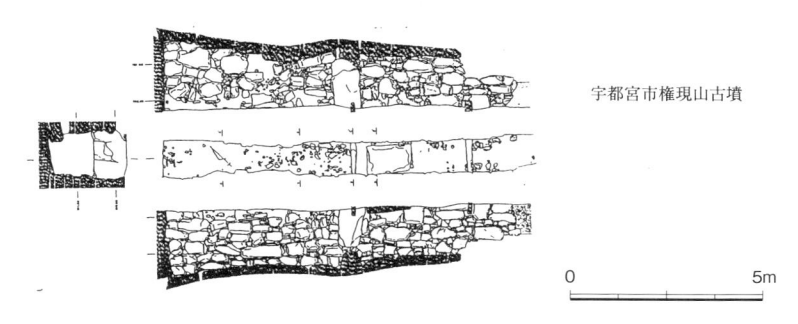

図4　狭長な無袖無段構造石室（山石積み石室）

(2)　無袖無段構造石室

山石積み石室　側壁が山石積みの石室は下野西部に片寄り、中でも足利市と大平町に集中する。

　足利市で多い類型は、平面形が長方形の石室と石室平面形の側壁がわずかに張る石室であるが、どちらの石室が先行するかは明確ではない。また、明らかに胴が張る2基の円墳（足利公園K号墳・西宮古墳）は埴輪を伴わずTK209型式期以降であり、両者の後に出現する。このタイプの石室は足利市をはじめ下野西部では川原石積み石室と同様普及していることが理解できる。注目すべきことは必ずしも古墳群内では最初に受容した石室でないことである。足利市常見古墳群内の海老塚古墳はその前に両袖山石積み石室（正善寺古墳）があり、足利市明神山古墳群内の明神山1号墳はその前に片袖山石積み石室（明神山古墳）がある。同市機神山山頂古墳にしても同じ古墳群に先行する主体部不明の前方後円墳があり、先行の横穴式石室が見つかる可能性がある。

　中央部の宇都宮市に平面形が狭長な長方形の石室である権現山古墳1基が所在するものの、下野のほかの地域ではみられない。

川原石積み石室　はじめに伝播してきたのは平面形が長方形・逆長台形の石室で、西部・南部・北部に見られる。

　西部の西方町西方山古墳群内で4・6号墳（石室平面形状が長方形）、そして1・2号墳（わずかに張る形）と展開し、最後は両袖の要素をとりいれた3号墳へと変遷する（秋元2006）。このタイプは下野の東部を除く、各地域に波及し、各地域で同様に展開を見せる。古墳群の中では最初に受け入れるケース（西方

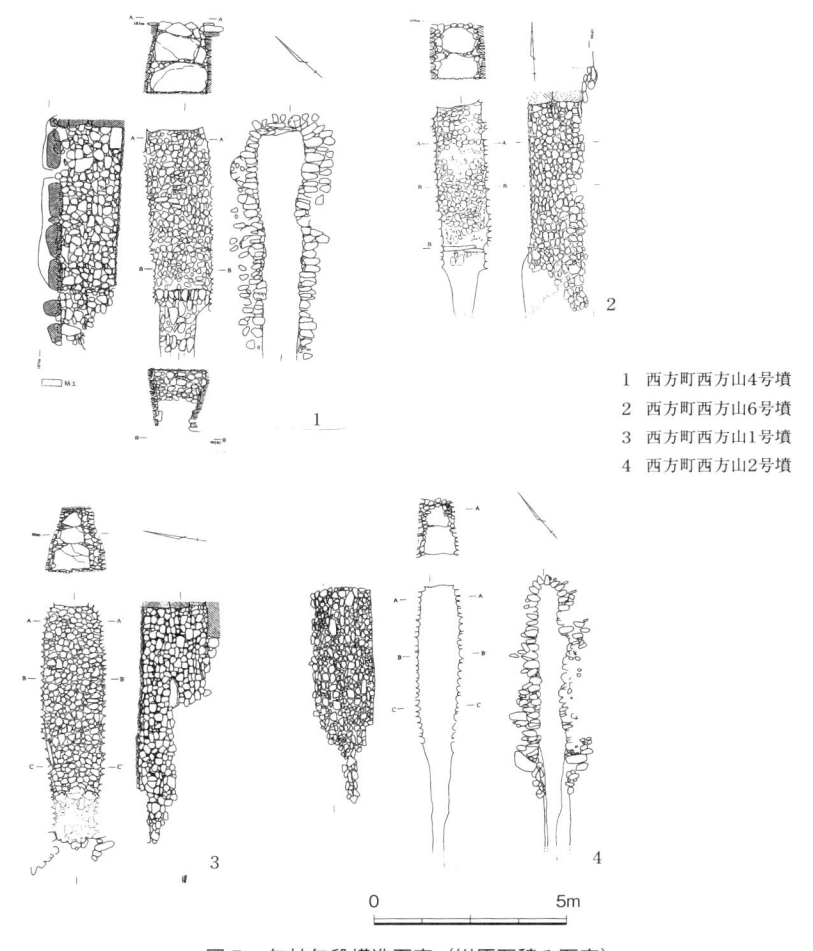

1　西方町西方山4号墳
2　西方町西方山6号墳
3　西方町西方山1号墳
4　西方町西方山2号墳

図5　無袖無段構造石室（川原石積み石室）

町西方山古墳群）と横穴式石室伝播の第2波以降で受け入れるケース（足利公園古墳群）がある。また、このタイプの中では石室平面形状が長方形・逆長台形から胴が張る形・奥搾り形へ変遷することが理解できるが、これは静岡県内で見られるような在地化の現われが下野でも生じたとも考えられるが、静岡県や近くでは群馬県などの先進地で在地化した形状の石室が何波目かの伝播によって波及したとも考えられる。

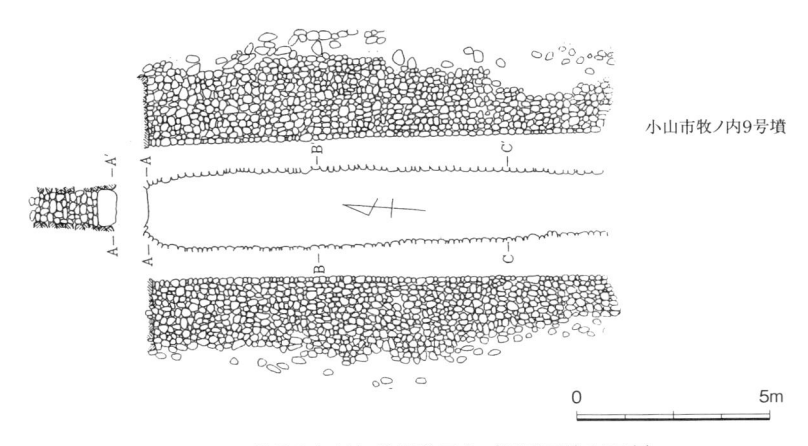

図6　狭長な無袖無段構造石室（川原石積み石室）

　なお奥搾り形のうち狭長な石室を持つ古墳が南部の小山市に受容されるが少数である。代表例は牧ノ内9号墳で径22mの円墳で、石室長11.7m・奥壁幅0.7m・胴部最大幅1.1である[9]。側壁は川原石の小口積み、奥壁は下部に1枚の山石を据えその上は川原石を小口積みにしている。構築時期は7世紀中葉とされている（小山市 1981）。

4　無袖石室の系譜[10]

(1)　無袖有段構造石室[11]

山石積み石室　該当する足利市永宝寺裏古墳の祖形は東駿河の中原4号墳、西実円寺古墳あたりであろうか。中原4号墳のほうが近いと思われるが、石室の構成要素に相違があること、構築年代について永宝寺裏古墳のほうが古い様相が感じられることなどから、あるいは東駿河の中原4号墳や西実円寺古墳の伝播元から直接下野へ、無袖有段構造川原石積み石室と別の伝播で波及したものと考えることも出来る。たとえば湖西市天神山3号墳（MT15〜TK10型式期）の系譜などが考えられる。

川原石積み石室　東海地方においては川原石積みの石室は「在地系石室の一要素」との認識があり、在地系石室とは擬似両袖・無袖石室のことであるとし、それらは三河系石室とも呼称している（田村 2003）。さらに開口部から一段下

がる有段構造も「新式群集墳の確立による在地系石室の一形態と考えられる。」（井鍋 2003）と東駿河の在地系石室の一形態との見解がなされている。このことより川原石積みも有段構造も在地性とする見方が有力であることを知る。

　ここで東駿河において最古の有段構造石室である中原4号墳は、下野の最初に受容した飯塚29号墳より新しく、下野への伝播元（供給元）とはいえない。この地東駿河ではほかに東平1号墳・船津L-209号墳などがあるが、7世紀代の新しい石室とされている。また松崎は船津古墳群と東京都瀬戸岡古墳群の類似性を指摘し、瀬戸岡古墳群の系譜を富士・愛鷹山南麓地域に求めた（松崎2002）。注目すべき指摘である。さらに多摩川地域には同様の石室は瀬戸岡古墳群（30号墳）以外にも万蔵院台1～3号墳・高倉6号墳・浄土1号墳・下谷保1号墳などが知られている（多摩地区所在古墳確認調査団 1995）。これらは下野の分類に比定すると2類が中心であり、1類3類はあまり明確ではない。それにしても多摩地域と下野南部とで技術的な交流があった可能性は考えられる。

　静岡県のほかの地域の類似石室として遠江の湖西市天神山3号墳（井口 2003）がある。石材は山石であるが、MT15～TK10型式期と古く、川原石への在地化というワンクッションあっても時期的には整合する。また天竜川西岸の浜北市辺田平古墳群中の横口構造を持つ埋葬施設は「竪穴系の埋葬施設に横口を設けた形態と評価でき、一定の空間が確保される石室として利用できたか疑わしい。」（石橋 2003、p43）としているが、飯塚29号墳の石室も入口部構造については、一定の空間が確保できる入口構造の想定に苦慮している点では、似た状況にあるといえる。具体的には鈴木が辺田平12号墳を「横穴式石室ではないが、後期前半に築造された」「在来の竪穴系埋葬施設に横口を付け加えたような埋葬施設」（鈴木 2003、p260）として紹介している。図によれば石室形状は長方形で、川原石積み石室である。奥壁も川原石である可能性が大きい。地下式でもある。掘り方は裏込部を広くとった矩形であり、砂礫でないが川原石を裏込に使用している。下野の段構造石室の祖形の一つの可能性がある[12]。さらには三河・岐阜周辺も今後検討する必要がある[13]。

（2）　無袖無段構造石室

　山石積み石室　このタイプでは石室平面形状が長方形である大平町七廻り2・3号墳がTK10～43型式期に、ついでTK43型式期頃に石室平面形の側

壁が外側にわずかに張る石室である足利市海老塚古墳などに受容され、東海地方にその祖形を求めることが可能であると思われる。いわゆる三河系無袖式石室（鈴木 2003）と石室の形態が類似する[14]。

中央部の宇都宮市に所在する山石積みの狭長な長方形の権現山古墳は、下野では類型の石室はみられないが、権現山古墳の系譜は静岡市内の擬似両袖山石積み石室に求められる可能性がある。前橋市前二子古墳など群馬県からの波及も再考したい。

川原石積み石室　石室平面形状が胴が張る形（わずかに胴が張る形を含めて）・奥搾り形は静岡県西部・中部に一定量存在する（鈴木 2003、p256）平面形では類似の石室が多く、東海地方はこのタイプの発信地のひとつと考えられる[15]。

狭長石室　石室全長が10mを超える狭長石室は山石積みも含めて小山市牧ノ内9号墳だけである。地下式であるが入口部に段がなく、溝状の墓道が周溝まで延設されている。有段構造川原石積み石室4類イと入口部と墓道の構造は同じになるが、石室が長いことが特徴である。関東地方では厚木市金井2号墳、伊勢原市三ノ宮3号墳、富津市西原古墳・新割古墳などが知られている（井鍋 2003、p249）ので、南関東からの伝播が考えられる。さらに南関東の西に位置する東駿河の富士市船津寺ノ上1号墳では石室奥壁の下部に山石を1枚据えている点も同じである。牧ノ内9号墳は、このタイプでは最北端に所在する[16]。

5　無袖石室の階層性

(1)　下野における横穴式石室の中での無袖石室の位置付け

石室形状においては、特殊形石室は墳丘が円墳のみで、下位に位置付けられる。片袖石室は数が少ないので保留にして、無袖石室と両袖石室を比較すると両者とも円墳以外に首長墓の前方後円墳が存在するが、墳丘規模が大きく石室も大きい傾向にある両袖石室が無袖石室より上位にあると言える[17]。

また石材については凝灰岩の大形切石は最高首長墓の横穴式石室に限定的に使用されている。一方、凝灰岩小形切石は首長墓・有力者墓双方に使用されている。ただ無袖石室では、そのような凝灰岩切石をほとんど採用しておらず、無袖石室の下位性を示すものとなっている。

(2) 無袖有段構造石室墳における階層性

　川原石積み有段構造石室を最初に受容した古墳は飯塚29号墳で、小形前方後円墳であることはすでに述べた。このタイプの石室は飯塚古墳群の中に9基があり、前方後円墳と円墳との比率が、小形前方後円墳が6基、円墳が3基とほかの群集墳では考えられない程、前方後円墳の割合が多い。ただこれらの前方後円墳は全長もそれほど大きくなく、形状も後円部径に比べて前方部長が短いものが多く、くびれ部のくびれは緩やかである。この小形前方後円墳はいわゆる首長墓と性格が異なるのであろうか。たとえば一般的な小首長は重層的な支配体制の中では下位であっても、ある範囲の領域を支配しているのに対して、飯塚古墳群の小形前方後円墳の埋葬者は種々の職制的な支配者・管理者であろうか。ともかく同時期的に同一範囲に複数の小形前方後円墳に埋葬される者が存在していたものと思われる。

　また、川原石積み石室1類の墳丘形状が小形前方後円墳であることは、受け入れ層が最初から必ずしも下位の層とは言い切れない可能性を残す。

6　まとめ

　下野の無袖石室は以下のように総括できる。

① 　無袖石室は最初に伝播した石室でなく、第2次伝播以降何回にも分かれ伝播してきた石室である。

② 　早い時期に狭長な無袖山石積み石室が伝播するが、下野では広く波及しない。

③ 　無袖石室のうち、有段構造川原石積み石室も早い時期に伝播し、新たに伝播してくる各種属性を受け入れながら変遷し、下野各地へ波及した。

④ 　無袖石室のうち、狭長な川原石積み石室は新しい時期（7世紀）に下野南部に伝播する。このタイプの北限を示す。

註

⑴　以下のような4段階を開示している。1.MT15期：横穴式石室の導入（片袖石室）　2.TK10期：飯塚型の出現　3.TK43期：切石石室の出現　4.TK209期：両袖胴張り形の出現

⑵　この時期の古墳群において主墳・盟主墳を中小首長墓、群を構成する円墳を有力者墓とした。これらの呼称については今後検討の余地がある。

⑶　吾妻岩屋古墳直前の最高首長墓の内部主体が不明であるので、その受容はさらに遡る可能性は残る。

⑷　秋元は方墳（多功大塚古墳）の石室は截（切）石切組積みと想定している（秋元2005）。

⑸　大谷は「側壁では玄室と羨道の区別がつかないもの」（大谷2003）としており、ほぼ同じ意味である。

⑹　静岡県では胴張・川原石・腰石・立柱石などは在地化の諸要素として認識されている（たとえば田村2003）。こうした要素は在地化という言葉から推察すると新たな石室技術の伝播が無くとも横穴式石室を受容した土地で自生する技術であると認識しているのであろうか。

⑺　川原石において玉石・小形転石と大形転石は区別する。これは小形の石材である玉石を使用して壁面を構成する構造が川原石積みの祖形と想定し、小形石材である玉石（小形転石を含む）を採用したことあるいは採用せざるを得なかったことに意義を見出したいからである。

⑻　奥壁・側壁を構成する石材の一部に山石を使用することにより、石積みを部分的であっても省略できること、その部分だけ見れば強度が向上していること、裏込めを川原石の場合は一石一石積むごとに平らにしてつき固める必要があるが川原石より数段高い（体積的には少なくとも十数倍大きい）山石に換えることで、つき固め層の数を減らすことが可能となる。すなわち一部であれ川原石を山石に換えること（石材の長大化）により、石室の強化、労働力の削減になるのではないか。

⑼　『小山市史』1981に掲載の測定値と、図版から読み取れる数値と一致しない（小山市1981）。ここでは本文掲載の測定値を用いた。

⑽　本論は東海地方（特に静岡県）からみた下野の無袖石室を解明することが目的である。周辺の地域との関係では、特に群馬県と下野西部との関係、茨城県筑波山周辺・埼玉県と下野東部・中央部との関係などは、系譜を考える上で重要である。前者は無袖石室・両袖石室、後者は切石石室に共通の要素を見出すことが出来る。ここでは前者については十分ではないものの、注記としてそのか

かわりを若干記す。詳細については後日別途に論及する予定である。

(11) 群馬県でも羨道部入口から玄室へ階段状・スロープ状に下がる玄室は知られている。しかし梁瀬二子塚古墳の玄室床面は旧地表面上で石室入口は基壇面であるので狭長な羨道部が2段に傾斜している。王山古墳の石室構築面は墳丘第二段の中途で石室入口部は基壇面より1m上であるので傾斜している。軽石質角閃石安山岩で框構造を構築している玉村15号墳も石室が基壇上に構築されている。いずれも下野の地下式（半地下式）構造とは異なる。小数であるが御部入18号墳のように旧地表面より低い石室もあるが、傾斜地という地形環境から生じた有段構造（框石）である。有段構造の存在は認められるものの、これらの古墳から下野への直接波及は考えにくい。

(12) 菊池によれば静岡県・山梨県などに砂礫裏込の石室が見られる（菊池2005、ただし、菊池2005では礫と砂礫の区別が明確でないが、ここでいう礫のなかに砂礫が含まれているとする）。下野中央部の飯塚古墳群内では普及している技法である（鈴木1994）。

(13) 西三河では5世紀後葉には竪穴系横口式石室に近い構造の石室の受容（三田2001）があるが、川原石積みへ変容した石室は見られない。次の時期のMT15型式期には美濃各地へも同様の系譜の石室が出現している（横幕2001）。そのなかで川原石積みに変容したものとしては長良川流域の陽徳寺裏山4号墳・木曽川流域の可児市羽崎大洞3号墳などが挙げられるが、これらの技法がこの地で熟成され最近注目されるようになった原東山道を経由して下野へ伝播したと考えられるのではないか（1類の有段構造川原石積み石室）。

(14) 一方、隣県の群馬県でも玄室平面形状が長方形（やや逆長台形も含む）の無袖石室は県内に広く所在しており、6世紀初頭の横穴式石室導入期にすでにその存在が確認できる。当初の無袖石室は「以前に行われていた竪穴系の埋葬施設の築造技術を改良することで、横穴式石室を実現したもの」（右島1994、p147）と考えられている。その無袖石室が展開期に至った時に下野への波及があったと想定される。

群馬県下の横穴式石室導入期当初から継続している玄室平面形状が長方形（やや逆長台形も含む）の無袖石室の系譜が、七廻り2号墳・3号墳へ波及し、下野の最初の片袖石室に続く第2弾の石室となった可能性もある。玄室平面形状と

して長方形と逆台形のバリエーションがあり、壁面赤塗などの共通要素がある。

　緩やかな胴張りを呈する無袖石室は後発となるが、藤岡市・高崎市・赤堀村・太田市に多く見られ、それらの中でもさらに新しい要素を持つ太田市所在の石室（西長岡東山3号墳・二つ山1号墳）と足利地方の同類の石室（機神山山頂古墳・海老塚古墳）とは、ほかの要素でも共通性（大型の石材を使用すること、形象埴輪の種類が多いことなど）を見る。群馬県西部から栃木県西部への波及が窺える。

　また石室の中央位置に梱石を配置する要素が群馬県下では広く採用されているが（渋川市・子持村・富岡市・吾妻町・赤堀村など）、足利市文選11号墳・田中3丁目市営住宅裏1号墳などへも波及しており、さらに両袖石室（足利公園M号墳）にも見られる。

⒂　群馬県では長方形の無袖石室は榛名町的場E号墳が著名であるが築造時期がMT15～TK10型式期と導入期の石室であり、栃木県ではまだ無袖川原石積み石室は見出せない。

　胴張り形や奥窄まり形の無袖積み石室は榛名山麓・赤城南麓において右島が設定した2期・3期と無袖石室が存続し（右島1994）、その新しい時期の石室にこれらの石室（渋川市半田中原・南原13・14・23・24号墳、境町采女村41号墳）を見出されるが、両袖石室へ移行する。また多くは浮石質角閃石安山岩の川原石からなる石室であり、別のカテゴリーとして検討されている。この種の古墳から下野への直接波及は考えにくい。

⒃　群馬県下・埼玉県下にも狭長な無袖川原石積み石室は存在するが、地下式で石室全長10m以上の石室は確認できない。

⒄　下野所在の古墳を集成し、墳丘規模として古墳の全長・直径で比較すると、円墳は明確でないが、前方後円墳では無袖石室より両袖石室のほうが規模の優位性がある。石室規模としては石室容積として検討するのが良いが天井石が無い石室が多いので石室長として比較したところ、円墳は明確でないが、前方後円墳では両袖石室のほうが規模の優位性があった。

引用文献

秋元陽光 2005「栃木県における前方後円墳以降と古墳の終末」『シンポジュウム前方後円墳以後と古墳の終末　発表要旨資料』東北・関東前方後円墳研究会

秋元陽光 2006「西方古墳群における横穴式石室」『栃木・西方古墳群』駒澤大学考古学研究室
井口智博 2003「浜名湖沿岸」『静岡県の横穴式石室』静岡県考古学会
石橋直也 2003「天竜川西岸」『静岡県の横穴式石室』静岡県考古学会
井鍋誉之 2003「東駿河の横穴式石室」『静岡県の横穴式石室』静岡県考古学会
大橋泰夫 1990「下野における古墳時代後期の動向」『古代』89、早稲田大学考古学会
大谷宏治 2003「地域区分、用語、時期区分にかんして」『静岡県の横穴式石室』静岡県考古学会
小山市 1981『小山市史』史料編 原始・古代
菊池吉修 2005「横穴式石室の裏込めにみる地域性」『研究紀要』第11号、静岡県埋蔵文化財調査研究所
鈴木一男 1994「砂礫裏込の横穴式石室―栃木県南部にみられる石室裏込の一様相―」『小山市立博物館紀要』4、小山市立博物館
鈴木一有 2003「東海東部の横穴式石室にみる地域圏の形成」『静岡県の横穴式石室』静岡県考古学会
多摩地区所在古墳確認調査団 1995『多摩地区所在古墳確認調査報告書』
栃木県古墳勉強会 2005 「中山（将門霊神）古墳調査報告2」『栃木県考古学会誌』第26集、栃木県考古学会
中村享史 2003「栃木県における後期古墳の諸段階」『シンポジュウム後期古墳の諸段階発表要旨資料』東北・関東前方後円墳研究会
田村隆太郎 2003「中遠江における横穴系埋葬施設の展開」『静岡県の横穴式石室』静岡県考古学会
松崎元樹 2002「多摩川水系にみる古墳文化の地域特性」『第12回大会 多摩川流域の古墳時代―国府以前の様相―＜発表要旨＞』多摩地域史研究会
右島和夫 1994『東国古墳時代の研究』学生社
三田敦司 2001「三河における後期古墳の動向」『東海の後期古墳を考える』三河古墳研究会
山ノ井清人 1989「栃木県の初期横穴式石室」『横穴式石室の世界』栃木県教育委員会、p.53

横幕大祐 2001「美濃地方における後期古墳の状況」『東海の後期古墳を考える』三河古墳研究会

図出典
図1：足利市教育委員会文化課 2004『平成14年度文化財保護年報』足利市教育委員会文化課
図2−1類・3類：鈴木一男 1999『飯塚古墳群Ⅲ』小山市教育委員会
図2−2類：常川秀夫 1974『上大曽古墳群』二宮町教育委員会
図3−1：滝口　宏・前沢輝政 1953「足利市本城両崖山東麓古墳調査報告」『古代』10、早稲田大学考古学会
図3−2：足利市 1979『近代足利市史』第3巻
図3−3：齊藤　弘・中村享史 1992「足利市機神山古墳群の形成過程について」『研究紀要』1、栃木県埋蔵文化財センター
図3−4：前沢輝政・橋本　勇 1985『明神山古墳群―栃木県足利市朝倉町所在―』足利市教育委員会
図3−5：足利市教育委員会文化課 1996『平成6年度文化財保護年報』足利市教育委員会
図3−6：高橋健自・谷井済一 1913「下野国足利町字西ノ宮の古墳の調査」『考古学雑誌』4−1、考古学会
図4：関根穂高・今平利幸 1995「宇都宮市岩本町権現山古墳墳丘測量及び石室実測調査報告」『峰考古』5号、宇都宮大学考古学研究会
図5−1〜4：酒井清治・折原覚ほか 2006『栃木・西方山古墳群』駒澤大学考古学研究室
図6：小山市 1981

上　野

深澤　敦仁

(1) 本稿の目的

　現在の群馬県地域（以下、上野地域）は、横穴式石室の採用が東日本において、いち早く認められる地域の1つである。さらに、そうした受容実態とともにその後の展開から終焉にいたるまで、上野地域の横穴式石室の変遷は古墳文化の変遷を理解する上での基軸となりうる変遷過程を示しており、東日本における主要な古墳文化盛行地域研究の主要属性として存在感を示している。

　こうした横穴式石室の受容、展開、終焉については、すでに多くの研究が発表されているところであり、基本的な変遷観は、尾崎喜左雄による研究（尾崎1986）を経て、右島和夫による研究（右島1994）によって一定の到達点を迎えている。そして、各論については、右島の研究（右島1994など）をはじめ、小林修（小林1999など）などの研究がある。

　そうした中、所謂「袖無型石室（＝無袖型石室）」に関する研究としては、尾崎の研究（尾崎1953）を端緒とし、以後、大型古墳の石室変遷観に対応した無袖石室の変遷を論じた右島の分析（右島ほか1992）や初期横穴式石室の導入過程を論じた右島の分析（右島1983）、群馬県北部地域の横穴式石室の変遷観を論じた小林の分析（小林1999）や利根川上流域での無袖石室の受容要因に関する考察（小林2008）などがある。さらに、群馬県古墳時代研究会による群馬県内各地域の資料集成・分析では各地域の無袖石室の様相が述べられている（群馬県古墳時代研究会1998など）。

　こうした既研究等に基づき、本稿では、次の3つのことについて考えることとする。1つめは、首長墓における両袖石室の変遷と対比させながら、上野地域における無袖石室の消長を把握することである。2つめは、時系列に位置づけられた無袖石室の構造的特徴・変化を抽出することである。3つめは、上記2点を踏まえ、上野地域における無袖石室の様相についてその特徴を抽出することである。

(2) 基軸としての横穴式石室の変遷

無袖石室の変遷を考える上で基準とする「上野地域の横穴式石室の変遷」は、次の、右島による5段階設定がある（右島1983・1994）。

【第Ⅰ段階　横穴式石室の導入期】　所謂「初期横穴式石室」の成立段階であり、簗瀬二子塚古墳、王山古墳、前二子古墳、正円寺古墳などが指標となる。その時期は6世紀初頭から前葉と考えられている。

【第Ⅱ段階　横穴式石室の定着期】　羨道と玄室の区分が明確化し、加えて石室構造が墳丘構造と整合性を持ち始める段階であり、高塚古墳などが指標となる。その時期は6世紀前葉から中葉と考えられている。

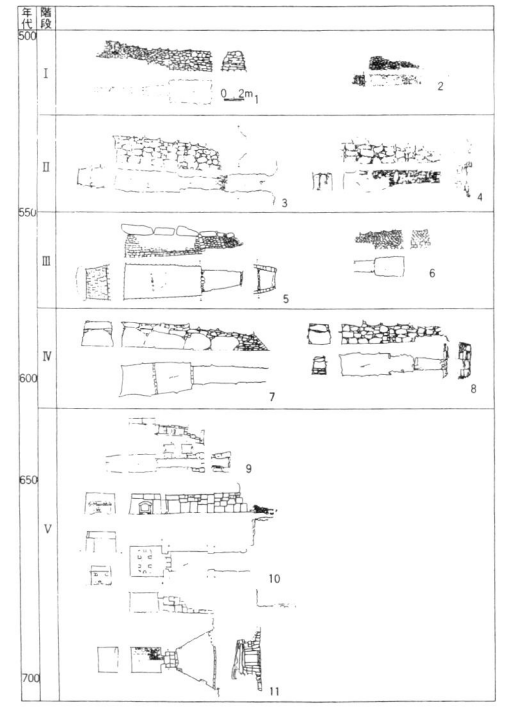

図1　上野地域の横穴式石室の変遷
（右島1994を引用）

【第Ⅲ段階　横穴式石室の大型化期】　加工石材の使用と石室の大型化を特徴とする段階であり、綿貫観音山古墳や総社二子山古墳などが指標となる。その時期は6世紀後葉から末葉と考えられている。

【第Ⅳ段階　巨石巨室構造石室の成立期】　石室の巨大化を巨石を採用することによって実現させた段階であり、八幡観音塚古墳や総社愛宕山古墳などが指標となる。その時期は6世紀末葉から7世紀前半と考えられている。

【第Ⅴ段階　切石積石室成立期】　所謂「截石切組積石室」が成立する段階であり、山ノ上古墳、宝塔山古墳、蛇穴山古墳などが指標となる。その時期は7世紀中葉から末葉と考えられている。

(3) 地域区分について

　上野地域の無袖石室の様相を把握しようとするとき、石室分布状況と先行する諸研究を踏まえれば、それには小地域間の差異を認めざるを得ない。よって、上野地域の様相をより具体的に把握するために、9小地域に区分する。

　A地域は西部地域を示し、うち、概ね現在の高崎市・安中市の範囲、烏川・碓氷川流域を中心とした地域を「A1地域」、富岡市・藤岡市の範囲、鏑川流域を中心とした地域を「A2地域」とする。

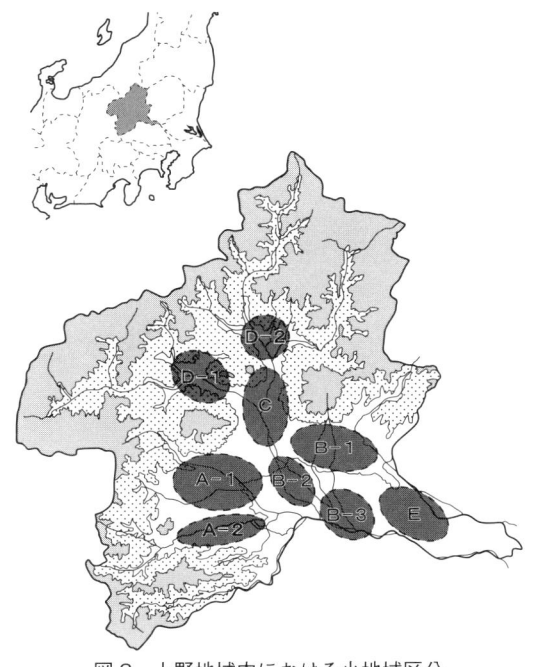

図2　上野地域内における小地域区分

　B地域は中部地域を示し、うち概ね現在の前橋市北部の範囲、赤城山南麓地域を「B1地域」、前橋市南部、前橋台地地域を「B2地域」、伊勢崎市一帯、広瀬川・粕川下流域を中心とした地域を「B3地域」とする。

　C地域は中部地域と北部地域の中間地点を示し、現在の渋川市と前橋市北部の一部を含む範囲、利根川と吾妻川の合流地点を中心とする地域とする。

　D地域は北部地域を示し、現在の中之条町・東吾妻町の範囲、吾妻川流域を「D1地域」、現在の沼田市の範囲、利根川最上流域を「D2地域」とする。

　E地域は東部地域を示し、現在の太田市、館林市の範囲、蛇川・渡良瀬川の流域を中心とする地域とする。

　地勢的には、A1地域・A2地域・B1地域・C地域が山麓部～平野部、B2地域・B3地域・E地域が平野部、D1地域、D2地域が山間部～山麓部に相当する。

1 無袖石室の時系列整理

(1) A地域の様相

6世紀初頭から前葉（第Ⅰ段階）には、A1地域に的場E号墳（帆立貝：34.5m）、若田大塚古墳（円：29.5m）、少林山台12号墳（円：24m）、A2地域に桐渕11号墳（円：18m）が築造される。次に、6世紀前葉から中葉（第Ⅱ段階）になると、A1地域に上小塙稲荷山古墳（円：50m）、御部入11号墳（円：12m）、大道南13号墳（円：18m）、A2地域には芝宮76号墳（円：10.5m）などがそれぞれ築造される。そして、6世紀後葉（第Ⅲ段階）になると、A1地域には少林山台2号墳（円：18m）、A2地域には神保下條1号古墳（円：7.8m）などが構築される。

A地域においては、6世紀初頭～前葉（第Ⅰ段階）に、A1地域では帆立貝式墳・大小円墳で、A2地域では中小円墳（以下、円墳）で採用が開始される。その後、6世紀前葉～中葉（第Ⅱ段階）になると、A1地域では大小円墳、A2地域では円墳で採用が続く。6世紀後葉（第Ⅲ段階）には、A1・A2地域とも円墳での採用のみが継続し、さらに後出要素をもつ大道南19b号墳（円：16m）なども一部には残存するものの、その後は衰退していく。

(2) B地域の様相

6世紀初頭から前葉（第Ⅰ段階）には、B1地域に轟山A号墳（前方後円：29.4m）、洞山古墳（前方後円：22m）、洞山西北古墳（円：不明）、B3地域に羽黒2号墳（円：20m）が築造される。次に、6世紀前葉から中葉の時期（第Ⅱ段階）は、B1地域には西原F-1号墳（帆立貝：28m）、多田山19号墳（円：21.5m）、B2地域には小旦那古墳（円：10m）、B3地域には高山遺跡第1号墳（円：20m）などが築造される。6世紀後葉（第Ⅲ段階）では、B1地域に新里天神山古墳（円：40m）、見切塚1号墳（円：12m）、B3地域に蛇塚古墳（前方後円：55m）、蟹沼東4号墳（円：6.7m）が築造される。さらに、6世紀末葉～7世紀前葉（第Ⅳ段階）でも、蟹沼東6号墳（円：40m）、今宮8号墳（円：24m）などが構築される。

B地域においては、6世紀初頭～前葉（第Ⅰ段階）にB1地域では前方後円墳・円墳、B3地域では円墳で採用が開始される。6世紀前葉～中葉（第Ⅱ段階）に

なると、B1地域では帆立貝式墳・円墳で、B2地域では円墳で採用される。その後、6世紀後葉（第Ⅲ段階）ではB1地域では大小円墳で、B3地域では前方後円墳、円墳で採用され続ける。そして、6世紀末葉〜7世紀前葉（第Ⅳ段階）にはB3地域での大小円墳での採用が継続するものの、その後衰退していく。

　(3)　C地域の様相

　6世紀初頭から前葉（第Ⅰ段階）には、津久田甲子塚古墳（円 12.5 m）、伊熊古墳（円：8 m／積石塚）、有瀬1号古墳（円：7.4 m／積石塚）が築造される。次に、6世紀前葉から中葉（第Ⅱ段階）には、九十九山古墳（前方後円：60 m）、有瀬2号古墳（円：14 m）、中ノ峯古墳（円：9 m）などが築造される。6世紀後葉（第Ⅲ段階）には、オブ塚古墳（前方後円：35 m）、樽いなり塚古墳（円：20 m）、岩下清水3号古墳（円：11.2 m）、空沢5号墳（円：5.9 m／積石塚）が築造される。さらに、6世紀末葉〜7世紀前葉（第Ⅳ段階）では諏訪平3号墳（円：7.3 m／積石塚）などが築造され、その後衰退していく。

　C地域では、6世紀初頭〜前葉（第Ⅰ段階）には円墳で採用が開始される。そして、6世紀前葉〜中葉（第Ⅱ段階）では前方後円墳と円墳とで採用され、6世紀後葉（第Ⅲ段階）でも前方後円墳と円墳での採用が継続する。そして、6世紀末葉〜7世紀前葉（第Ⅳ段階）まで円墳での採用が継続し、その後衰退していくと考えられる。なお、この地域で特徴的なこととして、伊熊古墳（第Ⅰ段階）、有瀬1号古墳（同左）、空沢5号墳（第Ⅲ段階）、諏訪平3号墳（第Ⅳ段階）が積石塚であるということがあげられる。この様相は上野地域のほかの小地域には認められない。

　(4)　D地域の様相

　6世紀初頭から前葉（第Ⅰ段階）の古墳は未確認である。6世紀前葉から中葉（第Ⅱ段階）には、D1地域では四戸Ⅰ号古墳（円：10 m）、四戸Ⅳ号古墳（円：8 m）、D2地域では三峯神社裏M-1号古墳（円：7 m）が築造される。6世紀後葉（第Ⅲ段階）には、D1地域では四戸Ⅲ号古墳（円：14 m）、D2地域では善上M-2号古墳（円：9 m）が築造される。6世紀末葉〜7世紀前葉（第Ⅳ段階）には、D1地域では諏訪塚古墳（円：18 m）、D2地域では、奈良10号古墳（円：12 m／ト字形）、奈良イ号古墳（円：9 m）が築造される。

　D地域では、D1・D2地域ともに、6世紀前葉〜中葉（第Ⅱ段階）から6世

紀末葉～7世紀前葉（第Ⅳ段階）のまでの間、円墳での採用が継続し、その後衰退していくと考えられる。

(5) E地域の様相

6世紀前葉～中葉（第Ⅱ段階）までは、明確な無袖石室を有する古墳は未確認である。6世紀中葉～後葉（第Ⅲ段階）には、西長岡東山3号墳（前方後円：35m～）、成塚向山2号墳（円：18m）が築造される。次に、6世紀末葉～7世紀前葉（第Ⅳ段階）には、二ツ山古墳1号墳（前方後円：74m）、オクマン山古墳（円：22m）、向山古墳（円：22.8m）が築造される。

E地域では、6世紀中葉～後葉（第Ⅲ段階）から6世紀末葉～7世紀前葉（第Ⅳ段階）までの採用の間、前方後円墳と円墳とに採用され、その後、急速に衰退していくと考えられる。

(6) 地域間比較による無袖石室の特徴

A～E地域の様相理解をもとに、上野地域での消長についてまとめる。

6世紀初頭～前葉（第Ⅰ段階）は、A1・A2地域、B1・B3地域、C地域での無袖石室での採用が実現しており、上野地域では最も早い段階の採用となる。このうちA1・B1地域では前方後円墳・帆立貝式墳と円墳との双方へ無袖石室が採用されており、小地域社会への重層的な導入実態がうかがえる。なお、A1地域へはT字型石室が採用されるほか、B2地域へもT字型石室、B3地域へはL字型石室が採用されるなど、無袖石室以外でも様々な受容形態がA・B地域で認められることも、この段階の特徴である。

6世紀前葉～中葉（第Ⅱ段階）は、さらにB2地域、D1・D2地域での採用が実現しており、上野地域内におけるより一層の浸透具合が読み取れる。なお、A地域では大円墳、B1地域では帆立貝式墳、C地域では前方後円墳と、それぞれの地域（または村落内）首長墳への無袖石室の採用が認められることも、この段階の特徴といえよう。

6世紀中葉～後葉（第Ⅲ段階）にいたり、E地域でも採用される。ここでの導入は前方後円墳と円墳との双方への採用が実現しており、やはり小地域社会への重層的な導入実態がうかがえる。そして、この段階になり、ようやく上野地域全域での無袖石室の導入が実現する。だが、B・C地域のように、前段階からの継続採用の流れで、一部の地域（または村落内）首長墳への採用が継続

している地域がある一方で、A地域のように、地域（または村落内）首長墳以上はすでに両袖石室へ移行し、無袖石室は円墳のみでの採用となり、そのピークが過ぎたものと想定される地域もある。こうした様相からは、第Ⅲ段階にいたり無袖石室の採用は上野地域全域に定着したものの、その採用の濃薄差異が新たに生じはじめたことが読み取れる。

6世紀末葉〜7世紀前葉（第Ⅳ段階）になると、A1・A2・B1・B2地域ではその採用が著しく衰退していく一方で、B3・C・D1・D2地域では円墳においてその採用が続き、E地域にいたっては、前段階に引き続き前方後円墳と円墳との双方への採用が続く。

7世紀中葉〜7世紀後葉（第Ⅴ段階）では、上野地域全体で、無袖石室の採用はなくなる。ただし、この時期には無墳丘の小型石室が各地域に成立し、その一形態として小型の無袖石室が出現する。

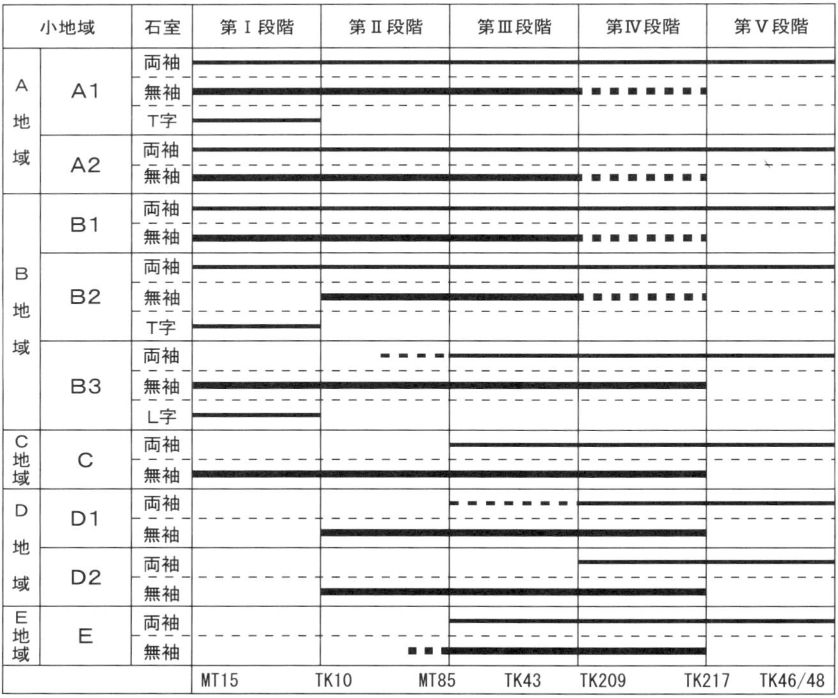

小地域		石室	第Ⅰ段階	第Ⅱ段階	第Ⅲ段階	第Ⅳ段階	第Ⅴ段階
A地域	A1	両袖				-----	
		無袖	━━━━━			━ ━ ━	
		T字	━━━━━				
	A2	両袖				-----	
		無袖	━━━━━			━ ━ ━	
B地域	B1	両袖				-----	
		無袖	━━━━━			━ ━ ━	
	B2	両袖				-----	
		無袖		━━━━━	━━━━━	━ ━ ━	
		T字	━━━━━				
	B3	両袖			━ ━	━━━━━	━━━━━
		無袖	━━━━━	━━━━━	━━━━━	━━━━━	
		L字	━━━━━				
C地域	C	両袖			━━━━━	━━━━━	━━━━━
		無袖	━━━━━	━━━━━	━━━━━	━━━━━	
D地域	D1	両袖			━ ━ ━	━━━━━	━━━━━
		無袖		━━━━━	━━━━━	━━━━━	
	D2	両袖				━━━━━	━━━━━
		無袖		━━━━━	━━━━━	━━━━━	
E地域	E	両袖			━━━━━	━━━━━	━━━━━
		無袖			━ ━	━━━━━	
			MT15	TK10	MT85　TK43	TK209　TK217	TK46/48

図3　小地域ごとの無袖石室の消長（両袖および古相のT字・L字型石室を含む）

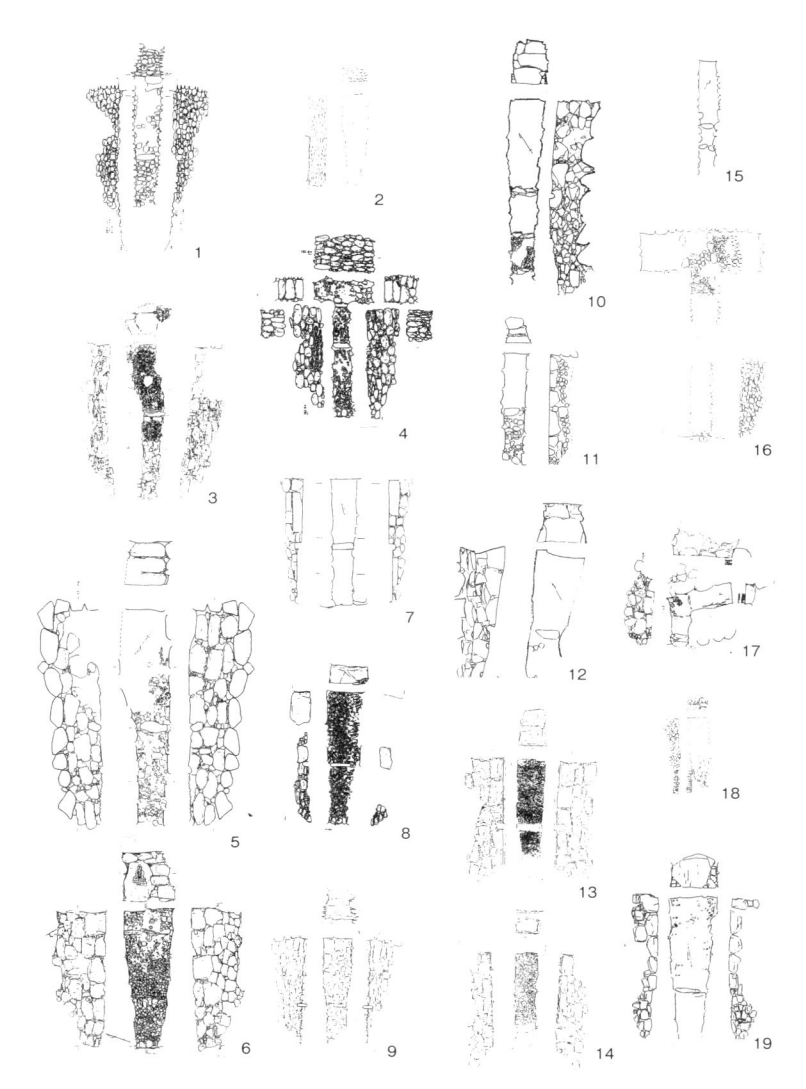

1：的場E号　2：若田大塚　3：少林山台12号　4：後関3号　5：上小塙稲荷山　6：少林山台2号
7：桐渕11号　8：芝宮76号　9：神保下條1号　10：轟山A号　11：洞山西北　12：新里天神山
13：多田山19号　14：見切塚1号　15：小旦那　16：上陽24号　17：権現山2号　18：羽黒2号
19：蟹沢東6号（※1〜9：A地域、10〜19：B地域）

図4　上野地域における無袖石室(1)　A・B地域（S=1/300　※T字型・L字型石室を含む）

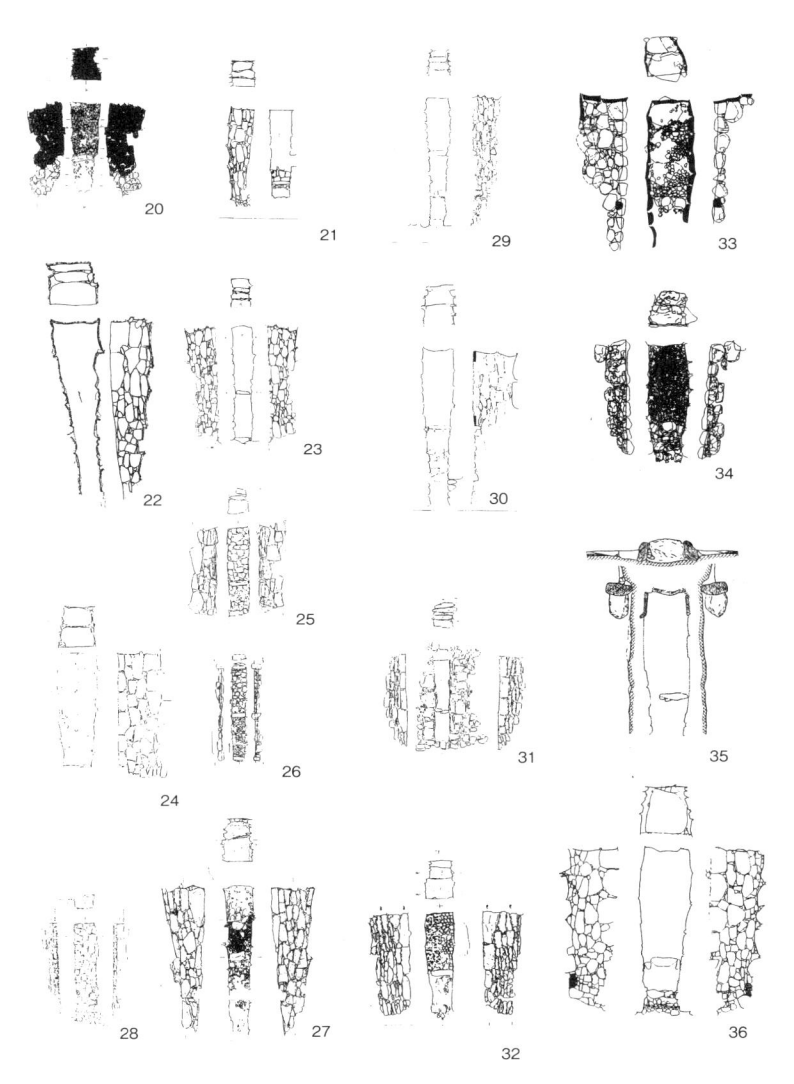

20：津久田甲子塚　21：伊熊　22：九十九山　23：中ノ峯　24：オブ塚　25：岩下清水3号
26：空沢5号　27：樽いなり塚　28：諏訪平3号　29：四戸Ⅰ号　30：四戸Ⅳ号　31：三峯神社裏M-1号
32：善上M-2号　33：西長岡東山3号　34：成塚向山2号　35：オクマン山　36：二ツ山1号
(※20～28：C地域、29～32：D地域、33～36：E地域)

図5　上野地域における無袖石室(2)　C・D・E地域　(S = 1/300)

なお、以上のうち、第Ⅲ段階以降、各地域で起こる無袖石室の採用減少現象は、両袖石室の採用増加現象と表裏一体のことと推測される。

2　無袖石室の構造変化

(1)　石室規模の変化について

　両袖石室を主とする大型古墳の変遷分析（右島 1994）で、時期を経るに従い、段階的に石室規模が長大化していくことが明らかになっているが、無袖石室についても同様の変遷がおえる。

　まず、基点となる6世紀初頭〜前葉（第Ⅰ段階）の規模について傾向を示す。石室全長は、前方後円墳・帆立貝式墳で5.5〜8.3m、円墳で4.0〜7.2mであり、数値が分散傾向にある。しかし、玄室長は前方後円墳・帆立貝式墳で3.0〜4.2m、円墳で2.1〜3.2mに集中、玄室幅は前方後円墳・帆立貝式墳で1.1〜1.4m、円墳で0.8〜1.3mに集中する傾向にある。このように玄室規模が比較的一定し、石室全長にバラツキが認められる要因としては、同段階の両袖石室で指摘されているように、玄室へ羨道を取り付ける構造自体に不安定さがある故の傾向であると想定される。

　6世紀前葉〜中葉（第Ⅱ段階）では、石室全長が前方後円墳・帆立貝式墳、加えて大円墳（以下、前方後円墳等）では6.6〜10.4m、円墳（＝中小円墳）では3.1〜6.0mとなり、前方後円墳等では前段階からの石室全長の伸長化の傾向が看取される。玄室長は前方後円墳等で4.5〜5.7m、円墳で1.9〜3.2mとなり、一方、玄室幅は前方後円墳等で1.5〜2.1m、円墳で0.7〜1.5mとなり、玄室長・幅とも、前方後円墳等では前段階からの顕著な伸長化、幅広化をみせるものの、円墳ではそれがわずかしか認められない。

　6世紀後葉（第Ⅲ段階）では、石室全長が前方後円墳等では6.4〜9.3m以上、円墳では4.0〜6.3mに集中する傾向をみせる。玄室長は前方後円墳等で3.6〜6.3m、円墳で2.4〜4.7mに集中する傾向をみせ、玄室幅では、前方後円墳等で1.5〜2.1m、円墳では1.0〜2.2mに集中をみせる。この段階では、円墳において玄室規模の伸長化と幅広化が顕著に認められる。なお、前方後円墳等の石室規模は前段階からの明確な拡大化は見いだせない。

　6世紀末葉〜7世紀前葉（第Ⅳ段階）では、資料が少ないため、傾向把握ま

表1　上野地域における主な無袖石室

小地域	段階	古墳名	所在地	墳丘形	規模	全長	玄室長	羨道長	玄室幅	羨道幅	玄室高	羨道高	奥壁	その他
A1	Ⅰ	的場E号墳	榛名町本郷	帆立	34.5	5.50	3.02	2.40	1.15	0.80	*1.50*	*0.80*	多	赤彩有
A1	Ⅰ	若田大塚古墳	高崎市若田町	円	29.5	4.14	2.10	2.04	1.22	0.47	0.71	0.68	多	
A1	Ⅰ	少林山台12号墳	高崎市鼻高町	円	24.0	7.20	3.10	2.65	1.20	0.75	*1.50*	*1.00*	3	前室有
A1	Ⅱ	上小塙稲荷山古墳	高崎市上小塙	円	50.0	10.40	5.48	4.56	2.14	1.12	2.10	1.06	3	
A1	Ⅱ	御部入11号墳	高崎市乗附町	円	※12.0	5.70	2.75	2.95	1.52	1.05	*1.72*	*1.00*	2	
A1	Ⅱ	大道南13号墳	高崎市倉賀野町	円	18.0	*5.80*	3.35	*2.45*	1.00	0.80	*1.00*	*0.40*	1	
A1	Ⅲ	少林山台2号墳	高崎市鼻高町	円	18.0	6.30	4.04	2.26	2.25	1.05	2.16	1.40	2	
A2	Ⅰ	桐渕11号墳	富岡市高瀬	円	18.0	6.10	3.20	2.90	1.10	0.80	*0.90*	*0.55*	1	
A2	Ⅱ	芝宮76号墳	富岡市富岡	円	10.5	6.00	3.20	2.80	*1.40*	0.85	*0.85*	*0.55*	1	
A2	Ⅲ	神保下條1号古墳	吉井町神保	円	7.7	4.73	2.97	1.76	1.25	0.65	*1.40*	*1.20*	4	
B1	Ⅰ	轟山A号墳	赤堀町轟山	方円	29.4	8.30	4.20	4.10	1.45	0.90	1.80	1.10	3	
B1	Ⅰ	洞山古墳	赤堀町五目牛	方円	22.0	5.60	3.30	2.30	1.35	*0.70*	*1.25*	−	3	赤彩有
B1	Ⅰ	洞山西北古墳	赤堀町五目牛	円	?	5.16	2.60	2.56	1.00	1.00	*1.20*	*0.93*	3	
B1	Ⅰ	西原F−1号墳	粕川村深津	帆立	28.0	6.66	4.54	2.12	1.56	0.94	*1.00*	*0.50*	−	
B1	Ⅱ	多田山19号墳	赤堀町今井	円	21.5	5.15	2.95	2.20	1.20	0.80	*1.70*	*1.63*	2	
B1	Ⅲ	新里天神山古墳	新里村小林	円	40.0	6.40	3.60	2.80	2.13	1.40	*1.80*	*1.10*	2	
B1	Ⅲ	見切塚1号墳	赤堀町今井	円	12.0	4.15	3.20	0.95	1.00	0.80	*1.40*	*1.25*	1	
B2	Ⅱ	小旦那古墳	前橋市朝倉町	円	10.0	*4.90*	2.90	*2.00*	0.80	0.50	1.30	−	−	
B3	Ⅰ	羽黒2号墳	伊勢崎市茂呂町	円	※20.0	*3.36*	2.17	*1.17*	0.84	0.67	*0.66*	*0.25*	多	赤彩有
B3	Ⅱ	高山遺跡第1号墳	伊勢崎市三和町	円	20.0	3.17	2.20	0.97	0.83	0.75	*0.82*	*0.71*	1	
B3	Ⅲ	蛇塚古墳	伊勢崎市日乃出町	方円	55.0	*9.30*	6.30	3.00	2.00	1.05	2.25	*0.80*	1	
B3	Ⅳ	蟹沼東6号墳	伊勢崎市波志江町	円	40.0	6.64	4.30	2.34	2.10	0.96	*1.50*	*1.10*	1	
B3	Ⅳ	今宮8号墳	伊勢崎市波志江町	円	※24.0	5.21	2.93	2.28	1.06	0.82	*0.80*	*0.70*	1	
C	Ⅰ	津久田甲子塚古墳	赤城村津久田	円	12.5	4.00	2.40	1.60	1.30	1.00	*1.50*	*1.10*	多	赤彩有
C	Ⅰ	伊熊古墳	子持村上白井	円	8.0	4.20	3.14	1.06	0.90	0.75	*1.00*	*0.63*	3	積石塚
C	Ⅰ	有瀬1号墳	子持村上白井	円	7.4	4.80	2.22	2.58	0.94	0.60	*1.17*	*1.11*	3	積石塚
C	Ⅱ	九十九山古墳	富士見村原之郷	後円	60.0	8.50	5.70	2.80	1.95	0.90	*1.46*	*0.79*	3	
C	Ⅱ	中ノ峯古墳	子持村北牧	円	9.0	5.06	3.07	1.99	0.86	0.50	1.30	1.17	4	
C	Ⅱ	有瀬2号墳	子持村上白井	円	14.0	5.42	2.26	3.16	1.19	0.74	*1.48*	*1.33*	3	
C	Ⅱ	オブ塚古墳	前橋市勝沢町	方円	35.0	*5.50*	5.00	*0.50*	1.56	−	1.78	−	2	
C	Ⅲ	樽いなり塚古墳	赤城村樽	円	20.0	6.14	4.75	1.39	1.30	0.65	1.87	*1.10*	2	
C	Ⅲ	岩下清水3号古墳	昭和村川額	円	11.2	4.03	2.45	1.30	0.93	0.90	*1.20*	*1.00*	3	
C	Ⅲ	空沢5号墳	渋川市行幸田	円	5.9	3.95	1.80	1.98	0.63	0.47	*0.20*	*0.18*	1	積石塚
C	Ⅳ	諏訪平3号墳	昭和村川額	円	7.3	4.10	2.50	1.60	1.00	0.78	*0.70*	*0.40*	1	積石塚
D1	Ⅱ	四戸Ⅰ号墳	吾妻町三島	円	10.0	5.97	2.45	3.52	0.98	0.62	*1.23*	*0.90*	4	赤彩有
D1	Ⅱ	四戸Ⅳ号墳	吾妻町三島	円	8.0	4.21	1.99	2.22	0.71	0.66	*1.10*	*0.82*	4	
D1	Ⅲ	四戸Ⅲ号墳	吾妻町三島	円	14.0	7.05	3.51	3.54	1.27	0.72	*1.60*	*0.70*	2	
D1	Ⅳ	諏訪塚古墳	吾妻町岩井	円	18.0	*6.00*	3.70	*3.30*	1.20	*1.00*	1.70	*1.00*	2	
D2	Ⅱ	三峯神社裏M−1号古墳	月夜野町師	円	7.0	4.06	2.32	1.74	0.84	0.70	*1.10*	*0.90*	4	
D2	Ⅱ	善上M−2号墳	月夜野町師	円	9.0	4.52	2.56	1.96	1.12	0.94	*1.56*	*0.90*	3	
D2	Ⅳ	奈良10号墳	沼田市奈良町	円	12.0	5.20	3.00	2.20	1.42	0.85	1.70	*1.42*	4	ト字型
D2	Ⅳ	奈良イ号墳	沼田市奈良町	円	9.0	4.70	2.42	2.28	1.10	0.81	1.48	*1.20*	3	
E	Ⅲ	西長岡東山3号墳	太田市長岡町	方円	35.0	*5.90*	4.20	*1.70*	1.70	0.62	*1.75*	*0.32*	2	
E	Ⅲ	成塚向山2号墳	太田市成塚町	円	18.0	5.12	3.44	1.68	1.76	1.32	*1.60*	*0.92*	2	
E	Ⅳ	二ツ山古墳1号墳	新田町天良	方円	74.0	7.10	4.80	2.30	2.00	1.40	2.10	*1.40*	1	
E	Ⅳ	オクマン山古墳	太田市脇屋	円	22.0	※7.95	4.45	※3.60	1.59	※0.99	*0.50*	−	1	
E	Ⅳ	向山古墳	藪塚本町藪塚	円	22.8	※7.88	4.26	*3.62*	1.83	*1.40*	1.20	*0.50*	1	

註1）表中の「※数値」表記は「推定復元の数値」。また、斜体数値は残存数値。
註2）奥壁欄の「多」は5段以上の多段積み。

でいたらないが、前方後円墳等、円墳を問わず、石室規模の拡大化が進行するものと考えられる。ただし、この状況はE地域のみの状況である。

以上が平面規模からみた規模の拡大化の傾向である。なお、石室高についても、大局的にみれば時期を経る中で天井高は高さを増すものと考えられるが、検討する資料が少ないため、ここでは段階毎の詳述は控える。

ところで、こうした各段階を経ての石室規模の拡大化は各地域で起こっていることだが、唯一、D2地域ではその変化が読み取れない。D2地域の無袖石室については、第Ⅱ段階から第Ⅳ段階に至るまで、他地域で生じている規模の変化に同調することなく、ほぼ同一企画での構築されていたことが予想される。

(2) 使用石材と積み方について

6世紀初頭～前葉(第Ⅰ段階)では、側壁・奥壁とも小ぶりの石材を多段に積む場合が大半である。特に、使用石材に小ぶりの川原石を用いる点はこの段階の特徴といえる。奥壁も3石以上の積み上げ構築が多く、側壁同様、河原石を用いた多段積みが採用されることがこの段階の特徴である。

6世紀前葉～中葉(第Ⅱ段階)では前段階に比べて、使用石材の大型化傾向が徐々に看取されてくる。また、前段階にみられた川原石の多段積みはほとんど存在しなくなる。

6世紀後葉(第Ⅲ段階)では、前段階までに比べて石材の大型化が顕著になり、奥壁の壁面構成も1段ないし2段構成となる石室が主体をなす。積み方についても通目積みが頻繁に認められるようになる。

6世紀末葉～7世紀前葉(第Ⅳ段階)では、資料が少ないため明言しづらいが、前段階の傾向を踏襲しているものと考える。

(3) 赤彩について

石室壁面への赤彩は6世紀初頭～前葉(第Ⅰ段階)で認められ、一部6世紀前葉～中葉(第Ⅱ段階)にそれが残存する場合も認められる。

3　上野地域における無袖石室の様相

(1) 最も早く導入される地域の様相

上野地域でいち早く無袖石室が導入される地域はA1・A2・B1・B3・C地域である。その時期は6世紀初頭～前葉(第Ⅰ段階)であり、該当地域の前方

後円墳・帆立貝式墳または円墳への採用となる。

　この時期には、A1地域では簗瀬二子塚古墳（前方後円：80 m）、A2地域では一ノ宮4号墳（前方後円：48 m）、B1地域では正円寺古墳（前方後円墳：70 m）、前二子古墳（前方後円：94 m）と、首長墳クラスの前方後円墳がほかに先駆けて両袖石室を採用しており、こうした地域首長墳への両袖石室の採用がその地域のセカンダリークラスやそれ以下の階層への無袖石室導入を促進させたと考えられる。なお、A1・B1地域では、帆立貝式墳・円墳といった異なる墳形での重層的導入が実現していることから、首長墳への両袖石室の採用を頂点として、地域全体での横穴式石室の採用が実現したと考えられる。さらに、A1地域には同時期の後閑3号墳（円：12 m）と上田中1号墳（円：11 m）といったT字型石室も認められ、上野地域の西部という地理的条件も加わり、横穴式石室の多様な受容が実現したものと考えられる。

　一方、C地域では横穴式石室という新来の墓制を採用できる下地としての渡来文化が5世紀代からすでに存在していたことが、この段階においての採用を実現した要因（小林2008）と考えられる。C地域における渡来文化の様相については5世紀後半からの集団的移入の指摘（右島2003・2008）があり、加えて、この段階の無袖石室の採用が積石塚で実現していることも、上記の要因を裏付けるものといえる。なお、こうした要因はC地域にとりわけ顕著に認められることであるが、5世紀後半の渡来文化の濃さはA1地域にも認められることであり、渡来文化を下地とした受容要因はA地域においてもあてはまるものと考えられる。ただ、A1地域がC地域のように無袖石室の採用を積石塚によって具現化しないことに関しては、渡来文化の浸透・定着形態の地域差（土生田2003a）に依拠するものと考えられる。

　また、構造的視点で見たとき、この段階の無袖石室は、その規模において、次段階以降に比べて小さい。しかし、それでも前方後円墳・帆立貝式墳と円墳との間に玄室長の差異が明確に認められるということからは、第I段階以前から存在する墓制である竪穴式石槨における差異（深澤2006）が無袖石室へ反映したものと考えられる。伝統的墓制である竪穴式石槨が初期の横穴式石室に影響を与えているという指摘（斉藤2004）があるが、このことは第I段階の無袖石室に赤彩を施す事例や、小ぶりの石材を多段に積み上げて構築する様相など

からも看取できることである。

(2) 無袖石室採用の時期差に要因について

A1・A2・B1・B3・C地域では、6世紀初頭～前葉（第Ⅰ段階）には無袖石室の採用が開始されるのに対し、B2・D地域では6世紀前葉～中葉（第Ⅱ段階）に、E地域では6世紀後葉（第Ⅲ段階）に採用が開始されており、地域によって無袖石室の初現時期に差異が認められる。この要因については、先の述べた2つの要素（①地域首長墓を頂点とする重層的墓制構造、②渡来文化の定着）が6世紀初頭～前葉（第Ⅰ段階）においては特にD域においては希薄だったからだと考えられる。それが、次段階である6世紀前葉～中葉（第Ⅱ段階）に採用されたことについては、隣接地域まで及んだ無袖石室がこの段階で波及したことが要因と考えられる。D地域については前方後円墳の築造がなく、円墳への採用ということもあり、無袖石室が両袖石室の採用に随伴すると言うことなく採用されたものと考えられる。

なお、B2地域については、第Ⅰ段階にT字型石室である上陽村24号墳（円：25m）を地域内に採用していることから、第Ⅰ段階での無袖石室の採用を予想する必要がある。

また、6世紀後葉（第Ⅲ段階）での採用については、先述の第Ⅰ段階での1つめの要因と同じく、E地域の首長墳への横穴式石室の導入が契機となっていると考えられる。ただし、E地域に特有な現象としては、無袖石室の採用がセカンダリークラスの古墳への採用に留まることなく、首長墳にも採用されているということがあげられる。

(3) 無袖石室の定着について

無袖石室の定着は6世紀前葉～中葉（第Ⅱ段階）から6世紀後葉（第Ⅲ段階）にかけてなされたといえる。定着の傍証としては、各小地域での採用が実現することと、石室の規模においても、石室の大型化、特に玄室の伸張化と幅広化が小地域間を越えて、ほぼ全域で実現するという現象があげられる。

しかし、詳しく見ると、A地域・B地域ではその採用は帆立貝式墳までに留まり、時期的にも第Ⅱ段階で定着と盛行をみせ、第Ⅲ段階以降は客体的な採用を示すのみに留まる。このことは、これらの地域において、第Ⅰ段階で地域首長墓に採用された両袖石室が、地域定着を見せる過程で、いち早く地域全体

の石室形態へ移行したことと表裏一体の現象と考えられる。しかし、C地域では、無袖石室は定着期には前方後円墳にも採用され、第Ⅲ段階においても主流を占める状態を保つ。この現象は、C地域での第Ⅰ段階における無袖石室の採用要因がA1・B1地域のそれと異なることに端を発するものと考えられ、その要因が定着の様相をも支配していたものと考えられる。また、C地域の定着期の様相は、前方後円墳の有無を除けば、D地域の定着の様相と連動するものと思われ、両袖石室の採用時期の同時性も含めて、一連の動きをするものと推測される。

E地域については、採用と定着の段階差があまり認められないため、ほかの地域とは異なった独自のスタイルでこの地に定着したことが予想される。

(4) 無袖石室の衰退

先にも述べたが、無袖石室の衰退は両袖石室の採用・定着と表裏一体のものと考えられる。このことは無袖石室自体にその主要因があると考えるよりも、両袖石室の各地域への採用・定着といったことに主要因があると考えるため、ここでは各小地域の衰退時期についてのみ述べる。

A・B地域では6世紀前葉～中葉（第Ⅱ段階）から衰退が始まり、それに変わって、セカンダリークラスの古墳で両袖石室が採用される。その後、6世紀後葉（第Ⅲ段階）まではその採用が継続するが、それ以降は衰退する。

C・D地域では6世紀末葉～7世紀前葉（第Ⅳ段階）までは円墳においてその採用が継続するが、それ以降は衰退していく。

E地域では、6世紀末葉～7世紀前葉（第Ⅳ段階）までは、前方後円墳や円墳での採用が認められるが、この段階をもって急速に衰退していく。

4　おわりに

上野地域の無袖石室の様相把握としては次の4点の特徴があげられる。

1）上野地域における無袖石室の採用は、6世紀初頭～前葉に始まる。ただし、それは、上野地域全域において起こるものではなく、西・中部、北部の一部で採用されるのみである。また、上野地域全域にその採用が広まるのは、6世紀中葉以降のことである。

2）無袖石室の採用は、各小地域の中小古墳の横穴式石室受容の一形態とし

て採用が始まる場合が多い。そして、その採用にあたっては、各小地域において石室構造的にも古墳群構造的にも伝統的な前代の構造を踏襲している。ただし、東部地域での採用は首長墳と中小古墳とでほぼ同時に起こる。

　３）無袖石室の定着は６世紀中葉前後と考えられる。その採用から定着に至る中では使用石材の大型化と石室全長の伸張化が起こるが、特に規模拡大化では、玄室長の伸張化と玄室幅の幅広化が顕著となる。なお、この変化は、６世紀前葉～中葉にまず無袖石室を採用した上位墳（帆立貝式墳や大型円墳）で先行して起こり、追って６世紀中様～後葉になり、上位墳以外でも起こるものと想定される。

　４）無袖石室の採用要因としては、「①地域首長墳の両袖石室採用への随伴受容」と「②前代からの渡来文化定着による受容」とが考えられる。このうち、要因①によって無袖石室が採用される地域では、その後の両袖石室への移行も早い。だが、要因②を主要因として無袖石室が採用される地域ではその移行が遅れる。なお、要因①によって無袖石室が採用される地域においても、その背景には要因②が存在するものと考えられる。

　以上の指摘をもって、本稿のまとめとする。なお、無袖石室の様相理解をより深めていくためには本論の再検証はもとより、両袖石室を含めた様相分析が不可欠である。その際、最も重視すべきは、基本的なことではあるが、個々の古墳の年代観とそれにもとづく時系列整理であると考えている。このことを如何に整理していくかが、多様化した上野地域の無袖石室の様相をより整理し、深化させるものと考えている。今後の課題としたい。

参考文献

尾崎喜左雄 1953「横穴式古墳袖無型石室の研究」『群馬大学紀要』３-２、群馬大学

尾崎喜左雄 1986『横穴式古墳の研究』

右島和夫 1983「群馬県における初期横穴式石室」『古文化探叢』12、九州古文化研究会

右島和夫・田村　孝・田口一郎・五十嵐信 1992「上小塙稲荷山古墳の基礎調査」『高崎市史研究』12、高崎市史編さん専門委員会

右島和夫 1994『東国古墳時代の研究』

右島和夫 2003「上野地域における方墳の系譜と馬―岩下清水古墳群をめぐって―」『古墳時代東国における渡来系文化の受容と展開』専修大学文学部

右島和夫 2008「古墳時代における畿内と東国―5世紀後半における古東山道ルートの成立とその背景」『研究紀要』13、由良大和古代文化研究協会

土生田純之 2003a「群馬県における積石塚古墳の諸相」『古墳時代東国における渡来系文化の受容と展開』専修大学文学部

土生田純之 2003b「論考 4 剣崎長瀞西遺跡Ⅰ区における方墳の性格」『剣崎長瀞西5・27・35号墳』専修大学文学部考古学研究室

小林 修 1999「利根川上流域の初期無袖型石室の再検討～赤城村樽いなり塚古墳の調査を中心として～」『東国史論』14

小林 修 2008「榛名山噴火軽石埋没・津久田甲子塚古墳の基礎検討―上野地域における横穴式石室導入期の様相―」『日本考古学』25

群馬県古墳時代研究会 1998『群馬県内の横穴式石室Ⅰ（西毛編）』など

斉藤幸男 2004「上野の竪穴式小石槨」『研究紀要』22、財団法人群馬県埋蔵文化財調査事業団

深澤敦仁 2006「初期群集墳における階層性の抽出―多田山古墳群の検討を通じて―」『上毛野の考古学』群馬考古学ネットワーク

（付記）本稿脱稿後の2009年9月に、無袖石室を有する「原古墳」の発掘調査報告書（徳江秀夫編 2009）が刊行された（本書の表紙写真の古墳）。これによれば、原古墳は藤岡市鬼石（本稿でのA2地域）に位置する径9ｍの円墳であり、石室は全長6.14ｍの規模を有する。この石室を本稿の検討に当てはめると、第Ⅱ～Ⅲ段階にその年代的位置を置くことができるが、このことは報告書中での徳江秀夫が示した「6世紀中葉に築造されたもの」（報告書94頁）という年代観と矛盾するものではないと考えている。

　なお、本墳は大きな特徴をもっている。その特徴とは、「一般の古墳の盛土に当たる土砂が全く無く、その全てが礫石を積み上げることにより築成されていた」（報告書13頁）と表現される墳丘構造である。その史的評価については、右島和夫による慎重な考察（右島 2009）がなされているが、今後の上野地域の横穴式古墳研究において重要な位置を占める古墳であると言えよう。

徳江秀夫編 2009『原古墳』㈶群馬県埋蔵文化財調査事業団

右島和夫 2009「原古墳の墳丘構造をめぐって」『原古墳』所収

Ⅲ 特 論

西日本の無袖石室(1)
―近畿地方を中心として―

太田　宏明

　本稿は、西日本に分布する無袖石室について、主に近畿地方に分布する資料を取り上げ、これらの石室がどのような人間関係をとおして伝わり、分布圏を確立したのか検討したものである。検討の際には、無袖石室の変遷の特徴、分布の状況、階層構成の様相を分析したうえで、伝播の特徴を整理した。また、対照的な様相を持つ他類型の横穴式石室との比較検討によって、伝播の特徴を相対化し、明確化する作業を併せて行った。対照的な特徴を持つ横穴式石室として、近畿地方においてもっとも広い分布圏を確立した畿内型石室をとりあげた。

　なお、本稿は石室構造そのものの比較検討ではなく、伝播過程の比較検討により、石室伝播の媒体となった人間関係について考察を行う方法論を提示し、実践するものである。このような検討は、土生田純之（土生田 1997）、鈴木一有（鈴木 2003）による先行研究があり、前稿でも分析方法の提示を行ったところである（太田 2007a）。石室構造研究を基礎とした地域性、変遷過程、階層性の研究成果を取り込みつつ、横穴式石室という遺構の伝播から、当時の人間関係について検討を行えることを示すのが本稿の目的である。

1　無袖石室の定義

　無袖石室とは、長方形の平面形態を有し、玄室と羨道を区別する施設として、袖[1]、玄門[2]などの特別な構造がみられないものを指す。天井についても平天井で、前壁や鴨居石などの特別な施設がないものが多い。したがって、横穴式石室としては、もっとも単純な形状を呈しているといえる。

　考古学の方法論により過去の人間関係について考察する場合、資料の形態や構築技術に一定の範型[3]をみとめ型式設定を行い、各範型が共有されたことについての社会的背景を探っていくのがもっとも一般的な方法である。しかし、

構造が単純であるということは、比較的容易に範型を共有することができ、比較的緩やかな人間関係を媒介としたとしても範型の共有が可能であるということを意味する[4]。このことは、具体的に共有の背景となった人間関係を特定することを困難なものとしている。また、自然発生的な類似性が生まれることも、構造が簡素なほど起こりうることとなる[5]。このような場合、石室構造の観察のみでは、同一の範型を共有する資料群を抽出し、ほかの系統の範型を共有する資料群と区別することを困難なものとする。このため、無袖石室の分析にあたっては、単に構造に注目するだけではなく、内部における埋葬・儀礼のありかたや、周囲や前後する時期に分布する横穴式石室類型など歴史的・地域的脈絡を併せて把握することが重要になると考える。

　このように考えた場合、西日本の無袖石室には、以下の4つの類型が存在するといえる。

　①　畿内型石室[6]あるいは畿内系石室[7]の退化形態として成立するもの。当該類型は、畿内地域を中心とし、中国地方でも山陽側に多くみられる。主にTK209型式期以降に有袖の畿内型石室・あるいは畿内系石室の後続類型として出現する。

　②　九州地方の竪穴系横口式石室が伝播したもの。当該類型は、九州地方のほか、中国地方でも山陰側で例がみられる。

　③　朝鮮半島南部の竪穴系横口式石室が伝播したもの。主に6世紀前半において、畿内型石室・畿内系石室が本格的に普及する以前において近畿地方に分布する。特定の場所に限定した局地的分布がみられる。

　④　各地域に存在する竪穴式石室が発展して成立したもの。四国において、このような石室類型の存在が指摘されている（中里 2005）。

　④については、特定の範型を共有しているわけではなく、各地で多元的に発生した事象が、資料の見かけ上の共通性を生み出したもので、資料も多岐にわたるため、本稿では扱わない。また、②については、本書後掲の藏冨士論考で主として扱うため、本稿では①および③を分析の対象とする。①を単に無袖石室、後者を竪穴系横口式石室と呼称し、呼び分けることにする。

　なお、横穴式石室類型には、独自の変遷過程を持ち、構築技術の更新が類型全体で共有されているものと、独自の変遷過程を持たず、緩やかに形態的特

徴を共有しているものとがある。本稿でとりあげる無袖石室は、いずれも後者の例に該当する。独自の変遷過程を持たない場合、独自の変遷過程を持つ他類型の影響を受けて変遷するものと、構築技術の簡素化・退化によって変遷するものとがある。③は、他類型の影響を受けて変遷する例であり、①は、構築技術の簡素化・退化によって変遷する例である。これらの変遷過程の相違は、石室構築技術伝達の媒体となった人間関係の差異と密接に結びついている。本稿では、このことを基礎に、①③の無袖石室を伝達した人間関係や、変遷を押し進めた要因について、対照的な様相をみることができる6世紀代の畿内型石室との比較検討を通じて明らかにする。

2　畿内型石室・畿内系石室の退化形態として発生する無袖石室

畿内型石室は、5世紀代に伝播してきた百済系横穴式石室を基本として、6世紀代に畿内地域独自の範型が確立し、成立したものである（森下1986、土生田1991）。主に畿内地域の支配者層や地域首長墓、群集墳の埋葬施設として採用される。畿外諸地域にも伝播する。なお、畿外諸地域には、畿内型石室の影響を受けて築造される畿内系石室も多く存在する。

7世紀代には、畿内地域において段階的な薄葬化が進むが（太田2006a）、薄葬化の流れのなかで、石室規模の縮小・構造の簡素化が起こり、無袖石室が成立する。有袖形である6世紀代の畿内型石室から無袖石室への変容の過程は、森岡秀人（森岡1984）の考察があり、前稿（太田2006a）でも分析を行った。森岡は、玄室・羨道の区別が壁体構造や区間利用に残存する無袖甲類から、このような区別のなくなる無袖乙類へ変遷することを述べている。前稿では、畿内地域では石室構造の簡素化を経て小型化が進む地域と、小型化が先行し遅れて簡素化が進む地域があることを指摘し、中河内地域に初期の無袖石室が集中していることを指摘した。以下に、畿内型石室の簡素化によって成立した無袖石室の形態的特徴、変遷過程、分布について整理を行う。

形態的特徴　平面形態は、文字通り、袖部を持たず、平面形態は長方形を基本とするが胴張平面形を呈するものもある。後者の場合、周囲にある先行して築造された有袖形石室も胴張平面形を呈するものがあり、平面形態が踏襲される場合がある。床面には、框構造、傾斜面などは見られない。天井は、玄室

相当部と羨道相当部の境界で初期のものに限って前壁構造がみられる場合があるが、鴨居石やまぐさ石はみられない。

変遷過程（図1）　畿内型石室の簡素化によって成立した無袖石室は、石室規模の小規模化、羨道相当部と玄室相当部の一体化という変遷過程を経る。ここでは、無袖石室を便宜的に規模により6m以上（大型）、6m未満3m以上（中型）、3m未満（小石室）の3つに分類し、以下に小型化・簡素化の過程を整理する。また、先行する有袖形の畿内型石室や、ここで分類を行った無袖石室にともなう副葬品組成の変化を併せて検討することにより、無袖石室の変遷に大きな影響を持った社会的要因について検討を行うこととする。

無袖石室の出現は、TK209型式期であり、しかもこの後半期であると考えられる（太田 2006a）。中河内地域には、この時期に築造された初期の無袖石室が多く存在する。初現期の無袖石室は、一般の有袖石室の玄室と羨道を合わせた程度の8m前後の規模がある。無袖石室としては大規模なものであり、本稿では、大型無袖石室と呼称する。このような大型無袖石室の内、調査が行われた事例で遺存状況の良好なものとして、奈良県天理市龍王山古墳群C-2号墳（全長9.5m）、大阪府東大阪市山畑24号墳（全長11.35m）、大阪府八尾市高安古墳群大石古墳（全長8m）、兵庫県神戸市生駒古墳（全長10m）がある。これらには、玄室相当部分と羨道相当部分の境付近の側壁に、縦長立面形を呈する基底石が用いられているものがある。このような用石法は、有袖石室の袖部に用いられた立石の痕跡であると考えられている（森岡 1984）。また、天井部が遺存していた山畑24号墳では、羨道相当部と玄室相当部の境に前壁を有している。出土した須恵器では、生駒古墳から新しいものが出土しているものの、ほかの事例からはTK209型式の須恵器が出土している。追葬が一般にみとめられる。

大型無袖石室が出現するTK209型式期は首長墳においても、これ以降、無袖石室が導入される群集墳においても、副葬品組成に変化がみられるようになる。副葬品組成の変化とは、これまでにおいて通常みられた、武器や馬具、装飾品の欠落としてはじまる。このような傾向を示すために、副葬品の組成を、武器馬具を含むA1類、馬具を含み武器を含まないA2類、武器を含み馬具を含まないA3類、武器や馬具を含まず、若干の装身具などを含むB1類、金属

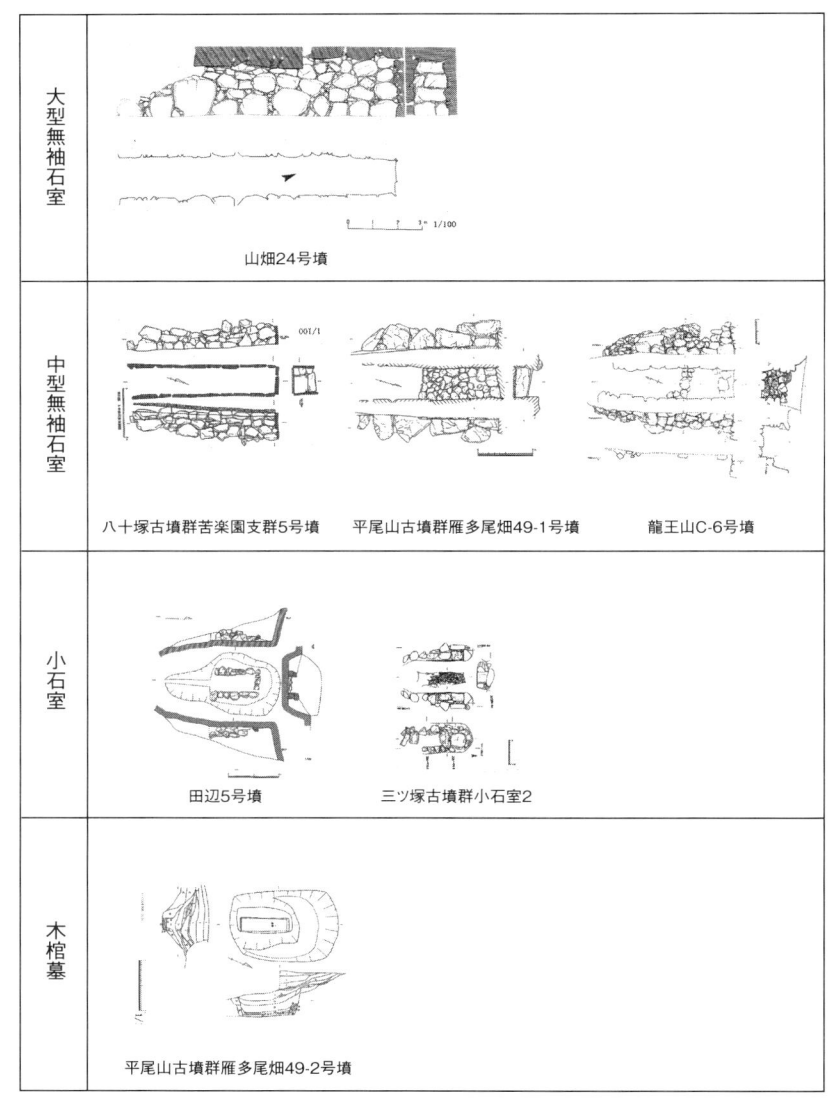

174　Ⅲ　西日本の無袖石室(1)―近畿地方を中心として―

大型無袖石室	山畑24号墳
中型無袖石室	八十塚古墳群苦楽園支群5号墳　　平尾山古墳群雁多尾畑49-1号墳　　龍王山C-6号墳
小石室	田辺5号墳　　三ツ塚古墳群小石室2
木棺墓	平尾山古墳群雁多尾畑49-2号墳

図1　無袖石室の変遷

器を含まない B2 類に分類し、統計[8]的な比較を行う。まず、副葬品の簡素化がはじまる以前の TK43 型式期では、A1 類が 20％、A2 類が 3 ％ [9]、A3 類が 39％を占めており、武器や馬具を含む例が全体の約 6 割を占めている[10]。このような傾向は、TK209 型式期の有袖石室の傾向にも引き継がれるが、大型無袖石室では、B1 類が増加に、A1 類が減少に転じ、構成に変化が現れる（太田 2006a）。

　中型無袖石室は、大型無袖石室に後続すると考えられる。この規模の有袖石室は、ほとんど存在しないことから、無袖石室独自の規模といえる。TK209 型式期の後半から末葉に出現したと考えられる[11]。その後、飛鳥Ⅰ式期を経て、飛鳥Ⅱ式期まで、存続したとみられる。畿内地域においては、もっとも一般的にみとめられる大きさの無袖石室である。中型無袖石室は、追葬可能な空間があり、土器の型式差や鉄釘の分布によって実際に追葬が行われたことが明らかな資料もある。中型無袖石室以降の横穴式石室で群を構成する群集墳の存在が一般に知られており、終末期群集墳と呼ばれている。

　中型無袖石室の副葬品組成は、B1 類と、B2 類が共に大きく比率を伸ばしており、逆に A1 類は 5 ％、A3 類は 16％となり、構成に大きな変化が起きている（太田 2006a）。このような状況は、飛鳥Ⅰ式期、飛鳥Ⅱ式期にも踏襲される。

　小石室は、中型無袖石室に後続すると考えられ、飛鳥Ⅱ式期の後半に出現すると考えられる。飛鳥Ⅲ式期まで築造が続けられると考えられる。小石室には、追葬可能な空間がなく、単次葬墓（水野 1970）であることが知られている。

　遺物が出土するものは少なく、出土しても坏類を中心とした小型の土器と被葬者が着装していたと考えられる耳環に限られる。

　なお、このような無袖石室の後続埋葬施設として飛鳥Ⅲ式期には、木棺の周りに数個の石を配するだけの配石木棺墓や木棺墓も出現する。このような木棺墓は近年調査例が増加しており、奈良県葛城市三ツ塚古墳群、桜井市カタハラ古墳群、御所市石光山古墳群、大阪府柏原市田辺古墳群、同平尾山古墳群、河南町寛弘寺古墳群、大槻市塚原古墳群、茨木市栗栖山南古墳群など面的な調査が行われた群集墳からはかなりの頻度で検出されている。木棺墓は、群集墳における埋葬施設[12]の最終形態といえる。しかし、このような木棺墓が依然として群集墳中につくられ続けていることが重要であり、飛鳥Ⅲ式期においても

群集墳が墓域としての機能をそこなっていないことが確認できる。

　以上整理を行ったように、無袖石室では、石室規模の簡素化・小型化がみられ、同時に馬具や武器、あるいは大型の須恵器といった副葬品が段階的にみとめられなくなるという副葬品組成の簡素化や追葬の停止という機能の簡素化が進行している。このようなことから、無袖石室を生み出し、変遷の背景となったのは、より簡素化した古墳をつくる必要があるということをうながした薄葬思想であるといえる。

　分　布　畿内型石室あるいは、畿内系石室の簡素化によって成立した無袖石室の分布は、近畿地方を中心として、山陽地方などにも及び広く分布する。ただし、無袖石室は、構造が単純であるため、他系統の無袖石室と区別が難しい。

　一方で、分布の中心をなす畿内地域の状況は、まずTK209型式期の後半に中河内地域で無袖石室が成立し、飛鳥Ⅰ式期には、西摂地域や北摂地域でも無袖石室が大部分を占めるようになる。一方で、南河内地域と奈良盆地では、有袖形平面形態をのこしたまま石室が小型化していく状況がみられ無袖石室への移行は若干遅れる状況がみられる。

　畿内地域周辺部では、横穴式石室の簡素化自体が遅れ、飛鳥Ⅰ～Ⅱ式期においても、一定の規模を持った有袖石室の築造が続くなか、一部の古墳群で無袖石室が導入されていく。このように、無袖石室は分布においては、畿内型石室、もしくは畿内系石室の分布と重なる点が多いが、小型化、簡素化の流れが他地域に先駆けて進んでいく点が畿内地域の特徴として挙げることができる。

　階　層　無袖石室を採用するのは、群集墳中の石室にほぼ限られる。同時期の首長墳は、依然として有袖石室の平面形態を維持している。ただし、薄葬化の流れは、首長墳と群集墳の間で共有されており、両階層において薄葬化は、副葬品組成の簡素化[13]、石室規模の小型化として現れ[14]、両階層は、画期を共有する形で順次薄葬化を進める（太田 2006a）。

3　竪穴系横口式石室

　形態の特徴　平面形態は、袖を持たない無袖形である。開口部に前壁[15]を有している点が、畿内型石室・畿内系石室の簡素化により成立した無袖石室との構造上の相違点である。また、5世紀後半～6世紀中葉にかけて消長し、存続

期間の上でも相違がみとめられる。開口部の前壁は、塊石を平積みし、これを垂直に積み上げて築造しているものが大部分を占める。石室空間の利用については、無袖石室と異なり玄室空間と羨道空間を区別している様相は本来的にみとめられない。

　なお、このような構造の横穴式石室は、従来北部九州地域に分布する竪穴系横口式石室が伝播することによって広まったとする見解があった（森下1987）。しかし、北部九州地域の竪穴系横口式石室は、5世紀の中葉以降に無袖形のものから、玄門立柱石を持った構造へと変遷しており（蒲原1983）、畿内地域のものとは年代的な開きがある。

　一方で、朝鮮半島南部の洛東江流域には、無袖形の平面形態を有し、開口部に段を有する竪穴系横口式石室が6世紀前半代から築造が続いている（亀田1981）。また、坂靖は、このような畿内地域の竪穴系横口式石室からは、鉄滓、鋳造鉄斧、釵子、ミニチュア炊飯具など、渡来系集団との関わりを持つ遺物の出土が多いことから、竪穴系横口式石室が朝鮮半島南部との関係の中で成立したものである可能性を指摘した（坂1991）[16]。

　変遷過程（図2）　竪穴系横口式石室は、系統的な変遷過程がみられない。そこで、各資料から出土した須恵器によって、各時期の様相の整理を行う。

　TK47型式期：各壁体は、小型の石材を小口積、もしくは、平積しており、横口部の前壁も同様の用石法を用いている。使用されている石材の立面の大きさは、幅0.1～0.3 m、長さ0.3～0.5 mのものが多い。

　当該時期に築造された近畿地方の竪穴系横口式石室でもっとも古いものは、奈良県平群町剣上塚古墳である。短甲を含む副葬品組成から、5世紀後半のものと考えられる。一方で、葛城市寺口忍海E-21号墳からは、TK47型式の須恵器が検出されており、同じく5世紀代のものと考えられる。剣上塚古墳、寺口忍海E-21号墳ともに遺存状況が悪いが、石室構造については、開口部と考えられる場所に、扁平な石材の平積による前壁を持つなどの共通の特色をみることができる。5世紀段階におけるこの2者の存在は、畿内型石室の成立に先行して、当該石室類型が伝播したことを示すものである。

　MT15～TK10型式期：遺存状況の良好な事例が増加し、個体間で相違点もみられるようになる。寺口忍海E-1号墳は、天井石まで遺存しており、寺口千

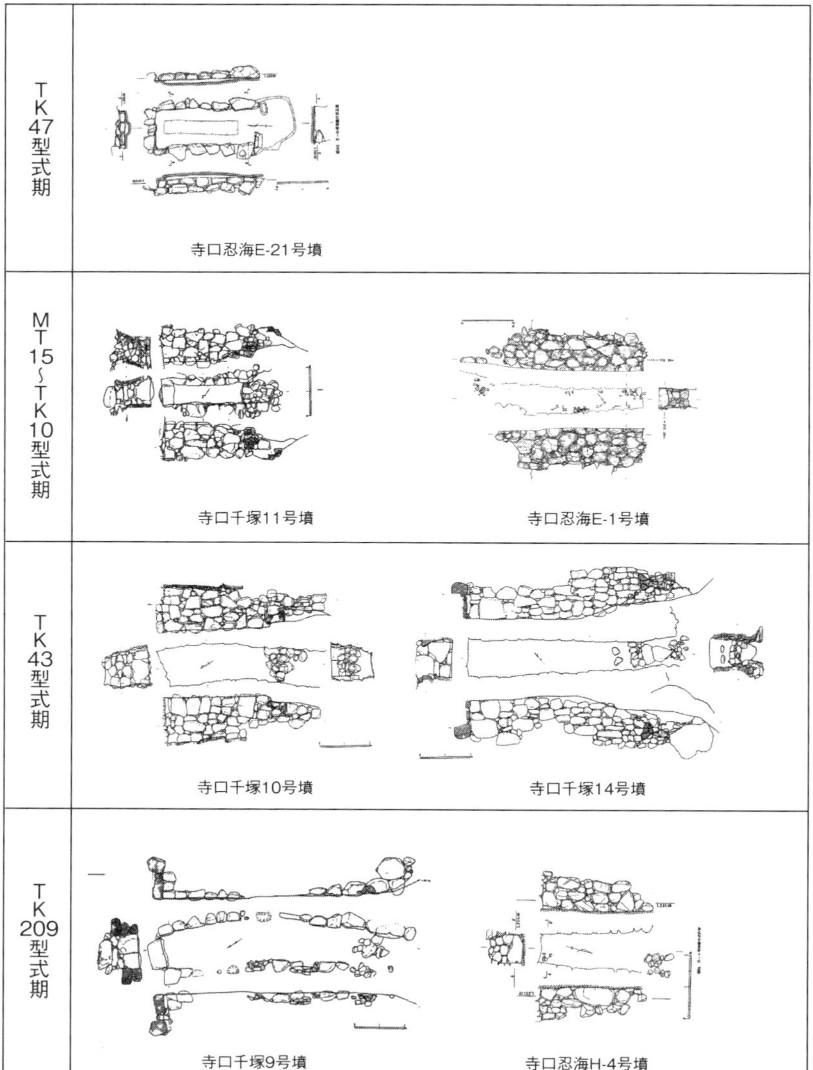

時期	図
TK47型式期	寺口忍海E-21号墳
MT15～TK10型式期	寺口千塚11号墳　寺口忍海E-1号墳
TK43型式期	寺口千塚10号墳　寺口千塚14号墳
TK209型式期	寺口千塚9号墳　寺口忍海H-4号墳

図2　竪穴系横口式石室の変遷

塚11号墳、同15号墳は天井石が遺存していないものの、壁体がおよそ半分以上遺存している。いずれも、奥壁にほかの壁体に比べて大きな石材を配し、特に、寺口忍海 E-1 号墳、寺口千塚11号墳は、奥壁基底石を1石の石材で構築している。なお、寺口千塚11号墳、同15号墳は扁平な石材の平積による前壁を持つが、寺口忍海 E-1 号墳は、このような施設が開口部になく、極めて緩やかな傾斜がみとめられる。

　TK43型式期：当該時期の資料には、奈良県葛城市二塚古墳造出部石室のように、開口部に扁平な石材の平積による前壁を有し、側壁は平積し奥壁基底石にやや大型の石材を配置するものや、寺口千塚14号墳のように開口部に緩やかな傾斜面を持つものなど、顕著な型式学的変化を経ておらず前段階の構造を踏襲するものがある。また、このような例に加えて、寺口千塚10号墳、奈良県御所市石光山22号墳のように、玄室相当部と羨道相当部の境部の壁体に立石の使用がみられるものがあり、畿内型石室の影響を受けたものと考えられる。

　TK209型式期：当該時期以降のものは、事例が限られるようになるが、奥壁、側壁の構造に顕著な型式学的変化が見られない一方で、前壁構造は簡素化したものが多く、寺口千塚9号墳のように開口部に緩やかな傾斜面を設けるものや寺口千塚5号墳のように板石を立てるものが存在する。なお、TK217型式期以降の様相については前節で取り上げた畿内型石室の簡素化によって成立する無袖石室の成立・普及期と重なり、当該石室類型との区別が困難となる。ただし、TK209型式期までに当該石室類型を築造していた群集墳の多くが、造墓活動を終了することを勘案すると、当該石室類型の築造もTK209型式期で終了する可能性が高いと考えられる。

　以上のように、竪穴系横口式石室は、当初において比較的構造にまとまりがみられるものの、独自の統一的な変遷過程を持たず、時期の経過とともに、開口部の省略化や、他系統の石室類型の影響が個々の資料におよび、結果として変異が増加するという状況がみられる。その後、簡素化の中で再び、形態の収斂がみられる。

　分　布　畿内地域では、奈良盆地東南部に分布の中心がみられる。寺口千塚古墳群平石谷川地区は、当該石室類型のみによって構成されている。なお、周囲に位置する寺口忍海古墳群、石光山古墳群では畿内型石室と混在しつつもま

とまった数量が分布している。このほか、奈良県御所市大正池南古墳群、平群町剣上塚古墳、大阪府柏原市平野大県古墳群でも竪穴系横口式石室の調査例が知られている。

畿内地域の周辺部では、伊勢地域、但馬地域でも、同様の構造をとる石室が分布している。各分布地域の間には、分布の空白域があるため、各地域は個々に竪穴系横口式石室を導入したと考えられる。また、いずれの地域においても、埋葬施設が竪穴系横口式石室に統合されている小地域[17]はなく、他類型の埋葬施設の分布域に混在した形で分布している。

階　層　竪穴系横口式石室は、主に群集墳中の小規模古墳に採用される傾向があり、副葬品組成は同時期のほかの群集墳と比較した場合に貧素である。例外として、全長60mの前方後円墳である奈良県葛城市二塚古墳の造出部には、規模の大きな竪穴系横口式石室が採用されており、全長58mの前方後円墳である兵庫県豊岡市大師山古墳にも竪穴系横口式石室が採用されている。

また、当該石室類型がもっとも集中的に築造されている寺口千塚古墳群平石谷川地区は、谷部の一角などの眺望が開けず、「立地条件の悪いところに集中して築造されている」ことが指摘され、副葬品組成にも、武器や馬具の副葬が少ないことから、群集墳被葬者にあっても下位に位置する人々であったことが指摘されている（坂 1991）。

4　石室類型の相互比較

本稿では、これまでに畿内型石室・畿内系石室の退化によって成立した無袖石室、竪穴系横口式石室の変遷過程・分布・階層構成について整理してきた。本章では、前章までに整理した各類型の特徴をもとに、これらの伝播の媒体となった人間関係について考察する。この際、前稿（太田 2007a）で提示した方法にしたがい、変遷の特徴、分布の状況、階層構成の様相の整理を通じて、伝播の媒体をになった人間関係を推測する。また、無袖石室・竪穴系横口式石室の特徴を相対化するために、これらと対照的な特徴を有する畿内型石室をとりあげ、比較検討を行う。

(1) 変遷の特徴の相互比較

畿内型石室は、その変遷において、極めて斉一的な変遷過程がみられる（太

田 2003b)。特に、構築にあたって高度な技術を要する袖部等には、新しく生み出された構築技術が順次、首長墓に採用された大型石室から群集墳中に築造された小型古墳にいたるまで採用され、新しい構築技術が、すみやかに、正確に分布圏内に伝達されている状況がみられる（太田 1999・2003b)。一方で、無袖石室は、小型化・簡素化という変遷過程がみられるものの、小型化・簡素化を行う上での手法は、共有されておらず、変遷の速度にも地域差がみられる。また、竪穴系横口式石室は、新しい時期のものには、畿内型石室の影響が及ぶ個体も存在するものの、石室構造や石材において、固有の斉一的変遷はみられなかった。

(2) 分布の状況の相互比較

畿内型石室は、その分布圏外に岩橋型石室、段ノ塚穴型石室、祇園塚型石室、近江西部型石室などがあるが、これらの石室類型が畿内型石室の分布圏内に顕著に入りこみ分布することはない。したがって、基本的状況としては、排他的な分布圏を確立していると言える[18]。

一方で、無袖石室は、畿内型石室の簡素化によって成立するものの、無袖化の進行に顕著な地域差・個体差があり、特に飛鳥Ⅰ式期までは、有袖石室が残存している地域もあり、6世紀における畿内型石室の分布圏が、無袖石室に統一される現象はみられない。

竪穴系横口式石室においても、特定の地域に局地的な集中がみられるものの、特定の小地域に排他的な分布圏が確立することはない。個々の群集墳においても、他類型と混在しているのが一般的な分布の様相である。

したがって、畿内型石室については、特定地域が同一の範型を共有しているが、無袖石室・竪穴系横口式石室においては、このような状況が見られず、他類型の石室と混在している状況がみられる。

(3) 階層構成の様相の相互比較

畿内型石室は、当時の支配者層の所産と考えられている規模が大きく、豊富な副葬品を有する古墳から、群集墳中に築かれた規模が小さく、副葬品も貧粗な古墳にまで、幅広い階層に採用されている。特に規模が大きなものは、当時の政権の所在地であった奈良盆地に集中する状況がみられる。

一方で、無袖石室は、主に群集墳中においてみられるものであり、大型古

墳の無袖化は基本的にみとめられない。したがって、無袖石室は、中・小規模古墳で構成され、6世紀代の畿内型石室と異なり、基本的に支配者層や首長層のものを含まない。竪穴系横口式石室は、首長墓である二塚古墳の造出部や大師山古墳で主体部として採用されている事例があるが、このような例はむしろ例外的であり、大部分は、群集墳中にみられる。

(4) 石室類型伝播の媒体について

これまでの検討では、(1)変遷の特徴、(2)分布の状況、(3)階層構成の3つの要素から無袖石室、竪穴系横口式石室と畿内型石室とを比較してきた。これら3つの要素は相互に密接な関係を有していると考えられる。

畿内型石室でみられたような、斉一的な変遷過程が確保されるためには、構築技術の更新と発信が一元的に管理される必要がある。この際、石室構築技術の更新と発信を担う階層構成の中心となる資料が存在すると考えると、この2つの特徴を合理的に解釈できる。また、このような状況下で石室構築技術の伝播が起きれば、階層的影響が及ぶ範囲では特定石室類型の排他的な分布が形成されやすい状況が生じると考える。以上の特徴から、畿内型石室の伝播の媒体となったのは、支配者層と群集墳被葬者層の階層性をともなった、継続的な人間関係であったと考える。

一方で、無袖石室や竪穴系横口式石室には、階層的な中心となる支配者層や首長の墳墓を含んでいない点が畿内型石室とは大きく状況を異にする。また、独自に共有されている固有の変遷過程を持たないことや、排他的分布をとらず、他類型の分布圏内部に分布することからもこれらの石室類型は、畿内型石室とは異なる原理で伝播がなされたことを想定する必要が生じる。このような状況からは、両石室類型の伝播の背景として、個人間あるいは地域間でとりもたれた互恵的連携が伝達の媒体となったと考える。

ところで、横穴式石室の伝播は、これまでにも長い検討が行われてきた分野であり、特に畿内型石室の伝播は畿内政権の地方支配と関連づけられて理解されてきたところである。このような理解に対して、藤田和尊は畿内型石室の伝播に関して、これを無前提に政治的関係によるものとして解釈することに警鐘を鳴らし、畿内型石室の伝播の背景に政治性を想定するためには、十分な検証手続きが必要であることを指摘した（藤田 2008）。藤田が指摘する検証手続

きとして、本稿では石室構造そのものを分析・検討するのではなく、変遷、階層構成、分布特徴やこれらの総体として考えることのできる伝播の過程を分析・相互比較し、伝播の媒体となった人間関係を想定するという手続きをとった。

この結果、畿内型石室については、斉一的な変遷過程、円滑で正確な石室構築技術の伝播、明確な中心周縁性を持った階層構成から判断して階層的中心からの一元的な伝達によって伝播したことを示すことができ、中央政権と地域社会の政治的な人間関係を媒体として伝播したことを推定した。一方、無袖石室・竪穴系横口式石室は、斉一的な変遷・伝播を推進する力が弱く、明確な階層性を持っていない状況がみられた。このようなことからは、むしろ互恵的な人間関係を媒体として伝播したことが想定できることを主張した。

5　まとめ

本稿では、石室構造ではなく、その変遷過程、階層構成、分布特徴やこれらの総体として考えることのできる伝播の過程を分析・相互比較することを通じて、伝播の媒体となった人間関係を考察してきた。

従来、横穴式石室研究が行われる場合、主に石室の構造が分析され、相互比較が行われてきた。このような研究は近年ますます詳細に進められるようになってきており、すでに一定の成果を挙げてきた。このような構造研究を基本に当時の社会組織の考察を行う場合には、構造だけではなく、その動態である伝播の過程について分析検討を行う必要がある。前稿（太田 2007a）および本稿は、伝播過程を検討するための方法論の提案であり、実践である。

註
(1) 玄室と羨道の区別を羨道の幅を縮めることで行っている場合、羨道側壁と玄室側壁間に生じる屈曲部を袖部と呼ぶ。
(2) 玄室と羨道の区別に関し、縦長立面形を呈する石材を壁体よりも内側に突出させて行う場合、この石材を立柱石と呼び、玄門の構成要素とする。
(3) 共通した特徴をもつ遺構や遺物が複数の製作者によってつくり出される際に、製作者間で共通されている製作物のイメージや製作技術。

(4) 土生田純之は、「横穴式石室の伝播には、人的交流がさほど深くなくとも設計図の入手によって石室を構築した場合、結果的には本来の発祥地と」～「墓室が類似することもありうる」と述べ、このような場合「想定しうる歴史的背景が多岐にわたることを」指摘した（土生田 2006）。

　しかし、同時に「古墳を構成する要素の1点のみではなく、細部の個々の要素から全体の構成に至る総体としての石室が酷似ともいえるほどの密接な関係にある場合は」当然事情が異なると指摘した。

(5) 事実日本の古墳文化とは直接的な関係を持たない地域でも、無袖石室が存在することが知られており、複数の独立した型式が並存していることも知られるようになっている（Lunch 1997）。

(6) 畿内型石室・畿内系石室の区別については、これまで必ずしも明確にされてこなかった。本稿で畿内型石室という場合、前稿の定義（太田 2001・2006b）を踏襲し、支配者層の墳墓で採用された横穴式石室で共通に観察できる用石法とその組み合わせがみとめられるものとした。

(7) 畿内系石室とは、畿内型石室の影響を受けて築造された横穴式石室であり、畿内型石室とおなじ用石法が観察できるものの、壁体間で観察できる用石法の組み合わせが異なるものや、用石法の一部に地域的変容が生じているものと定義した。

(8) ここで行う分析については、前稿（太田 2006b）で詳述している。

(9) A2類については、例が極端に少ないことから、盗掘などによってA1類から武器が失われた結果と考える余地がある。

(10) ところで、副葬品組成は古墳被葬者の階層を示すことも知られており（近藤・今井 1970、藤田 1988）、B2類・B1類、A3類、A1・2類の順に副葬品が充実している。A3類はA1類よりも例が多く、ピラミッド型の構成をとっており、この類型の差異が階層性に起因する可能性が高い。しかし、B1類は27％、B2類は11％であり、逆にA3類より例が少なく、A3類に対して、ピラミッド型の階層構造をとらない。このことからA類とB類の差は、階層差ではなく、職能差などを想定する余地が残されている。

(11) TK209型式期では、その初期に群集墳中で支配者層とおなじ7群の畿内型石室が築造され（太田 2003b）、その後、小型有袖石室・大型無袖石室を経て中型

無袖石室へと、3段階の石室の変遷がある。
⑿　竪穴系小石室が群集墳における最終的な埋葬施設とする考え（服部 1988）もあるが、当該埋葬施設は、6世紀の前半より群集墳に存在しており、副次的な埋葬施設を構成している。
⒀　大型古墳における薄葬化は、まず TK209 型式期における副葬品の簡素化として現れる（太田 2006b）。
⒁　刳貫式石棺をともなう古墳が同一の階層に属すると仮定した場合、TK209 型式期以降に築造された石室は、それ以前に築造された石室よりも明らかに小型化が進んでいる（太田 2006b）。
⒂　横穴式石室において、通常、「前壁」という場合、袖部の上に架け渡される見上げ石もしくは、見上げ石と袖部の玄室側面をさす場合が多い。しかし、当該石室類型でみられる開口部床面にみられる段構造も「前壁」と呼ばれる。
⒃　なお、坂は、「朝鮮半島伽耶地方との直接的な関係の中で、在地の竪穴式石室に横口部を設けたことによって成立した」と述べている（坂 1991）。しかし、畿内地域固有の竪穴式石室と竪穴系横口式石室は、石室掘方の構築方法、納棺と壁体構築の前後関係、壁体構築方法が相違しており、むしろ、横穴系埋葬施設との共通性が大きい、在地の竪穴式石室との関係を想定することは再考を要する。
⒄　律令期の郡程度の地理的広がりを小地域とする。
⒅　ただし畿内型石室の分布圏の内部に、他類型の横穴式石室の分布圏が成立する場合がある。しかし、この状況は、畿内型石室分布圏外部に分布の中心がある石室類型が入りこんでいるわけではない。また、このような石室類型の数量は畿内型石室の全体数量と比較すれば、例外的数である。

参考文献

太田宏明 1997「畿内型石室の属性分析」『千里山文学論集』第 58 号、関西大学大学院

太田宏明 1999「畿内型石室の属性分析による社会組織の検討」『考古学研究』第 46 巻第 1 号、考古学研究会

太田宏明 2000「畿内型石室の計量分析」『情報考古学』Vol. 6 No.1、日本情報考古

学会

太田宏明 2001「畿内地域の後期古墳」『東海の後期古墳を考える』東海考古学フォーラム三河大会実行委員会

太田宏明 2003a「畿内地域における導入期の横穴式石室」『関西大学考古学研究室開設五拾周年記念考古学論叢』 関西大学

太田宏明 2003b「畿内型石室の変遷と伝播」『日本考古学』第15号、日本考古学協会

太田宏明 2004a「畿内系家形石棺の変遷と系統の結合」『古代文化』第56巻第12号、㈶古代学協会

太田宏明 2006a「終末期古墳の変遷と古墳薄葬化の過程」『古代学研究』172号、古代学研究会

太田宏明 2006b「古墳時代後期における物資と情報の分配」『日本考古学』第22号、日本考古学協会

太田宏明 2007a「横穴式石室における伝播論」『近畿の横穴式石室』横穴式石室研究会

太田宏明 2007b「近畿地方にける九州系横穴式石室の変遷と分布について」『日本考古学協会2007年度 熊本大会 研究発表資料集』

角田徳幸 2007「山陰における九州系横穴式石室の様相」『日本考古学協会2007年度 熊本大会 研究発表資料集』

蒲原宏行 1983「竪穴系横口式石室考」『古墳文化の新視角』 雄山閣

亀田修一 1981「朝鮮半島南部における竪穴系横口式石室」『城2号墳』

近藤義郎・今井 堯 1970「群集墳の盛行」『古代の日本』4、角川書店

重藤輝行 1992「北部九州の初期横穴式石室にみられる階層性とその背景」『九州考古学』第67号、九州考古学会

重藤輝行・西健一郎 1995「埋葬施設にみる古墳時代北部九州の地域性と階層性—東部の前・中期古墳を例として—」『日本考古学』第2号、日本考古学協会

白石太一郎 1965「日本における横穴式石室の系譜」『先史学研究』第5巻、同志社大学先史学会

鈴木一有 2001「東海地方における後期古墳の特質」『東海の後期古墳を考える』東海考古学フォーラム三河大会実行委員会

鈴木一有 2003「東海東部の横穴式石室にみる地域圏の形成」『静岡県の横穴式石室』静岡県考古学会
竹内英昭 1997「南伊勢地域の群集墳」『立命館大学考古学論集Ⅰ』
竹内英昭 1995「三重県の横穴式石室研究」『研究紀要』第4号、三重県埋蔵文化財センター
田中勝弘 1993「近江における横穴式石室の受容と展開」『紀要』第1号、安土城考古博物館
谷本　進 1998「但馬における大型横穴式石室の検討」『但馬考古学』第10集、但馬考古学研究会
中里伸明 2005「香川県西部地域における後期古墳の階層性と鉄鏃」『香川県埋蔵文化財センター研究紀要』
中谷雅治 1973「階段状石積みのある横穴式石室について」『水と土の考古学』
中浜久喜 2002「播磨における横穴式石室の構造と変遷」『横穴式石室からみた播磨』第2回播磨考古学研究集会実行委員会
坂　靖 1991「奈良県内の竪穴系横口式石室」『寺口千塚古墳群』
藤川清文 1978「近江の竪穴系横口石室」『ほ場整備関係遺跡発掘調査報告書』Ⅴ
土生田純之 1991『日本横穴式石室の系譜』学生社
土生田純之 1994「畿内型石室の成立と伝播」『古代王権と交流』5、名著出版
土生田純之 1997「横穴式石室における諸形態とその要因」『専修人文論集』第60号
土生田純之 2006『古墳時代の政治と社会』吉川弘文館
服部伊久男 1988「終末期群集墳の諸相」『橿原考古学研究所論集』第8、吉川弘文館
服部伊久男 1994「横穴式石室小考Ⅰ」『橿原考古学研究所論集』第11、吉川弘文館
藤田和尊 1988「古墳時代における武器・武具保有形態の変遷」『橿原考古学研究所論集』第8、吉川弘文館
藤田和尊 2008「書評　『古代日本　国家形成の考古学』」『考古学研究』第55巻1号、考古学研究会
細川修平 1998「畿内周辺地域における横穴式石室の導入」『斉頼塚古墳』　マキノ

遺跡群調査団、マキノ町教育委員会

細川康晴 1996「丹後における導入期横穴式石室の系譜」『京都府埋蔵文化財論集』第3集、財団法人京都府埋蔵文化財調査研究センター

堀　真人 1997「近江における階段式石室の検討」『紀要』第10号

堀　真人 2005「横穴式石室の伝播の一様相」『龍谷大学考古学論集Ⅰ』

水野正好 1970「群集墳と古墳の終焉」『古代の日本』角川書店

森岡秀人 1984「表六甲東麓における群集墳の動静」『歴史と神戸』第15号

森下浩行 1986「日本における横穴式石室の出現とその系譜」『考古学研究』第111号、古代学研究会

森下浩行 1987「横穴式石室伝播の一様相—北部九州型B類」『奈良市埋蔵文化財センター紀要』

山崎信二 1985『横穴式石室構造の地域別比較研究』

柳沢一男 1982「竪穴系横口式石室小考」『森貞次郎博士古稀記念古文化論集』

Lunch, F. 1997. Megalithic tombs and long barrows in Britain, Princes Risborough: Shire.

図出典

奈良県立橿原考古学研究所 1991『寺口千塚古墳群』

新庄町教育委員会 1988『寺口忍海古墳群』

平群町教育委員会 2007『平群町内遺跡発掘調査概報』

奈良県教育委員会 1962『大和二塚古墳』

奈良県立橿原考古学研究所 1976『石光山古墳群』

西日本の無袖石室(2)
― 九州地域を中心として ―

藏冨士　寛

　九州は列島内で最初に横穴式石室が普及した地域である（図1）。その歴史は古く4世紀後半にまでさかのぼり、その独特な構造は、「九州型」石室とも呼ばれ、列島他地域における横穴式石室の出現や展開にも多大な影響を与えた。九州地域の横穴式石室を特徴づけるものの一つに玄門構造があり、袖石を内側に突出させ、楣石・仕切石を配するなど、入口部分を「門」として発達させる。「閉ざされた棺」ではなく、石屋形のような「開かれた棺」（和田1989）を使用すること、入口部の構造が発達し板石による閉塞をおこなうこと、これらは石室内空間を例えば「棺」と同様に見立てる意識が働いたために生じたものであると筆者は考えており（藏冨士1997など）、そのため九州地域の横穴式石室では玄室の内と外は明確に区別される。このような石室内空間に対する独特の意

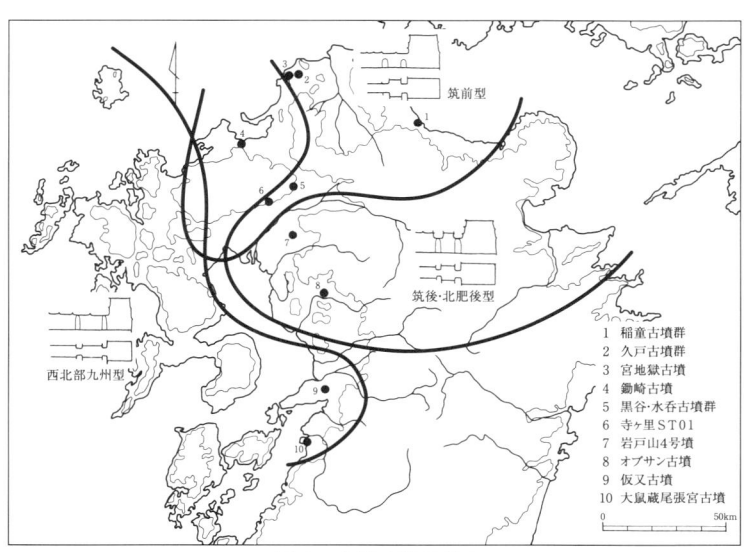

図1　主要古墳の分布

1　稲童古墳群
2　久戸古墳群
3　宮地嶽古墳
4　勸崎古墳
5　黒谷・水呑古墳群
6　寺ヶ里ST01
7　岩戸山4号墳
8　オブサン古墳
9　仮又古墳
10　大鼠蔵尾張宮古墳

識は、「九州型」とも呼ばれる横穴式石室を生み出し、装飾古墳のような個性ある古墳文化を花開かせるきっかけともなった。九州地域の横穴式石室にとって、入口部の構造はきわめて重要なものであり、その構造には墓室に込められた当時の人々の意識が凝縮しているといっても過言ではない。このような地域において、無袖石室はどのように出現し、そして展開していったのだろうか。

1　分析の視点

　まずここで、無袖石室をどう捉えるかについて、述べておくことにしたい。土生田純之は無袖石室について、玄室と羨道の壁面が「まっすぐに続いて屈曲の無いもの」と定義する（土生田 1992）。以下で述べる「無袖」については、土生田の定義に従う。先にも述べたように、九州地域の横穴式石室は、入口部分を「門」となすことが重要視され、何らかの造作や設備を伴うものが多く、結果として無袖石室は数少ないものとなっている。九州地域の横穴式石室は、5世紀段階には羨道を持たないものが大半であるが、6世紀になると有羨道化や複室構造化も定着し、他地域に比しても入口部や壁体の構成が複雑に変化している。袖部の形態も多様性に富んでいるといえるだろう。本来分析項目は多岐にわたるべきだろうが、本論では以下の点に注目することで九州地域における無袖石室出現の様相について、みていくことにする。

　①　袖の有無は問わず、無袖石室と関連の深い、石室全体にわたって屈曲部のない壁面構成はどのように出現しているか。
　②　その際、玄門等入口部の構造はどうなっているか。

2　無袖石室の出現―4・5世紀の横穴式石室―

(1)　北部九州型石室

　九州地域における横穴式石室の初現の一つに九州北部の玄界灘沿岸地域がある。鋤崎古墳（福岡県福岡市）石室はその代表的なものといえるだろう（図2-1）。鋤崎古墳は墳長62mの前方後円墳で、4世紀後半に位置づけることができる（柳沢ほか編 2002）。横穴式石室は深い墓壙の中に築かれ、壁体構築にはしっかりとした裏込めがおこなわれている。玄室入口は段をなし、墓道は縦坑状を呈するなど、初現期の横穴式石室の特徴を良く示している。入口は

前壁側の中央部に設け、両側袖部は割石を積み上げてつくり上げる。入口幅は0.6 mと玄室・前庭部幅に比して狭い。鋤崎古墳石室は構築方法をみても前代の竪穴式埋葬施設とのつながりが強く、袖部は著しく内傾し上部にはほとんど隙間が無いなど、入口としては構造的に未熟なものであるが、両袖構造に玄門部の板石閉塞といった、のちの九州地域に特徴的な玄門部の要素はすでに兼ね備えている。この後、横田下古墳（佐賀県唐津市）石室、釜塚古墳（福岡県前原市）石室といった諸例をへて、前壁構造、玄門立石、板石閉塞といった諸要素を完備した北部九州型石室が成立する。

(2) 肥後型石室

熊本県域の宇土半島基部以南の地域から天草島嶼部にかけては、早くから横穴式石室が発達した地域である。特に5世紀段階の横穴式石室は、玄室平面が方形を呈し、その四周に板石（石障）を巡らすものが多く、これら石室は石障系石室と呼ばれ、肥後型石室の典型例であるとみなされることも多い。図2-2は大鼠蔵尾張宮古墳（熊本県八代市）石室で石障系石室の中では古式のものに相当し、5世紀前半の時期を与えることができる（髙木 1994）。羨道部は未発達であるが、積石により袖部を構成する両袖石室である。このように肥後型石室においても出現当初から有袖の体裁を採っているのであり、実際、肥後型石室に無袖石室は存在しない。これは平面方形を指向するため玄室が幅広になるという、肥後型石室の特性も表れているものといえるだろう。

(3) 竪穴系横口式石室

北部九州型石室の出現そして展開は、従来からの竪穴系墓制に大きな影響を及ぼした。竪穴系の埋葬施設は小口部に簡便な入口を設けるようになり、これら横穴式石室は後に、竪穴系横口式石室と呼ばれるようになった（小田 1966など）。竪穴系横口式石室は基本的に前壁を持たず、構造も簡素なものが多い。これら石室の中には無袖もしくは無袖様の入口部構造をみることができる。いくつか例を挙げよう。

久戸古墳群（福岡県宗像市、図2-3・4）　久戸古墳群は釣川中流域北岸の丘陵上に存在する。横穴式石室のほか、箱式石棺、竪穴式小石室、横穴墓などで構成される計37基の古墳群である（酒井編 1979など）。竪穴系横口式石室は4基（1・10～12号墳）が存在し、そのうち2基が無袖石室（1・12号墳）となっ

ている。ここでは当古墳群における有力墳の一つである12号墳についてみていくことにしよう。12号墳は径13.3mの円墳であり、古墳群が存在する丘陵の高所を占めている。玄室は長さ2.3m、幅1.2mの平面長方形であり、玄室入口は段をなし、3段の石積みが認められる。墳丘中からTK216型式期に相当する須恵器が出土しており、5世紀前半に位置づけることができる。当群中における最古の横穴式石室である。

　これに続く竪穴系横口式石室は有袖化する。11号墳は径12mの円墳である。主体部は長さ2.9m、幅1.3mの平面長方形を呈する。玄室と前庭部の幅はほとんど変わらないが、低い立石部分およびその上の石積みを内側へ張り出させ、袖部をなしている。墓道埋土の中からTK47型式期に相当する須恵器が出土しており、5世紀末に位置づけることができるだろう。11号墳には12号墳より入口部構造の発達した横穴式石室の姿をみることができる。このように、久戸古墳群の竪穴系横口式石室は無袖から有袖へと変化する。

　稲童古墳群（福岡県行橋市、図2-5・6）　稲童古墳群は周防灘に面した砂丘および低丘陵上に展開する古墳群であり、古墳時代前期から後期にかけて、地点を変えながら連綿と営まれ続けている（山中編2005）。

　稲童21号墳は径22mの円墳で、主体部である竪穴系横口式石室は長さ2.6m、幅0.9mの狭長な玄室平面形を呈する。玄室と前庭部の幅や壁体に変化は無く、両者を隔てるのは左右両壁から突き出した高さ50cmの板石と、その間に置かれた幅50cmの仕切石のみである。稲童8号墳は径20mの円墳で、主体部の平面形は長さ2.5m、幅0.8〜1.1mの縦長長方形を呈する。21号墳石室と異なり玄門部には仕切石を配するのみで、石室外側には幅2mと大きく開いた前庭部が続く。稲童21・8号墳石室には甲冑、武具、馬具など豊富な副葬品が納められており、それら遺物から21号墳は5世紀中〜後半、8号墳は5世紀末葉に位置づけることができる。稲童21・8号墳では、きわめて未熟な玄門部構造を持つ竪穴系横口式石室の姿をみることができる。

（4）　初期横穴式石室の玄門構造

　このように北部九州型、肥後型の横穴式石室は出現当初より袖部が存在し、無袖のものは存在しない。九州地域の横穴式石室では、入口部構造が発達することはすでに述べたとおりであり、このことは「九州型」横穴式石室について

193

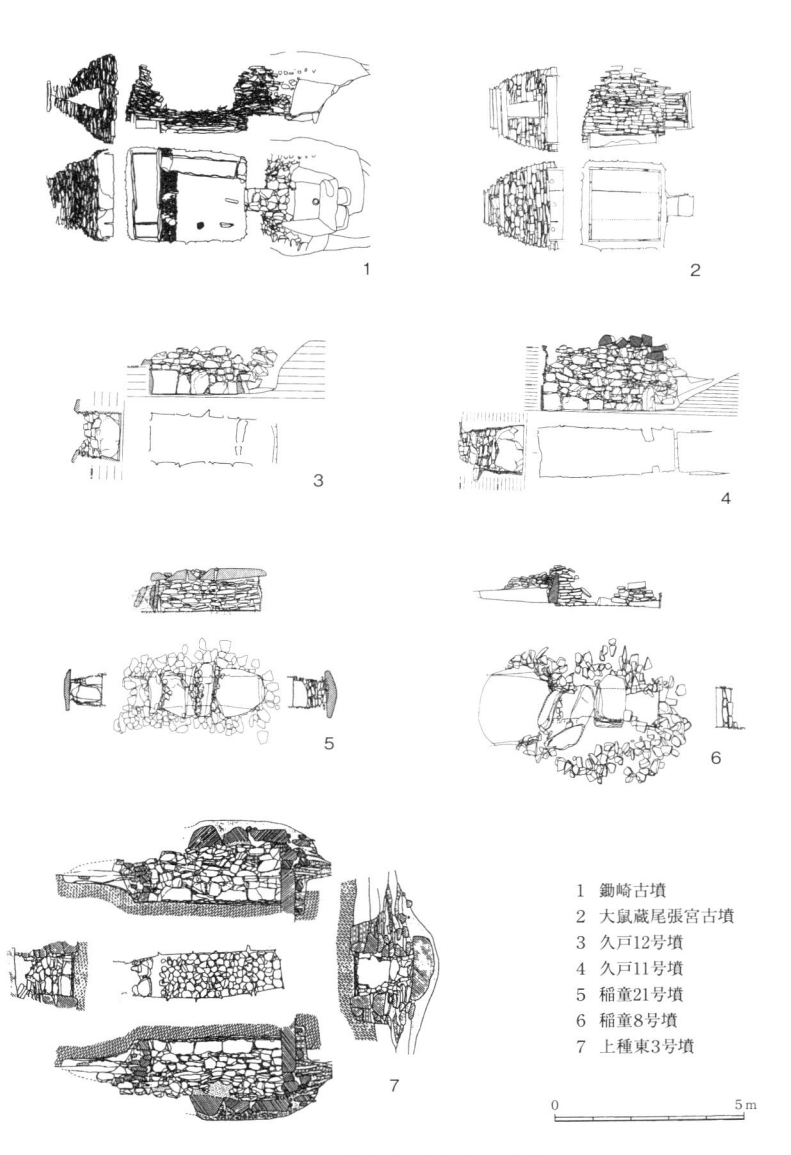

1 鋤崎古墳
2 大鼠蔵尾張宮古墳
3 久戸12号墳
4 久戸11号墳
5 稲童21号墳
6 稲童8号墳
7 上種東3号墳

0　　　　　5 m

図2　対象横穴式石室(1)(1/200)

述べる際、玄門構造が注視されたことからもわかる（山崎 1985、森下 1986 など）。

　一方、竪穴系横口式石室では簡便な入口構造を持つものも多く、久戸古墳群や稲童古墳群の例のように、無袖もしくはそれに近い構造を有するものも存在することを確認できた。しかし、これら横穴式石室においても、仕切石や板状立石など、入口を示す何らかの標識が認められるのも事実であり、ここにもやはり入口部を重要視するという九州地域の横穴式石室の特質をみることができる。このことを考える上で、九州以外の地域において興味深い竪穴系横口式石室の例があるので、ここで触れておきたい。

　鳥取県域の日野川流域および大山山麓には、多くの九州系横穴式石室が存在することは良く知られており（土生田 1980 など）、竪穴系横口式石室は日野川下流域と大山東麓に分布する。大山東麓には5基の存在が確認でき、その内の4基（上種東3号墳（図2-7）、上種西15号墳、三保6号墳、大法3号墳）の主体部が無袖石室である（角田 2007）。腰石を使用するなど、九州地域とのつながりも考えられるが、塊石閉塞をおこなうことや築造時期が6世紀中～後半であることなど、相違点も大きい[1]。久戸12号墳石室や稲童古墳群21・8号墳石室をみてもわかるように、無袖もしくは無袖様の石室はいずれも平面が狭長なもので、前代の墓制である竪穴式石槨が祖形となっていることは容易に想像できる。この後、竪穴系横口式石室は北部九州型石室の技術的影響を受け、入口部の構造を発達させて横穴式石室としての体裁を整えていくことになるが（重藤 1992）、それにしたがって、無袖のものも姿を消していく。鳥取県域の竪穴系横口式石室が無袖のまま推移したのに対し、九州地域のそれは両袖化するという違いの生じた理由について、次の2点を指摘できるだろう。

　①　九州地域の場合、すでに北部九州型石室が存在したため、袖部構築という技術の導入が容易であったこと
　②　九州地域独特の室内認識が袖部構築を促したこと

　以上を考慮すれば、大山東麓における竪穴系横口式石室の展開について、九州地域からの影響を過大に見積もることは躊躇せざるを得ない。

3 6世紀の横穴式石室

(1) 横穴式石室の分類

6世紀（MT15・TK10型式期以降）は九州地域で幅広く横穴式石室の有羨道化や複室構造化が定着し、5世紀段階までにみられた北部九州型・肥後型といった枠組みを超えた横穴式石室の展開が認められる時期である（柳沢1975）。それまで有羨道石室は有明海・八代海沿岸地域などごく一部の地域においてのみ認められるに過ぎなかったが、この段階になって広範な広がりをみせることとなる。中でも複室構造横穴式石室は熊本県北部域の菊池川流域を起点として九州各地に伝播し、複室構造は九州地域の横穴式石室を特徴づける要素の一つとして挙げられるほどまでに普及する。

また、この時期以降、横穴式石室自体の大形化が顕著になったことも見逃せない。九州地域の場合、多くの横穴式石室で大形化は奥行き、つまり玄室長ではなく、むしろ幅や高さという形で表現された。幅や高さをかせぐために、持ち送り構造、そして穹窿天井も広い範囲で認められるようになり、幅が広がる分、玄門部などにも巨石の使用が目立つようになった。巨大な立石を袖石として用い、その石材が石室構造上重要な役割を果たしている場合も多い。玄室平面が縦長で入口が筒抜けの、つまり「コ」字形の壁体で強度を保てる横穴式石室は玄門部の形骸化、つまり無袖化も可能であっただろうが、九州地域の横穴式石室の場合、構造的な観点からも両袖が選ばれる必然性があったのである。

6世紀代における九州地域の横穴式石室は、基本的にはこれまで築造されてきた横穴式石室を改変する形で、有羨道化や複室構造化を成し遂げてきた。当然、5世紀段階に認められた地域ごとの構造的特徴は6世紀段階にも受け継がれている。筆者は有羨道化、複室構造化をどのように受け入れたかを考慮に入れて、九州における6世紀段階の横穴式石室を3系統－筑前型、筑後・北肥後型、西北部九州型－に分けて考えている（藏冨士2007、図1）。

これら各系統の横穴式石室において、無袖石室がどのように出現するのか、その状況をみていくことにしたい。

(2) 筑前型石室

筑前型石室は単室構造の横穴式石室を基本とする。そのため、複室構造化

する際にも、羨道から前室の天井が同じ高さで一続きとなる羨道拡大型を採る。また、筑前型石室はほかに比してあまり門構造が発達しないこともその特徴として挙げることができる。袖部の突出は顕著ではなく、楣石の使用も低調である。玄界灘沿岸地域は、倭王権からの影響が早くに浸透した地域であり、九州的要素の薄い背景には柳沢一男が指摘したように、王権との関連を視野に入れる必要があるだろう（柳沢1975）。

　入口部の門構造が発達しない筑前型石室には、ほかには無いある特徴がある。筑前型石室では玄門袖部に立石を用いても、それが天井部にまで届く高さがなく、その上には1もしくは2、3段ほどの石積みをおこなう場合も多い。複室構造をとる場合、玄門袖部は当然内側へと突出してくるのだが、実は突出するのは下の立石部分のみで、その上の石積み部分は前室から羨道側壁の壁面となだらかにつながり、張り出していない場合が多い。これは天井に至るまで、袖部の突出が保たれる筑後・北肥後型石室との大きな違いである。このような特徴を持つ筑前型石室において、無袖石室が出現する過程について、以下にみていくことにする。

　背振山山麓の横穴式石室　まず、佐賀県鳥栖市域に存在する黒谷・水呑古墳群の状況を例に挙げる（久山編1993、図3）。黒谷・水呑古墳群は佐賀県と福岡県の県境にある背振山地の東、標高60～80mの丘陵上に存在する古墳時代後～終末期の群集墳である。黒谷古墳群9基、水呑古墳群9基の計18基の古墳が発掘調査されており、大概には黒谷古墳群から水呑古墳群へと変遷することが明らかとなっている。

　この古墳群はTK43型式期頃に古墳の築造を開始する。黒谷古墳群4～7号墳がそれにあたる。いずれも両袖の横穴式石室で、単室構造のもの（4・6・7号墳）と複室構造のもの（5号墳）が存在する。羨道部分は平天井で、玄門もしくは羨門部分の袖石の張り出しは弱く、筑前型石室の特徴を良く示している。羨道側壁の石積みをみると、玄門部分と閉塞部分に立石を配しており、単室構造であっても、「門」としての意識が明確に残っていることがわかる。また、いずれの石室も前壁には数段の石積みを施している。

　この後、水呑古墳群が築造されるTK209型式期になると、前壁の石積みの減少、前室や羨道の幅が広がるなどの顕著な変化をみることができる（水呑4・

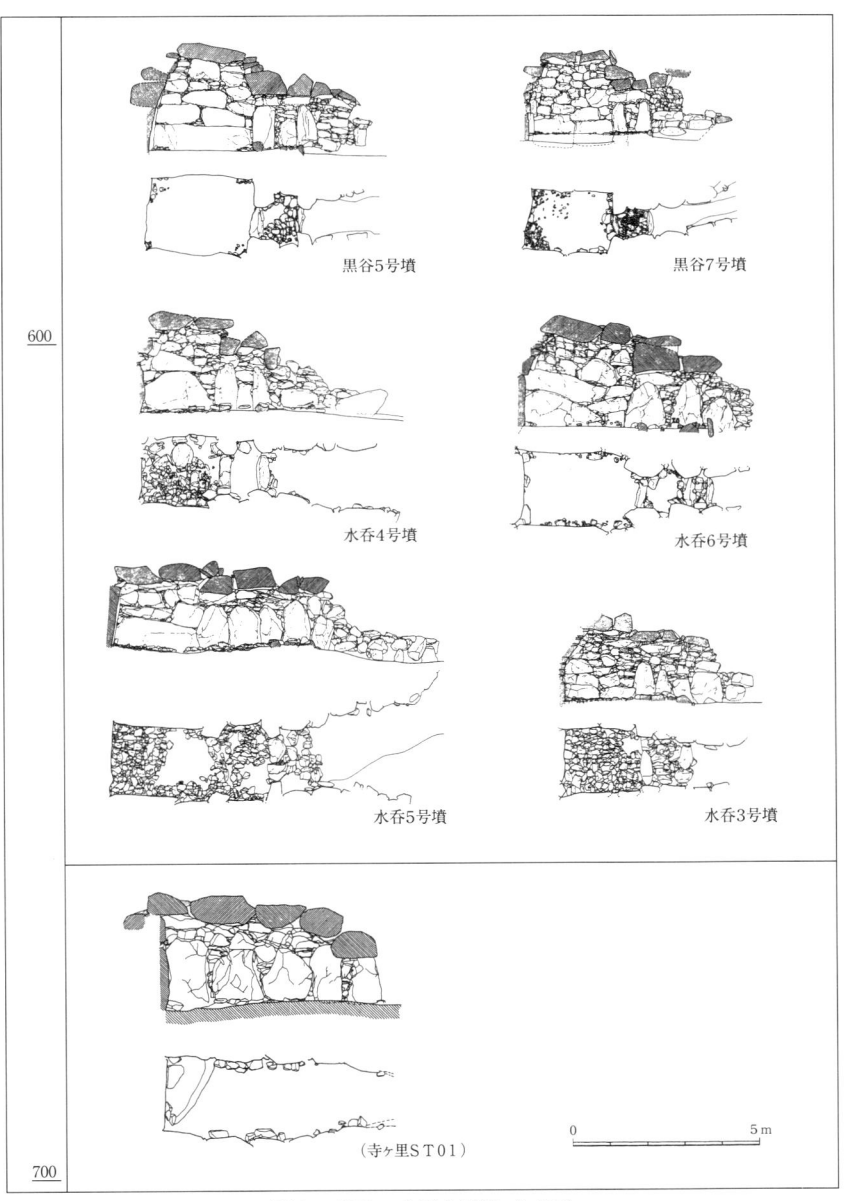

図3　黒谷・水呑古墳群（1/200）

6号墳石室)。特に最終末段階（TK217型式期）となると、玄室の幅や高さは前室や羨道のそれと近くなり、無袖石室との関連を思わせる石室形態となる（水呑3・5号墳石室）。

　黒谷・水呑古墳群における石室構造の変化は、各袖部の形骸化、言い換えれば、独立した「部屋」としての機能が失われていく過程であるといえるが、痕跡化しつつも袖部がなかなか失われないことは注目すべきであろう。水呑3・5号墳石室においても羨道部壁体の下部には立石を使用しており、玄室壁体の石積みとは明らかに異なっている。このことも玄室とそれ以外という意識が未だ払拭されていないことを示す証拠といえるだろう。この意識の上での形骸化がさらに進むことで、無袖石室が出現する。

　周辺地域における無袖石室には、寺ヶ里 ST01（佐賀県東脊振村）石室（図3）、朝日北 ST05・07（佐賀県神埼町）石室などを挙げることができる。寺ヶ里 ST01 石室は天井が入口へ向かって次第に低くなっており、石室壁体には水呑3・5号墳石室でみられた玄室、羨道といった石積みの変化はない。時期は TK217〜TK48 型式期に位置付けることができる。

(3)　筑後・北肥後型石室

　筑後・北肥後型石室は室空間創設型の複室構造を基本形態とする。入口部分の構造もしっかりとしており、各袖石は大きく内側へと張り出し、楣石もしくは楣状の石材も多くの石室においてみることができる。筑前型石室と異なり、入口部分の構造がしっかりとしているため、この系統の横穴式石室では、特に大形石室であるほど袖部の形骸化は低調である。筑前型石室でもみたように、7世紀（TK209型式期）以降の前室や羨道の幅が玄室のそれと等しくなった段階においても、各袖部の張り出しは明瞭である。弁慶が穴古墳（熊本県山鹿市）石室、オブサン古墳（熊本県山鹿市）石室（図4-2）、岩戸山4号墳（福岡県八女市）石室（図4-1）などがこの好例といえるだろう。しかし袖部の簡素化は進んでおり、弁慶が穴古墳石室やオブサン古墳では、袖部立石のいくつかは壁体に組み込まれておらず、柱状をなしていることがわかる。

(4)　西北部九州型石室

　西北部九州型石室も入口の門構造がはっきりとした横穴式石室である。単室構造の横穴式石室も存在するが、複室構造をとる場合、前室があまり空間的広

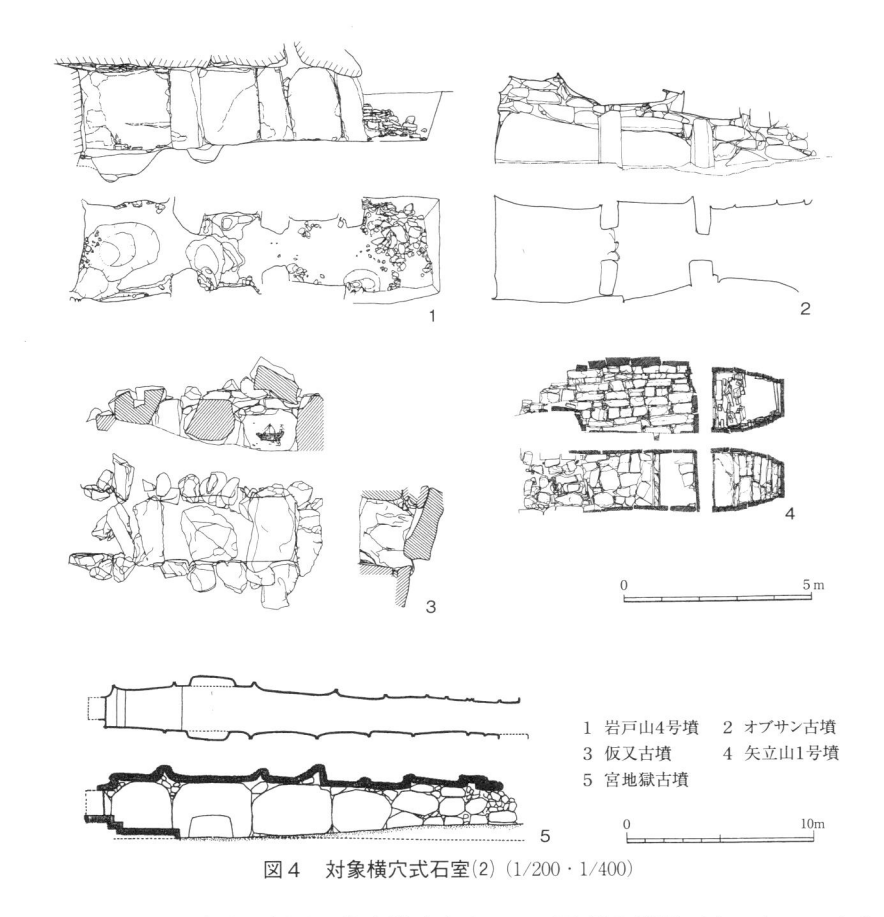

1　岩戸山4号墳　2　オブサン古墳
3　仮又古墳　4　矢立山1号墳
5　宮地嶽古墳

図4　対象横穴式石室(2)（1/200・1/400）

がりを持たない羨道分割型の複室構造となる。西北部九州型石室においてもあまり無袖の横穴式石室は発達しない。先に述べたように、6世紀になるとこの地域においても有羨道化が定着し、複室構造横穴式石室も数多く築造されるようになる。この時期における熊本県南部域の横穴式石室は、A：阿蘇溶結凝灰岩切石による石室と、B：安山岩・砂岩による石室、のように、古墳被葬者の階層や時期によって石室石材の使い分けがおこなわれており（藏冨士1999）、無袖の横穴式石室はB石室の袖部が退化する形で出現している。仮又古墳（熊本県宇土市）石室（平山編 1982）はその好例である（図4-3）。仮又古墳は径12〜14mの円墳で、周囲には列石を3段めぐらしている。出土した須恵器よ

りTK217型式期に位置づけることができるだろう。この地域における横穴式石室は実態のわかっていないものも多く、無袖石室の類例は少ない[2]。しかし、TK209型式期には有袖石室が数多く確認できるため、この地域における無袖石室はTK217型式期以降といえるだろう。

4 九州地域における無袖石室の展開

筆者が九州地域における横穴式石室には独特の石室内空間に対する認識があり、それが「九州型」とも呼ばれる横穴式石室を生み出してきたと考えていることはすでに述べた。九州地域の横穴式石室においては石室の内と外は明確に区別されており、有袖石室が卓越することは必然的であるともいえる。加えて技術的な問題もある。大形の横穴式石室を築造する際、構造上どうしても弱くなる入口部をどう処理するかは、特に初期横穴式石室にとって大きな問題であっただろう。拡大化する玄室幅に対して狭い入口部を設けると袖部はどうしても生じるわけで、袖部の立石化や巨石化も構造上の強化という点でみれば有効な手段である。玄門部の石組みが石室構造上、重要な位置を占めている例が存在することはすでに指摘したとおりである。

このように九州地域の横穴式石室は、室内空間に対する意識の上でも、石室構築に関する技術的な面においても有袖化する必要性があったわけであり、九州地域の横穴式石室を概観する上で明らかとなった次の2点、

① 初期横穴式石室では、無袖石室が規模の大きい北部九州型石室ではなく竪穴系横口式石室に限られ、しかも横穴式石室の普及や構造的発展と共に消滅していくこと

② 横穴式石室が普及し大形化も図られた6世紀段階には無袖石室が認められず、再び現れるのは7世紀（TK217型式期）以降になること

これらは、以上の点から見ても当然であったといえるだろう。

7世紀になると汎列島的に薄葬化への動きが顕著となり、横穴式石室の簡素化、小形化という現象が認められる。この変化は九州地域にも及んでおり、TK217型式期以降、小規模石室を中心に再び無袖石室が出現する。入口部の構造は九州地域における横穴式石室の根幹をなすものであることは繰り返し述べてきたことであるが、その部分に変化が及ぶということは、この段階におけ

る葬送儀礼および意識の面にまで及ぶ大きな変化が生じていることを示しているといえるだろう。この段階には石室石材の大形化が進み、無袖化することに対する構造的な強度の問題は解決されているようにも思えるが、それでも特に首長墓級の大形石室になればなるほど、形骸化しつつも袖部が残っていることは興味深い。

　また、この無袖化についても若干であるが、地域的なばらつきが認められるようだ。佐賀県域の横穴式石室研究を詳細かつ精力的に進めている小松譲は、この地域における無袖石室が背振山麓南側の嘉瀬川流域から田出川流域に多いという、分布の偏りを明らかにした（小松 1999）。また無袖石室の内部から鉄釘の出土が多いという指摘も看過できないものである[3]。7世紀段階における薄葬化の動きが、倭王権主導のものであるならば、その影響を受ける度合いが、無袖石室の出現に関係している可能性は当然考えるべきであろう。また、九州地域では古墳時代後期以降の群集墳は横穴式石室ではなく、横穴墓が主体を占めることがあるため、一概には言えないのだが、筑後・北肥後型石室には比較的少なく、筑前型石室に多い印象を受ける。この場合、筑前型石室は入口部の簡素化がいち早く進んでいることも、当然考慮に入れるべきであろう。

　以上、九州地域における無袖石室出現の様相を概観し、その意味について考えてきた。しかしこれら状況とは異なる例外的な無袖石室のあり方を示す例がいくつか存在する。最後にこれら地域、および古墳について述べておきたい。

　対　馬　九州島の北方、玄界灘の洋上に浮かぶ対馬は、現在20基程度の古墳の存在が確認されている。古墳時代を通じてあまり顕著な動きを示していなかったが、終末期になり矢立山古墳群、サイノヤマ古墳、保床山古墳といった方墳が相次いで築造されるという大きな変化が生じる。これらすべての古墳で主体部に横穴式石室を採用しているが、中でもサイノヤマ古墳、矢立山1号墳（図4-4）の主体部は無袖石室である。近年の福岡大学および地元教育委員会による調査（福岡大学考古学研究室編 2002、福岡大学考古学研究室 2003）により、サイノヤマ古墳、矢立山1・2号墳は3段築成であることも判明した。石室構造や平面形をみても非九州的要素が強いこと、段築方墳という近畿的な墳丘構造を持つことを考え合わせても（下原 2006）、この地域における無袖石室の出現は倭王権との係わり合いの中でもたらされたと考えることができるだろう。

宮崎県域　西都原古墳群の存在をみてもわかるように、宮崎県域は九州他地域とは異なる古墳文化の展開をみせる地域であることは良く知られている。この地域では、現在20基ほどの横穴式石室の存在が知られているが、内容を知ることのできるものの大半が、畿内系の横穴式石室である[4]。その中で詳細は不明だが、新田原古墳群（石船古墳群）44・45号墳石室が無袖石室である可能性がある。この内45号墳が最も古く、出土した須恵器よりTK43型式期に相当する。近畿地域の事例を考えても出現は古く、その系譜については考慮する必要があるが、ここでは、この地域における無袖石室が非九州的であること、近畿地域とのつながりも考えられることを指摘するに止めたい。

宗像地域（宮地嶽古墳）　宗像地域は、九州地域の中でも個性ある横穴式石室を築造した地域であり、それは5世紀以降、新原・奴山古墳群や須多田古墳群といった九州地域でも有数の古墳群を築き上げた宗像君の拠地であったことと無関係ではない。この地には首長墓級の墳墓に無袖石室が採用されている事例である宮地嶽古墳が存在する。宮地嶽古墳石室は全長23mという長大なもので、玄室の奥壁と左右側壁に龕状の刳り込みがあり、近畿地域の横口式石槨の影響を受けている事が指摘されている（下原2006など）。ちなみにこの宮地嶽古墳よりやや新しく位置づけられる手光波切不動古墳の横穴式石室では、形骸化しながらも両袖の形態を採っている。

　このように、首長級と目されながら無袖石室を採用している墳墓は、いずれも近畿地域との強いつながりを窺うことができる。古墳時代における九州地域では無袖石室出現を展開させる積極的要素は、意識的にも技術的にもみいだすことができず、7世紀段階における無袖石室の出現は、これまでとは異なる、葬送上ひいては時代そのものの変化を告げる要素ともなっているといえる。

5　おわりに

　このように九州地域における無袖石室の出現過程について概観した。その中で明らかとなった九州地域の特徴を以下にまとめる。

① 　九州地域の横穴式石室は有袖（両袖）であるものが大半であること。また、石室に対する意識的、技術的な面においても、無袖を選ぶ必然性に乏しいこと。

② 無袖石室の出現は、5世紀代の竪穴系横口式石室に求めることができること。構造的にみて竪穴系の埋葬施設との共通性の高い、技術的にも未熟なものが多く、横穴式石室の普及につれて、その数は減少していること。
③ 6世紀段階に無袖石室は存在せず、TK217型式期以降、通有の袖部が退化する形をとって小規模墳を中心に再び出現すること。それでも数量的には限られること。
④ 無袖石室の出現には若干、地域的まとまりが認められること。

註
(1) 亀田修一はこれら石室と渡来人とのつながりを想定している（亀田1993）。
(2) 球磨川下流域には、通称「鬼の岩屋式」と呼ばれる、板状の安山岩巨石を組み合わせて築いた横穴式石室がある（行西1～3号墳、谷川1・2号墳など）。各壁は1枚石で構成され、当地域における通有の横穴式石室の腰石部分に直接天井石をのせたような体裁をとる。最終末段階の横穴式石室の姿と考えて良いだろう。行西2号墳の例をみれば、壁側に板石を立てて袖部とする複室構造をなしている。これら横穴式石室の中には、現在無袖の状態にあるものも存在する（谷川1・2号墳）が、行西2号墳例のように本来は袖部があった可能性も高い。
(3) 6世紀段階までの九州地域において、遺体を密封する「閉ざされた棺」の使用は低調である。
(4) 宮崎県域における横穴式石室の系譜については、柳沢一男による詳細な分析がある（柳沢1994）。

参考文献
小田富士雄 1966「九州」『日本の考古学』Ⅳ、河出書房新社
角田徳幸 2007「山陰における九州系横穴式石室の様相」『日本考古学協会　2007年度熊本大会　研究発表資料集』
亀田修一 1993「考古学から見た渡来人」『古文化談叢』第30集、九州古文化研究会
藏冨士寛 1997「石屋形考」『先史学・考古学論究』Ⅱ、熊本大学文学部考古学研究室創設25周年記念論文集

藏冨士寛 1999「肥後地域の横穴式石室」『九州における横穴式石室の導入と展開』第 2 回九州前方後円墳研究会資料集

藏冨士寛 2007「北部九州の埋葬原理と石室構造」『研究集会　近畿の横穴式石室』横穴式石室研究会

小松　譲 1999「肥前東部地域の横穴式石室・導入と展開および終末」『九州における横穴式石室の導入と展開』第 2 回九州前方後円墳研究会資料集

酒井仁人編 1979『久戸古墳群』宗像町文化財調査報告書 第 2 集

重藤輝行 1992「北部九州の初期横穴式石室にみられる階層性とその背景」『九州考古学』第 58 号、九州考古学会

下原幸裕 2006『西日本の終末期古墳』中国書店

髙木恭二 1994「石障系石室の成立と変遷」『宮嶋クリエイト』第 6 号

土生田純之 1980「伯耆における横穴式石室の受容」『古文化談叢』第 7 集、古文化研究会

土生田純之 1992「横穴系の埋葬施設」石野博信ほか編『古墳時代の研究』7　古墳 I　墳丘と内部構造、雄山閣

久山高史編 1993『黒谷・水呑古墳群』鳥栖北部丘陵新都市関係文化財調査報告書(1)、佐賀県教育委員会

平山修一編 1982『仮又古墳』宇土市埋蔵文化財調査報告書 第 6 集

福岡大学考古学研究室編 2002『国史跡　矢立山古墳群』厳原町文化財調査報告書 第 7 集

福岡大学考古学研究室 2003『佐賀県・東十郎古墳群の研究　対馬・サイノヤマ古墳の調査』福岡大学考古学研究室研究調査報告 第 2 冊

森下浩行 1986「日本における横穴式石室の出現とその系譜」『古代学研究』第 111 号、古代学研究会

柳沢一男 1975「九州における初期横穴式石室の展開」『九州考古学の諸問題』東出版

柳沢一男 1994「宮崎県古墳資料(1)」『宮崎考古』第 13 号、pp.72～104

柳沢一男ほか編 2002『鋤崎古墳』―1981 年～1983 年調査報告―、福岡市埋蔵文化財調査報告書 第 730 集、福岡市教育委員会

山崎信二 1985『横穴式石室構造の地域別比較研究―中・四国編―』

山中英彦編 2005『稲童古墳群』行橋市文化財調査報告書第 32 集、行橋市教育委員会
和田晴吾 1989「墳墓と葬送」都出比呂志編『古墳時代の王と民衆』古代史復元 6、講談社

挿図出典

図 1 ：筆者作成
図 2 - 1 ：柳沢ほか編 2002
図 2 - 2 ：髙木正文編 1984『熊本県装飾古墳総合調査報告書』熊本県文化財調査報告第 68 集
図 2 - 3・4 ：酒井編 1979
図 2 - 5・6 ：山中編 2005
図 2 - 7 ：土生田純之ほか編 1976『上種東古墳群第 3 号墳発掘調査報告』大栄町教育委員会
図 3 ：久山編 1993、堤　安信編 1981『香田遺跡』佐賀県文化財調査報告書第 57 集
図 4 - 1 ：赤崎敏男編 1987『岩戸山古墳群』八女市文化財調査報告書第 15 集
図 4 - 2 ：髙木編 1984
図 4 - 3 ：平山編 1982
図 4 - 4 ：福岡大学考古学研究室編 2002
図 4 - 5 ：梅原末治 1937『大和島庄石舞台の巨石古墳』京都帝国大学文学部考古学研究報告第 14 冊

無袖石室の構築
―墳丘構築過程との関連から―

井鍋　誉之

　近年の古墳調査では、墳丘や内部主体にいたるまでの調査が行われ、横穴式石室の構築過程を明らかにする事例が多くなってきた。調査例の増加とともに研究の視点は、詳細な横穴式石室の構築過程や古墳構築途上の儀礼にも向けられている。

　横穴式石室を主体とする古墳構築に関わる普遍化への試みとして土生田純之の研究が挙げられる。

　土生田は山口県下関市岩谷古墳例において詳細な土層観察と墳丘中に須恵器が据えられた儀礼から石室を覆うものを1次墳丘とし、墳丘が完成したものを2次墳丘という概念を用いた（金関・置田1972）。

　また、墳丘内に埋没している列石（墳丘内埋没石積施設）に着目し、墳丘構築と石室構築が同時に行われていることを明らかにした（土生田1994a）。さらに羨道における石積の差異、天井石の状況に注目し、「付加羨道」という概念を用いて、羨道の空間利用、墳丘構築過程との関連性を想定する（土生田1994b）。

　そして無袖石室についても、側壁、天井石の観察から築造者の意図を読み取り、玄室と羨道的な空間利用のあり方を指摘する（土生田2008）。

　一方で、初期の横穴式石室において玄室を構築し、墓道を掘削したのちに羨道側壁を積み上げる構築過程があり、玄室と羨道を一体的に構築しようとする意図は弱いとする教えもある。（北山2007）。

　幸い、筆者は静岡県長泉町原分古墳の調査に携わり、移築を前提とした解体調査を実施した。古墳の盛土はすべて除去し、側壁も解体したことにより、古墳構築に関わる幾多の造作が確認できた（井鍋編2008）。とくに側壁裏側の縦断面の観察をすることで、側壁と前庭側壁の関係性を捉えることができた。原分古墳は無袖石室であるが、この縦断面の観察と従来の石室内部調査による

天井石、側壁目地とを比較検討することで、有袖石室を含めた横穴式石室の構築にもあらたな知見が得られることであろう。

本稿では、これまでの横穴式石室の構築技術に関わる土生田の整理に導かれながら、墳丘内列石[1]、指標石[2]、側壁裏側の盛土状況を観察することで墳丘構築過程と石室構築過程の関連性について検討する。対象資料としては原分古墳の調査例や他地域の無袖石室を取り上げる。

1　墳丘内列石と側壁構築—箕谷3号墳（兵庫県養父市）—

箕谷古墳群では5基の石室調査を実施している。戊辰年銘のある大刀を出土した2号墳に隣接する3号墳は、少なくとも3重に列石が巡る古墳である。古墳は長径13.5m、短径9.5mの楕円形を呈する。石室規模は長さ9.2m、幅1.2mの狭長な無袖石室である。出土遺物から7世紀前半の築造とされる。

墳丘内列石と側壁構築　最も内側の墳丘第3列石は正円を呈し、径6mを有する。天井石より上層の盛土状況は不明であるが、第3列石の平面形が正円形であることから装飾的な意図が含まれ、上層の石列は表面に露出していた可能性がある。墳丘内列石といえども上面の礫は墳丘の表面に露出していた事例は、後述する愛知県豊橋市稲荷山3号墳においても確認されている。

一方で第2、第1列石は長楕円形をなしており、石室を中心として墳丘が構築されたであろう。

断面図をみると、側壁構築の初期の段階から第3列石を据えていると考えられる。第2列石にかんしては盛土の傾斜にあわせながら、側壁構築とともに積み上げている様子がうかがえる。さらに列石は側壁との接続部に近づくほど、傾斜をつけ、堅固に作られていることがわかる。石積みは良好なところで4段ほどある。また、所々に立石状の石がみられることから盛土作業における作業単位として考慮する必要もあろう。

第3列石の接続する右壁には報告者や土生田が指摘するように石室の目地が奥壁側と異なり、この位置で変化する。

第2列石との接続する側壁においても縦目地がとおること、石材の大きさの変化、平面形もやや西側にずれていること、床面が傾斜する変換点であることから側壁構築と列石の関係が連動して構築されていることがうかがえる。第2

列石が堅固に施工されていることから、この部分までの石室を重要視した意図が読み取れる。そしてこの位置から開口部に向けて側壁を付加している可能性がある。

天井石の架構状況は不明であるが、側壁目地の変化から天井石は第3列石あるいは第2列石の側壁まで載っていたと思われる。

2　墳丘内列石と1次墳丘―室尾生谷口古墳（岡山県津山市）―

緩斜面に単独で立地する円墳である。全長8.5 m、幅1.7 mの無袖石室で6

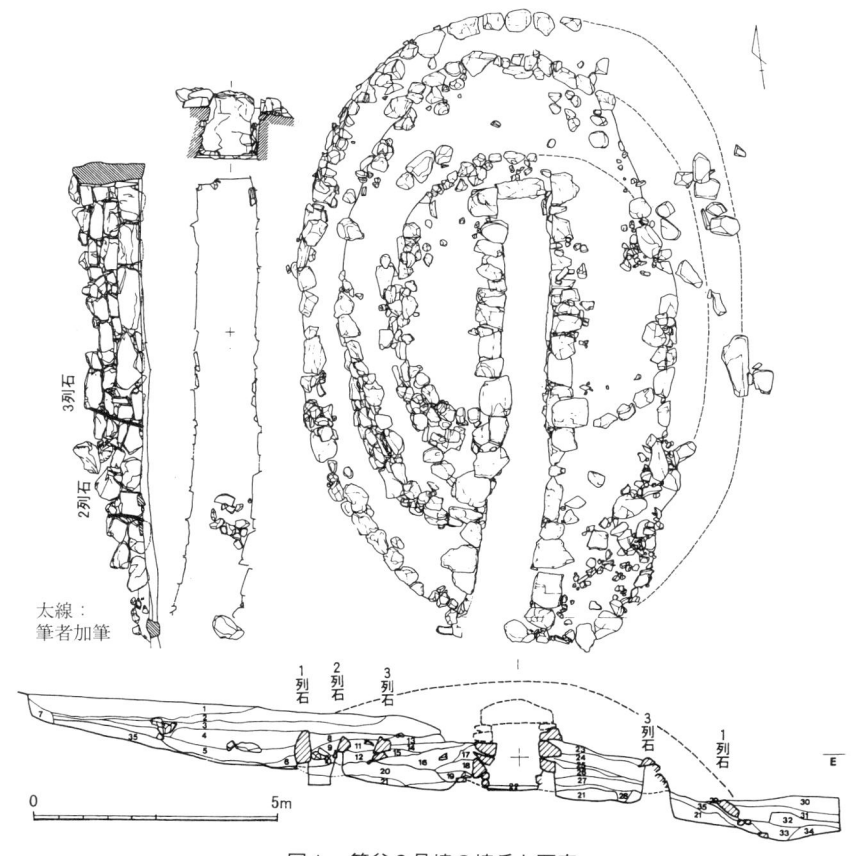

図1　箕谷3号墳の墳丘と石室

世紀末〜7世紀初頭の築造と考えられる。墓坑は長楕円形を呈し、開口部まで延びる。

　墳丘内埋没溝　断面図をみると整地段階において墳裾の手前に浅い掘り込みが認められる。この上層が盛土の端であることから構築段階の墳丘範囲を示す指標と考えられ、墳丘内埋没溝の可能性を指摘できる。墳丘内埋没溝は神奈川県秦野市桜土手1号墳や原分古墳において同様の掘り込みが確認されおり、墳丘内列石と同様の性格を有していたと思われる。

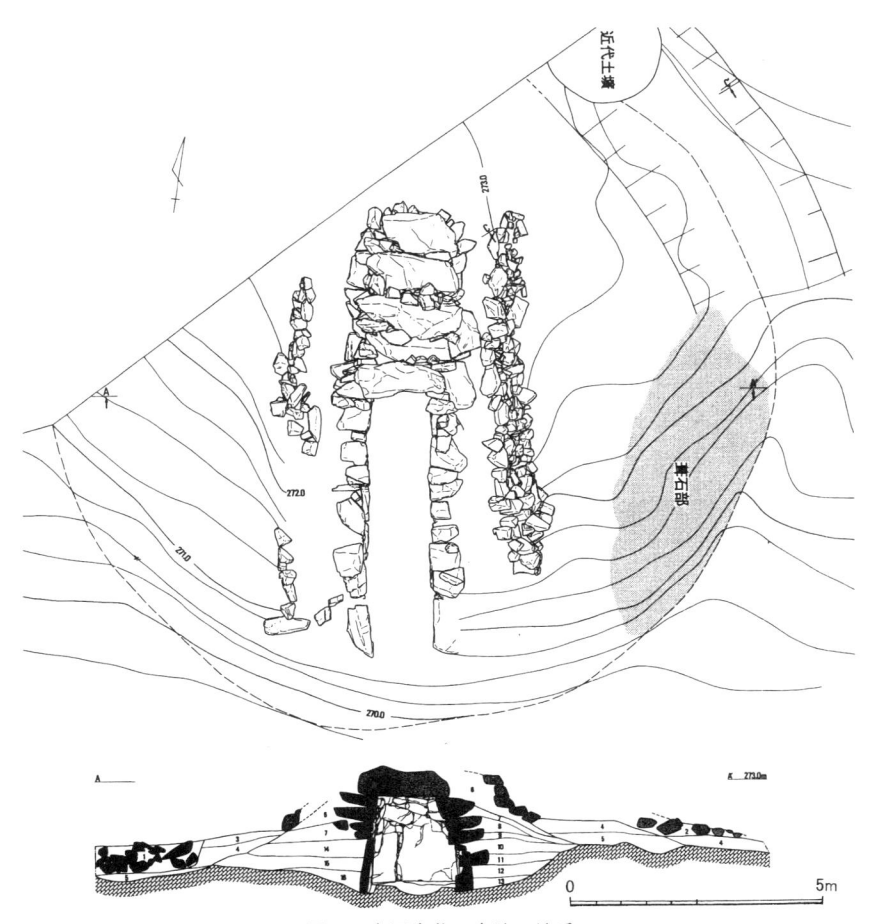

図2　室尾生谷口古墳の墳丘

墳丘内列石と1次墳丘　断面図からは皿状を呈する幅広の墓坑を掘り込み、墓坑内には側壁2段階時まで水平に盛土されている。側壁3段階以降は傾斜をつけながら盛土されている。天井石設置後には急傾斜で盛土され、両側壁側に直線的な列石がつく。列石は4段ほど積まれる。

5層に須恵器の甕や瓶類の破片が多く含まれ、図示されていないが、右壁側でも多くの須恵器片が認められると報文にある。3層〜5層が盛土とされることからさらに盛土が覆っていた可能性が高い。天井石を載せ、列石を設置して石室構築が完成した段階において両側壁側の墳丘で須恵器を用いた儀礼が行われたと推察される。つまり1次墳丘の完成ということになる。

この1次墳丘と2次墳丘との関係を明確に示したものが、先述の山口県下関市岩谷古墳であろう（金関・置田 1972）。天井石上部1mほどのところに黄灰色の粘土が厚く覆われ、裾部に須恵器大甕が据えられていることからこの段階の盛土を1次墳丘と呼び、すべての古墳構築が終了した時点での墳丘を2次墳丘と称している。

岩谷古墳では墳丘内における須恵器大甕の存在、楕円形をした1次墳丘、天井を覆う黄灰色粘土、盛土の厚さや積み方などから1次墳丘と2次墳丘とを分別することが可能となったわけであるが、本墳においても盛土と列石の関係や須恵器の出土から、1次墳丘の完成には礫が用いられていると想定する。石室を厳重に保護するとともに石室完成に伴う祭祀的要素も含まれているであろう。

このように墳丘内に見られる列石の存在は盛土との関係において観察することで、側壁構築時のものかあるいは天井石設置後の1次墳丘完成時によるものかを示してくれる。

3　墳丘内列石と控え積み─稲荷山3号墳（愛知県豊橋市）─

低丘陵の尾根上に3基の調査を行っている。3号墳は直径10mの小円墳である。全長4.7mの無袖石室で、6世紀後葉の築造である。前庭側壁の状況は良好ではないが、墓坑より上に設置されていたと考えられ、この位置に閉塞石がつく。石室の遺存状況は良好ではないものの、外護列石、墳丘内列石、控え積みが良好に検出されており、古墳構築過程をたどることができる。

墳丘内列石と控え積み　本墳は旧表土に炭を含んでいることから構築前に

草木の焼却を行ったとされる。墓坑は方形を呈する。浅い墓坑内に基底石を据え、その後、側壁とともに控え積みを行っている。

　控え積みは墳丘内列石の内側にみられ、長楕円形を呈する。石積みは側壁背後、奥壁背後に巡っており、とくに奥壁裏側には垂直に5段ほど積み上げられている。

　開口部の控え積みは明瞭に検出されていないが、石室開口部まで設置されていたであろう。控え積みは側壁最上段まで行っており、この段階において側壁の安定性は保たれていたと考えられる。

　墳丘内列石は5段ほど積まれ、楕円形を呈する。列石は墓道へ接続する。開口部には一部、2重に巡る部分も認められる。列石は奥壁から東壁寄りにかけては精美に積まれ、西壁から開口部にかけては雑然として積み上げられている

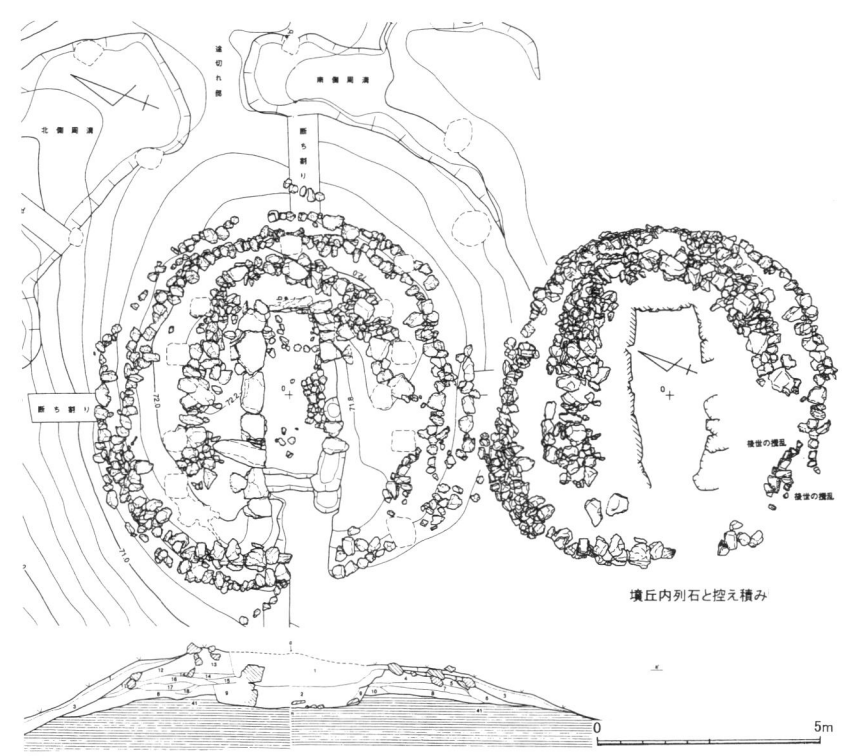

図3　稲荷山3号墳の墳丘

状況である。報告者は上段の列石は表面に露出していた可能性を指摘し、下部の列石は完全に埋没していたとされる。

奥壁裏側の墳丘内列石や控え積みは5段ほど垂直に積まれていることや奥壁側の盛土も細かく丁寧であることから、当墳において奥壁の設置は石室構築の要所であろう。

こういった側壁の裏側に礫を多量に用いる事例は東海地域の横穴式石室ではあまりみられず、裏込めに礫を多用する例は比較的古い横穴式石室に採用されている。また、信濃、上野、美濃、三河で多く確認されていることから、積石塚との関連を視野に入れる必要があろう。

4　墳丘内列石と指標石—東山12号墳（兵庫県多可町）—

12号墳は墳丘トレンチ調査から南北21m、東西19mの南北に長い楕円形を呈する円墳である。石室は全長11.1m、幅1.95mの無袖石室である。天井は開口部に向かい低くなるものの平天井である。両側壁の開口部には立柱石がつき、この位置まで天井石が載る。前方には前庭側壁が1.6m延び、さらにハ字に開く部分には開口部列石が右壁側で一部みられる。立柱石を境に石材の積み方が異なることから玄室と前庭側壁には段階的な構築が考えられる。

墳丘内列石と指標石　墳丘内列石は前庭側壁の先端部に接続する。報文では石列は上下2段になり、分岐するとしていることから2重の墳丘内列石が存在していた可能性があるとされる。下段は基底部からの設置であり、上段は盛土上に築かれる。全面調査ではないため、全周していたか不明であるが、トレンチ北端で終結するとしている。土層断面をみると列石の位置で小墳丘状を呈していることがわかる。次に盛土を貼り付け、外側に向けて墳丘を大きくしている。さらに盛土をのせ、墳丘を構築している様子がうかがえる。この墳丘内列石は石室の中核部を築成する際の段階別の盛土範囲を示すものと考えられる。

西トレンチでみられた集石は墳丘内列石とは続くものではなく、墳端を決める際の目安としての可能性を示唆している。同様の事例として原分古墳においても集石のみられる箇所が墳丘上で数箇所あり、盛土との関係から構築時における指標としての性格をおびていたと考えられる。

213

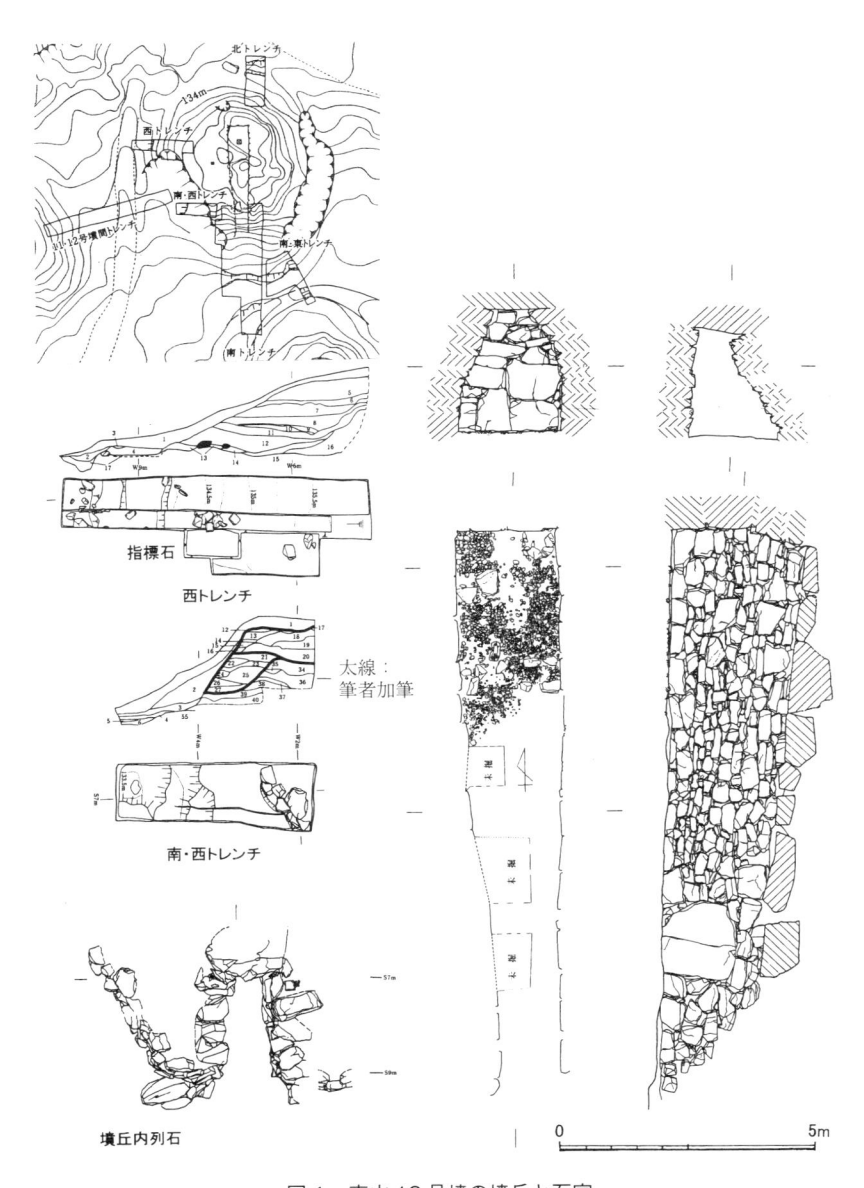

図4 東山12号墳の墳丘と石室

5　側壁構築と盛土構築―原分古墳（静岡県長泉町）―

　原分古墳は径17m、高さ2mの円墳で、やや南北に長い楕円形を呈する。墳端には幅1m前後の平坦部が巡っており、本来の墳丘は截頭円錐状の墳丘側面観を呈していたと考えられる。周溝は掘り込みが浅い。

　横穴式石室は長さ7.5m、幅1.7m、石室内の高さ2mである。ハ字に開く前庭側壁をもち、この部分を含めると10.4mに及ぶ長大な石室である。開口部に框石状の大型石材が据えられ、玄室床面は開口部より一段低く下がる構造の無袖石室である。遺物から7世紀中葉の築造である。

　指標石　当墳で注目されるものとして、水平盛土を覆った後に主軸側から4～4.5mの位置に人頭大の礫が両側壁側に設置されていたことが挙げられる。墳丘内列石のように精美に巡らせておらず、数個程度のまとまりで構成される。この礫の存在は見落としやすいが、側壁構築に伴う盛土範囲を示す指標石としての性格を有していたと考えられる。

　これを目印にしまりの強い褐色土や暗褐色土を細かく丁寧に盛土をしていく。側壁構築2段階では1段階と同様に列石は認められず、平坦部との境に礫が置かれる程度であった。

　側壁と前庭側壁　墓坑内に基底石を据え、裏込めに土や礫を入れた後、開口部に接する前庭側壁の基底石を据えていく。前庭側壁の基底石は左壁で8石、右壁で5石確認している。玄室の側壁と接する前庭側壁は大型の石材を用い、それより前は小型の石材を用いている。明らかに側壁と前庭側壁の積み方、傾斜角度が異なっており、段階的な構築順序を示すものである。

　前庭側壁の盛土　原分古墳ではハ字に開く前庭側壁が設置されており、石室主軸トレンチにて盛土との関係性を確認することができた。およそ2～3小工程に分離できる。前庭側壁の盛土は側壁構築とともに積み上げていく。側壁と前庭側壁は傾斜角度や積石法が異なるものの、盛土は開口部列石に向かって土を貼り付け、墳丘規模を拡大していく。

　左壁前庭側壁の盛土工程　左壁2段目を構築した後に前庭側壁構築に伴う盛土がある。およそ3工程に区分でき、左壁と前庭側壁との境には土層の変換点が確認できる。前庭側壁の盛土2工程は暗褐色系土、黒褐色系土を開口部列

215

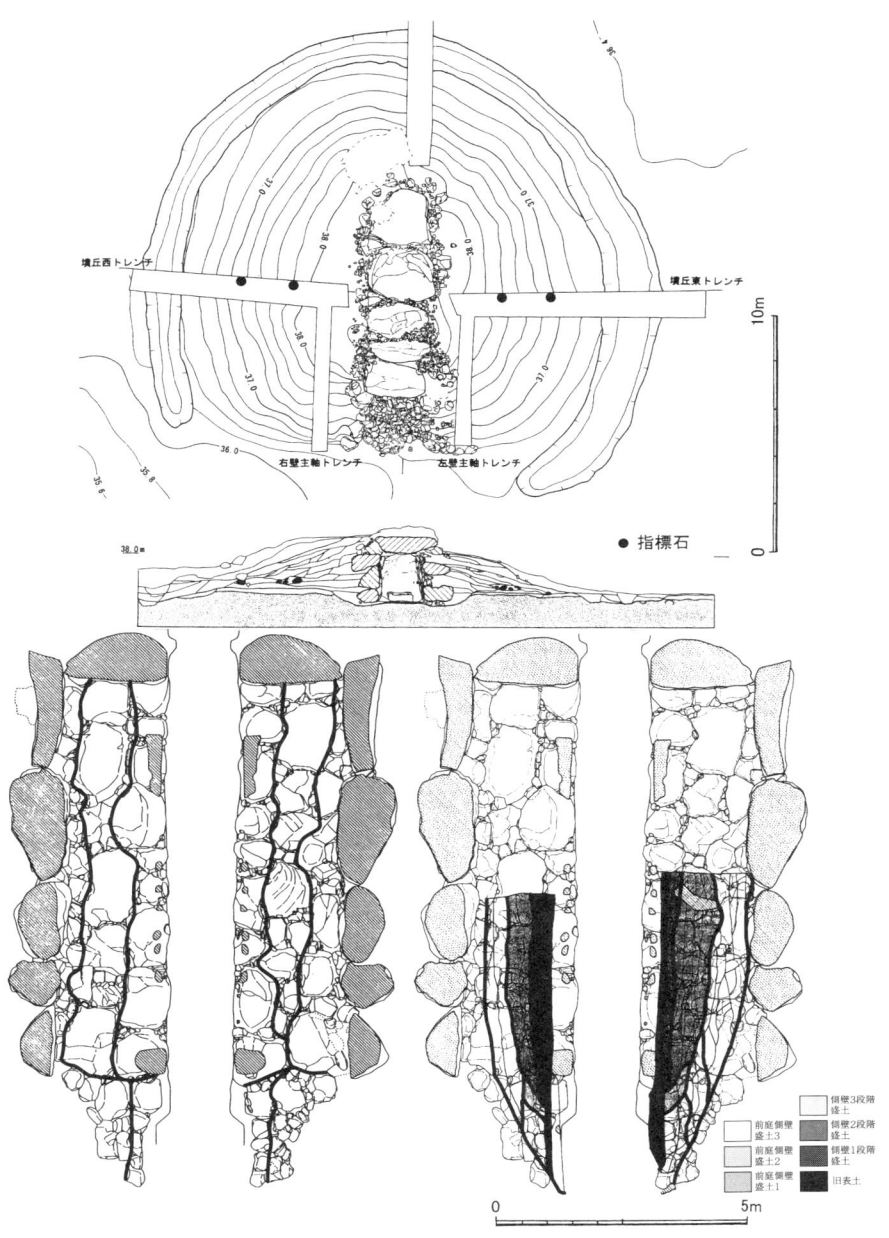

図5　原分古墳の墳丘と石室

石まで徐々に盛土を貼り付け、墳丘規模を拡大している様子がうかがえた。前庭側壁の盛土3工程では側壁盛土との一体化をはかるために暗褐色土（砂質）が被覆されていた。

右壁前庭側壁の盛土工程　左壁と同様に側壁開口部と前庭側壁の境に土層の変換点が確認できた。右壁の前庭側壁は2工程に分離できる。前庭側壁盛土1・2ではしまりの弱い暗褐色土を徐々に貼り付け、墳丘規模を大きくしている。先述した左壁と前庭側壁を一体化する工程はこの段階でみられず、側壁構築3段階時で被覆されていた。

以上のように側壁構築に伴う墳丘盛土は、しまりの強い褐色土や暗褐色土を丁寧に積み上げ、側壁と盛土の一体性は強い。一方で前庭側壁はしまりの弱い暗褐色系、黒褐色系の土が用いられていた。前庭側壁の基底石間には縦方向の目地あきが確認されており、盛土との一体性は弱い。しかし、側壁と前庭側壁の盛土は連動して構築されており、玄室と前庭側壁にみられる石積の差異は盛土構築と密接に結びついていた。言い換えれば、石室の中核部を構築した後に前庭側壁が付加されたことを意味している。

6　結　語

無袖石室における墳丘内列石・指標石の存在から石室構築と墳丘構築が一体化していることを検討してきた。無袖石室の場合、玄室と羨道の区別は明瞭ではないが、墳丘内列石の配置と側壁の積み方の変換点には盛土と密接に関わることが把握できた。

箕谷3号墳では3重に巡る列石と壁体の構成から、開口部に向けて側壁の付加や玄室と羨道の空間的な認識をしていた可能性があり、これは土生田の指摘にもあるように、墳丘内列石は側壁構築と連動していることを再確認した。

しかし、列石といえども天井石設置後につけられたものや墳丘表面に露出している事例も認められ、側壁構築、天井石設置後など、石室構築の様々な段階においてみることができた。

室尾生谷口古墳例では天井石設置後における直線的な列石の類例は多くないが、須恵器片の出土状況や天井石設置後に列石が配置されていたことから1次墳丘時の外表施設と想定した。また、これは天井石を覆う盛土と石室を厳重

に保護するといった祭祀的な要因が強いと考えられる。

　一方、稲荷山3号墳においては墳丘内列石とその内側に控え積みと称する堅固な石積が確認された。墳丘内列石の上段は古墳表面に露出していたとされる。構築途上には墳丘の盛土範囲を示すとともに古墳完成時には装飾的効果を有していたと思われる。控え積みは石室開口部まで巡っており、石室そのものを構築するために設置されたものであろう。

　このように盛土との関係性を捉えることで、墳丘内列石は従来、言われていた盛土の流出を防ぐ土留め機能といった実質的効果があるとともに2重、3重にも巡る列石は古墳構築の段階的な盛土範囲を示すものである。つまり、盛土順序と関連したものであろう。実際、構築時における墳丘は石室を重視して構築されるため、長楕円形であることが多いのはこのためである。

　東山12号墳においては部分的なトレンチ調査であるにもかかわらず、墳丘内列石は周辺の盛土状況から墳丘規模を拡大していく様子がうかがえた。また、墳端近くに存在する指標石は、原分古墳と類似する様相であった。

　原分古墳においては墳丘内に存在する指標石、前庭側壁、開口部列石を手がかりに石室構築と墳丘構築が連動して行われていることを確認した。

　当墳では列石が全周するほど精美ではなかったが、数個からなる礫からも石室構築と墳丘構築を捉えることができた。また、前庭側壁の構築は側壁2段階時からなされており、盛土を貼り付けて前庭側壁を構築し、墳丘を大きくしていることがうかがえた。このように前庭側壁は側壁に付加して構築され、複数の工程に分離されながらも墳丘構築と連動していたと判断できる。つまり、石室中核部を築成し、外側に向け墳丘を拡張していくのである。

　こういった古墳構築法はたんに無袖石室に限ったことではなく、すでに京都府向日市物集女車塚古墳における石室と墳丘の関係や土生田が提唱する付加羨道との関連を考慮する必要がある。

　石室内部からの壁体観察とその裏側の盛土との関係性を確認するには、従来の縦、横断面による観察だけでなく、原分古墳例のように側壁裏側に主軸と平行するトレンチを設定する必要がある。これにより有袖石室の場合においても玄室と羨道の一部を含めた石室中核部が盛土構築と有意に結びついていることを示すであろう。さらに構築に時間差を置きながらも開口部に向けて側壁が

付加されていく過程が想定される。そして、墳丘規模を拡大し、最終的に石室と墳丘の一体化をはかっていることが有袖石室においても検証できるであろう。

今後の古墳調査において適切なトレンチ設定と綿密な土層観察、壁体観察を踏まえた調査事例が増加すれば、築造者の意図を汲んだ古墳築造法が明らかになるであろう。

註

(1) 墳丘内列石については墳丘内石列、墳丘内埋没石積施設、擁石などの様々な用語が用いられているが、ここでは一般的に使われている墳丘内列石と呼称する。
(2) 指標石とは石室構築段階において墳丘内にみられる数個からなる礫や壁体において基点となる大型の石材を指す。

参考文献

青木　敬 2004「横穴式石室と土木技術」『古墳文化』創刊号
井鍋誉之 2008「原分古墳にみる古墳構築過程の復元」『原分古墳　調査報告編』静岡県埋蔵文化財調査研究所
井鍋誉之編 2008『原分古墳　調査報告編・構造解析編』財団法人　静岡県埋蔵文化財調査研究所
岩原　剛 2002『稲荷山古墳群』豊橋市教育委員会
金関　恕・置田雅昭 1972『下関市岩谷古墳発掘調査報告』山口県教育委員会
北山峰生 2007「初期横穴式石室考」『近畿の横穴式石室』横穴式石室研究会
鈴木直人 1991「墳丘構造と石室の構築について」『大室古墳群』上信越自動車道埋蔵文化財発掘調査報告書３―長野市その１―、(財)長野県埋蔵文化財センター発掘調査報告書 13、長野県教育委員会
高橋克壽 2002「古墳の葺石」『文化財論叢』Ⅲ、奈良文化財研究所創立 50 周年記念論文集、奈良文化財研究所
谷本　進ほか 1987『箕谷古墳群』八鹿町教育委員会
丹野恵二 2007「墳丘と横穴式石室の相関関係―古墳の正面観と墳丘構築から」『近畿の横穴式石室』横穴式石室研究会

千葉元次ほか 1989『神奈川県秦野市桜土手古墳群の調査』桜土手古墳群発掘調査団
土生田純之 1994a「横穴式古墳構築過程の復元」『専修史学』第 26 号
土生田純之 1994b「大和における大型横穴式石室の構築工程について―「付加羨道」の検討」『専修人文論集』55
土生田純之 2008「東日本の横穴式石室について」『東国に伝う横穴式石室』静岡県考古学会
菱田哲郎編 2001『東山古墳群』Ⅱ中町教育委員会・京都府立大学考古学研究室
横幕大祐 1997「いわゆる外護列石について」『美濃の考古学』第 2 号
宮原晋一ほか 1988『物集女車塚古墳』向日市教育委員会
宮原晋一 1988「市尾墓山古墳の再検討」『橿原考古学研究所論集』第 9 集

図出典
図 1：谷本 進ほか 1987『箕谷古墳群』八鹿町教育委員会より一部改変して転載
図 2：小林義晴ほか 1998『室尾石生谷古墳ほか』岡山県教育委員会より一部改変して転載
図 3：岩原 剛 2002『稲荷山古墳群』豊橋市教育委員会より一部改変して転載
図 4：菱田哲郎編 2001『東山古墳群Ⅱ』中町教育委員会・京都府立大学考古学研究室より一部改変して転載
図 5：井鍋誉之編 2008『原分古墳』調査報告編より一部改変して転載

コラム
無袖石室の発掘
―室野坂古墳群を例に―

石川　武男

1　立地と周辺の状況

　室野坂古墳群が所在する静岡県庵原郡旧富士川町（現富士市、平成20年11月編入合併）は、県中部域を南北に縦貫する富士川下流の西岸に位置する。この地域は川の浸食作用によって形成された狭い河岸段丘部と盆地、旧町域の80％を占める低山地部で構成される。

図1　富士川町位置図

　本稿で紹介する室野坂古墳群は、富士川沿いの河岸段丘上にそびえる雨乞山の稜線上、南緩斜面部、標高115～130ｍに立地する。周辺の丘陵には6世紀後半～8世紀の谷津原古墳群、南の台地には7～8世紀代の山王古墳群、同一山稜の西斜面に8世紀代の小石室を主体とする妙見古墳群が分布する古墳の密集地域である。

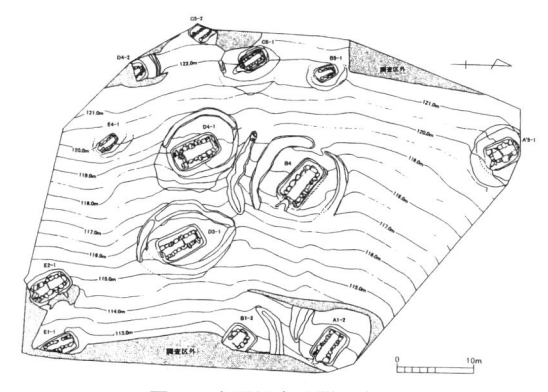

図2　室野坂古墳群分布図

2　群の構成

　本古墳群は横穴式石室を主体部とする古墳30基が平成4・9年の2回に亘って調査された。その分布は密集傾向にあり、山稜南斜面を段階状に横列する。群の構成をみると5ｍを超える群の内最大の石室規模をもつB4・

D3-1・D4-1 号墳[1]の3基を中心に、それ以下の古墳が衛星のように取り巻く。大型石室墳が中央部平坦地という最も古墳を造営しやすい場所を占地し、後続する古墳が周辺に造営されたことが看取できる。

3　外部施設の構造

後世の土地改良により外部施設を確認できる古墳は少ない。周溝から墳丘の形状を復元できるものは中央に位置する大型石室墳のみである。それぞれ南北に長い長径10m程の楕円形状となる。この中でD3-1号墳は墳丘裾部から外護列石が検出された。また、本古墳群の特徴は古墳（特に石室）周辺に多量の小礫が検出されることにある。E2-1号墳の石室周辺には10～20cm程の角礫が多量に認められる。墳丘、石室天井、側壁上部の残存例が希少であることから推測の域をでないが、天井部架工時の詰石だけでなく、墳丘部に礫を使用したことも想定される。本報告書は調査域にこのような小礫が認められ、特に主体部から墳丘にかけて多くみられることから長野県、山梨県に所在する積石塚古墳との関連を推測している。

4　主体部の構造

富士川西岸域古墳群の主体部は現状で調査されたものすべて、無袖形横穴式石室の範疇に含まれる。本古墳群も蓋然のとおり無袖形である。石材は周辺

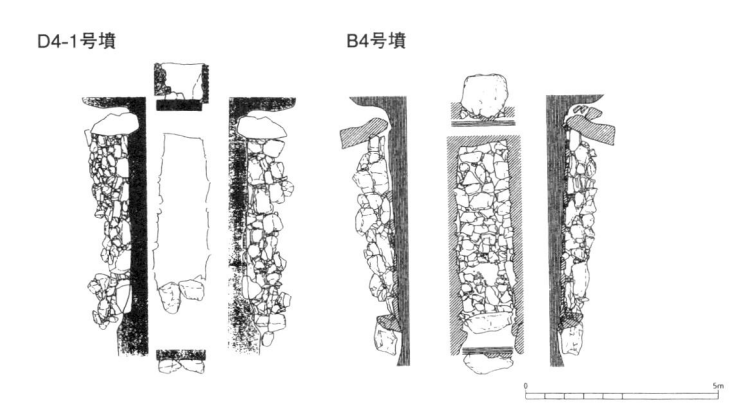

図3　室野坂古墳群石室図

で採取される自然石の角礫を用いる。基底石に大型の角礫を用いるものもあるが少なく、側壁2段目以降と大きさにあまり違いはみられない。残存が悪く不明確ではあるが、側壁の遺存するD3-1号墳の右側壁は目地を意識した積み方が認められる。石室開口部はすべて段構造を呈する。この構造は富士川以東にみられる東駿河地域の横穴式石室の特徴といえる。本古墳群を含む西岸域では6世紀後半〜7世紀初頭を盛業期とする谷津原古墳群の一部を除いて、ほぼこの構造を採用する。段構造の石室は①玄室床面が横口から段をもち、低くなる。②天井構造は前壁がなく、平天井である。③狭長な長方形を呈する構造を差す。形状は西三河でみられる竪穴系横口式石室に類似し、その関連が示唆されてきたが、導入に際し、西三河とは1世紀以上のずれが生じることから直接的な系譜にはないと考えられている[2]。また、この構造は多様なバリエーションが認められている（木ノ内1998）。本古墳群は概ね以下の組合せで段が形成される。

○石室の開口部構造
①閉塞基底部に一枚石を使用し、礫を積み上げるもの。
②閉塞基底部に2〜3個の大型礫を使用し、礫を積み上げるもの。
○石室墓坑の構造
　A　竪穴状　B　開口部底面が水平で解放

①に該当するものはB4、A1-2、E4-1号墳の3基で群内でも少ない。この傾向は西岸域古墳群全体を通して認められる。構造の多数を占めるのは②Aで、本古墳群中、構造の把握できる石室13基中、7基と半数を数える。大型石室をもつD3-1号墳は閉塞石がなく、形状は不明だが、石室墓坑の構造はAとなる。

本古墳群の石室の特徴は側壁を構築する際、裏込めを多用することにある。裏込めは礫と土を用い、断面でみると互層状に版築している。前述の大型石室を例にとるとB4号墳は斜面上にあたる右側壁で礫を多用し、左側壁は土のみとなる。対してD4-1号墳では両側壁で裏込石を多用する。D3-1号墳は石室中央部で、小型礫を側壁に用いるため、壁体の補強として裏込石を多く使用する。本古墳群の石室は斜面に平行し、斜面下にあたる左側壁の残存が悪い。地形の状況から石室を補強する意図で裏込めを選択したとも採れるが、石室の構築法と遺物から時期差も考慮でき、検討の余地がある。

5　まとめ

　富士川西岸域は6世紀後半に造墓活動が始まり、以後、8世紀代に同一構造で、小石室が連綿と築かれる。その終焉は他地域に比べると遅滞する。今回、紹介した室野坂古墳群は、石室規模と出土遺物の状況から造営時期を7世紀後半〜8世紀代と考えている。

　本古墳群は墳丘、石室ともに遺存状況は悪いが、群の特徴として外護列石、古墳周辺における礫の多量検出、石室構築時に裏込め石を使用することが挙げられる。これらの手法は長野県や山梨県、神奈川県西部の古墳に多くみられるが、対して石室は東駿河域の無袖形横穴式石室を踏襲している。

　本地域は縄文時代から各地域の土器が出土し、鎌倉期は身延山詣の身延道が成立、江戸期は東海道の富士川渡船、舟運（塩の道）に代表されるように交通の要所として栄えた地域で、各時代で交通・流通の中継地点であったことが認められる。本古墳群にみられるタイプの古墳は周辺各地域の構築法が融合した姿といえるかもしれない。

　被葬者集団はそれを想定する明確な遺物、史料が認められないことから、その出自について明らかにできないが、本地域には『日本書記』にみられる大生部多の記述[3]があり、平安期に墨書土器、刻書土器等出土する。また、交通・流通に関連する集落と想定される浅間林、破魔射場の両遺跡（佐野・井鍋ほか2000）も所在する。これらのことから何らかの特定的な集団、または氏族であった可能性も考慮できるのではなかろうか。

註

(1)　本古墳群は平成4・9年報告書で古墳名に変更がみられる。これは前調査から次調査まで5年空白期間があったことから一部石室が崩落し、古墳が確認できなかったためである。ここでは初めの調査に準じるべきとの考えから前調査の名称を使用する。

(2)　井鍋はこのほかに竪穴状墓坑を構成要素としているが（井鍋2003）、墓坑が開放されるもので、石室完成時に段を構築するものもあることから構成要素から除外した。

(3) 『日本書紀』皇極天皇三年（644）七月条

参考文献

稲垣甲子男 1994「静岡県室野坂古墳群第1次発掘調査報告書」富士川町教育委員会

井鍋誉之 2003「東駿河の横穴式石室」『静岡県の横穴式石室』静岡県考古学会

木ノ内義昭 1998「前壁状の封鎖施設を有する横穴式石室の意義」『静岡の考古学』

小金澤保雄ほか 1998「室野坂古墳群」富士川町教育委員会

佐野五十三・井鍋誉之ほか 2000「富士川SA関連遺跡」遺構編・遺物編、㈶静岡県埋蔵文化財調査研究所

副葬品からみた無袖石室の位相
―東海〜関東を中心に―

大谷　宏治

　東日本では、各地の横穴式石室の導入期から無袖石室[1]は存在するが、有袖石室に比べてその評価は積極的に行われてきたとは言えない。しかし、古墳時代社会の実像を描き出すには、無袖石室を含めた横穴式石室の総体について評価する必要があることは言うまでもない。そこで小論では副葬品の中から特徴的な遺物を抽出し、積極的に評価することで東日本、特に東海〜関東地方の無袖石室の位相に迫りたい。

1　副葬品からみた無袖石室の築造集団の具体相

(1)　分析視点

　無袖石室は、東日本においても有袖石室とほぼ同時期に出現しており、それを等閑視することは、古墳時代社会の一面を無視することにつながる。言うまでもなく無袖石室すべてに共通する遺物はないことから、それを採用した集団もすべてが同じ社会的な位置づけにあったとはいえないが、小論では無袖石室に副葬された遺物の中で特徴的なものを取り上げ、それらから想定できる無袖石室を構築した集団が持つ特性を探りたい。

　無袖石室を埋葬施設とする古墳は小型古墳に限られるわけではなく、千葉県富津市内裏塚古墳群中の西原古墳、木更津市金鈴塚古墳、長野県飯田市高岡１号墳など地域の中核的な首長墓に採用される地域もある。しかし、中核的な首長墓には、地域の大首長としてさまざまな側面を示す副葬品が納められたことは明らかであり、有袖石室を採用した大型古墳と同様の性格を有する可能性が高いことから、小論では地域の中核的な首長墓よりも中・小規模古墳に採用された無袖石室の副葬品を中心にみていく。

(2) 鉄器（鍛冶）生産と無袖石室

①鍛冶具副葬古墳・鉄滓出土古墳

静岡県富士市中原4号墳　有段無袖石室[2]を採用した中原4号墳で鉄鉗が出土している（前田 2008）。本墳は、TK43型式併行期に築造された直径11mの小型円墳で、鉄製馬具、針、U字形鋤先、鉄斧など豊富な副葬品が出土した（図1）。鍛冶具の出土から鍛冶生産と関連する被葬者である可能性が極めて高く、自ら統括した鍛冶集団が製作した物品を副葬していた可能性が高い。鈴木一有や井鍋誉之は、本墳について有段無袖石室であるが九州や三河などの竪穴系横口式石室とは時期差があること、鍛冶具や鉄滓など鍛冶生産に関係する奈良県葛城市寺口忍海古墳群（新庄町 1988）・寺口千塚古墳群（橿考研 1991）や大和二塚古墳括れ部石室（奈良県 1962）が有段無袖石室を採用することとの共通性を考慮し、朝鮮半島や大和南部に系譜を求めている（井鍋 2003、鈴木 2003）。さらに、鈴木は鍛冶具が副葬されること、東駿河で最も古い石室の一つであることから、本墳の成立には鉄器生産集団が移植した可能性も想定する（鈴木 2003）。

したがって、鍛冶集団の中に無袖石室を採用する古墳があり、大和二塚古墳と中原4号墳との鍛冶関連遺物の共通性などを考慮すると、鍛冶という共通する職掌を担う集団が鍛冶技術などの情報交換とともに石室の情報も共有し、同じような無袖石室を構築したことを想定できる（井鍋 2003、鈴木 2003）。

岐阜県各務原市大牧2号墳・蘇原東山18号墳　大牧古墳群では1・2号墳の周溝から鉄滓が出土した（各務原市 2003）。1号墳は全長約45mの前方後円墳で、家形石棺を内蔵する両袖石室を採用し、金銅装馬具など豊富な遺物を副葬する木曽川中流域の中核的首長墓である。鉄滓・砥石の出土から鍛冶集団を統括した首長墓と考える。一方、1号墳に近接する2号墳（円墳、8m）は、小規模な無段無袖石室である。出土した鉄滓が2号墳に確実に供献されたとすれば、中核的な首長のもとで生産にあたった集団が築いた古墳と想定でき、無袖石室と鍛冶生産をつなぐ資料として興味深い。

また、各務原市蘇原東山18号墳、同各務御坊山南3号墳から鉄滓が出土した（各務原市 1999・2007）。両古墳ともに残存状況が悪いが、周囲の古墳の様相から無袖石室が採用された可能性が高く、造営集団は鍛冶集団の可能性が高い。

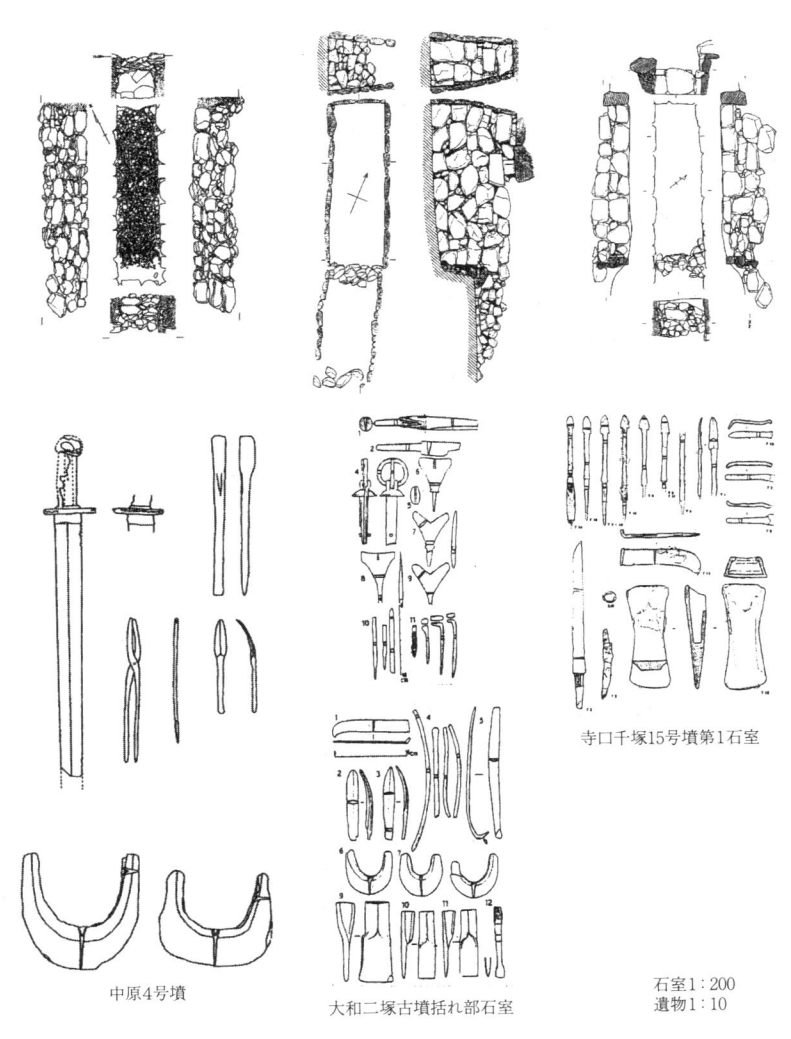

図1　中原4号墳、大和二塚古墳、寺口千塚15号墳の石室と主な遺物

上述した中原4号墳、大牧2号墳とともに無袖石室築造者集団の性格の一端を表す資料として重要である。このように各務原市周辺は鉄滓の出土する遺跡・古墳群があり、無袖石室も多いことから、鍛冶集団が無袖石室を継続的に築造した可能性がある。

②瓢形環状鏡板付轡を副葬する無袖石室

瓢形環状鏡板付轡の特質　別稿で詳細に論じた（大谷 2008）が、鍛冶生産と関係の深い瓢形環状鏡板付轡が副葬された古墳をみておこう。瓢形環状鏡板付轡は日本および朝鮮半島で 1100 例以上出土している環状鏡板付轡の中で、日本のみで約 50 例出土しているが、いわゆる「畿内」には 3 例と少ない。一方で吉備に約 1/4（12 例）が集中し、岡山県赤磐市斎富 2 号墳（岡山県 1995）や津山市河辺上原古墳群（河辺上原調査委 1994）など鍛冶生産と関係する遺物が出土した古墳（群）から出土することが多い。吉備以外では、奈良県葛城市寺口忍海 H 5 号墳（円墳、右片袖石室、鋳造鉄斧出土、新庄町 1988）、岐阜県大牧 1 号墳などで出土し、いくつかの古墳では鍛冶関連遺物が出土していることから鉄器生産に関係する被葬者像が描ける（坂 2005、大谷 2008）。

　吉備地域では 5 世紀前半に鍛冶が開始されるが、5 世紀代後半に一旦衰退し、6 世紀中頃に再び活性化する（亀田 2008）。瓢形環状鏡板付轡はその再興とほぼ同時に副葬が開始されること、吉備を中心として鍛冶生産と関係する古墳[3]から出土することを根拠とし、筆者は吉備で生産され、吉備とそれ以外の地域の鍛冶技術集団間の交流により各地にもたらされたと想定する（大谷 2008）。

埼玉県深谷市黒田古墳群　この瓢形環状鏡板付轡が黒田 1 号墳（無袖石室）で出土している（黒田古墳群調査会 1985）。この黒田古墳群では、4 号墳が L 字形石室である以外は狭長な無袖石室が採用される。この古墳群では 9 号墳から三角形透鍔、11 号墳から鉄柄刀子など古墳時代後期にも稀有な遺物が出土している。鍔の透かしは円形の透かし（穿孔）が一部に採用されるが通常方形であることが多く、管見で三角形透鍔は、福岡県小郡市三沢 20 号墳（小郡市 1992）および京都府舞鶴市喜多家奥古墳（舞鶴市 1995）のみに確認される特異な透鍔である。この稀少性を考えると黒田古墳群の造営集団が自ら製作し副葬したか、鉄器生産が想定される福岡や京都北部に位置する、三沢古墳群や喜多家奥古墳に鍔（大刀）を供給した鍛冶集団との鍛冶技術を含めた直接的な交流によりもたらされた可能性が高い。

　また、鉄柄刀子は、朝鮮半島に起源するもので、国内では古墳時代中期を中心として出土する。後期の出土例は少なく、岡山県赤磐市岩田 14 号墳や同

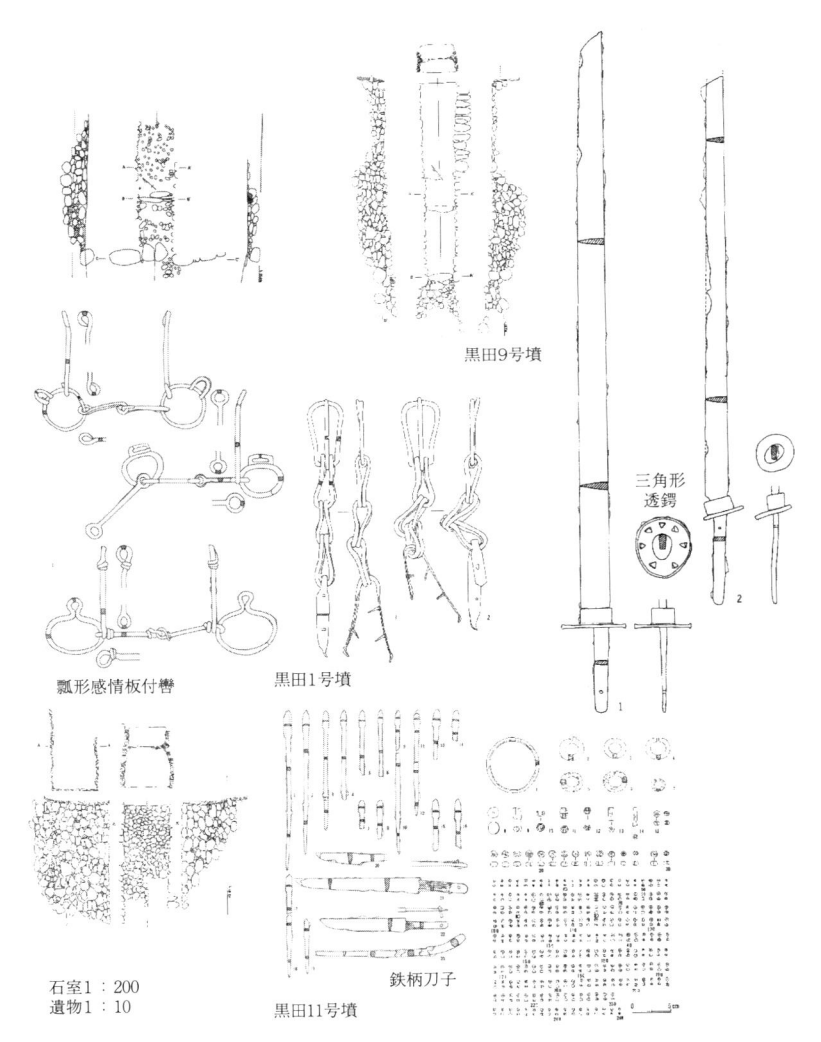

図2　黒田古墳群の石室と遺物

斎富2号墳などで確認される（鈴木2005）のみである。この古墳時代後期の分布状況から鍛冶生産が行われた吉備と関係が想定される。

したがって、吉備との関連性（瓢形環状鏡板付轡・鉄柄刀子）、鍛冶生産との関係が想定できる遺物（瓢形環状鏡板付轡・三角形透鍔）が複数の古墳から出土

していることにより、黒田古墳群の造営集団は鍛冶生産およびその製品の流通に関与した可能性が高い。この集団が無袖石室を連続的に築造しており、鍛冶技術集団という職掌と無袖石室の関連が注目できる[4]。

(3) 馬匹生産と無袖石室

神奈川県伊勢原市三ノ宮・下谷戸7号墳　副葬品ではないがここでは馬埋葬についてみておこう。三ノ宮・下谷戸7号墳（かながわ考古学財団 2000）では、周溝内から同時期に形成された馬埋葬土坑が確認された（図3）。このような埋葬を行う集団は馬匹生産を職掌とした（渡来系の）集団である可能性が高い。この石室は玄門立柱石の前側の側壁石積みの評価により無袖石室か両袖石室か意見が分かれるが、筆者は玄門立柱を有する無段無袖石室に墓道側壁あるいは前庭側壁が設置されたと考える。この石室は相模の最古の石室の一つと考えら

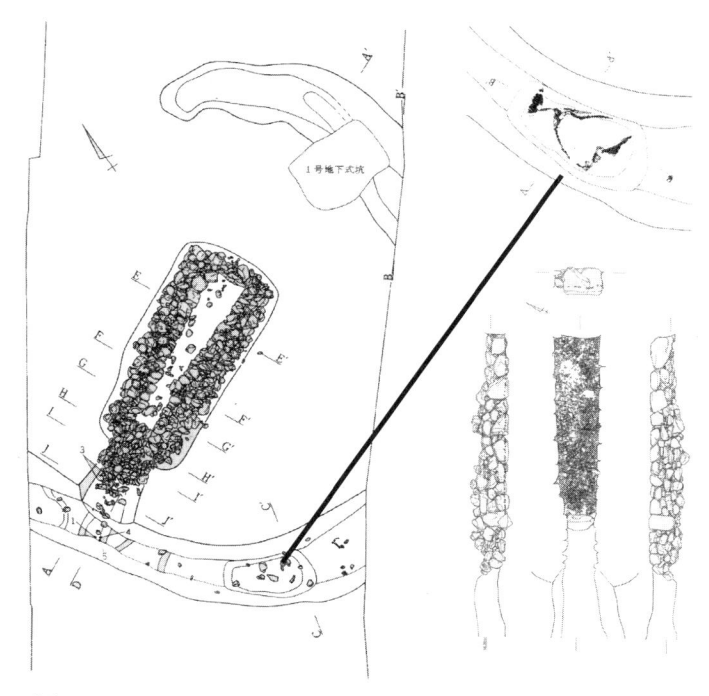

図3　三ノ宮・下谷戸7号墳について（かながわ考古学財団 2000）

れることから、相模の導入期の無袖石室の一部が馬匹生産と関係する可能性が高い。

東駿河の無袖石室と馬匹生産　東駿河について、鈴木一有は静岡県富士市横沢古墳や花川戸1号墳で馬骨や馬歯が出土していることから、当地域での馬匹生産を想定する（鈴木 2003）。さらに岡安光彦は、馬具出土古墳が多いこと、奈良時代には御牧が設定されたことを考慮し、駿河地区に「東国舎人騎兵」の存在を想定する（岡安 1986）。東駿河地域は、古墳時代後期以降終末期まで鉄製馬具（特に轡）が多く副葬され、さらに近年の発掘調査により出土数が増加している。このような馬（馬歯・馬骨）の埋葬あるいは多数の馬具の副葬から東駿河には馬匹生産を行い、騎馬軍団として活躍した集団が存在した可能性がある。この地域はほぼすべてが無袖石室を採用していることから、無袖石室と馬匹生産の関連性が想定できる。

武蔵南部と上野の無袖石室と馬匹生産　無袖石室が多い東京都あきるの市瀬戸岡古墳群の分析を行った松崎元樹は、当該箇所が耕作には不利であること、古墳時代以降の集落内から馬具が出土したことを根拠に馬匹生産（牧経営）を行った人々の墓域であると想定する（松崎 2002）。

また、小林修は、群馬の榛名山麓の無袖石室を検討する中で、榛名山麓や赤城山麓に形成された小規模古墳について、耕作地には恵まれない土地へ進出していること、近接地に馬を放牧した遺跡が複数確認されることを考慮し、牧経営者集団の古墳であった可能性を想定する（小林 2008）。この地域でも伊熊古墳や津久田甲子塚古墳など多くの古墳が無袖石室を採用していることは興味深い。

山梨県甲府市横根・桜井積石塚古墳群横根39号墳　この古墳群は積石塚で構成される古墳群で、このうち横根39号墳は11.2 mの墳丘規模をもつ積石塚であり、埋葬施設は無袖石室である。この床面から馬歯が出土しており、報告者は馬匹生産を行った集団の古墳である可能性を想定し、渡来人の可能性も想定している（甲府市教育委員会 1991）

したがって、東駿河、相模、武蔵南部、上野、甲斐のように、無袖石室が馬匹生産と関係がある場合がある。さらに東駿河の事例からみると、「東国舎人騎兵」（岡安 1986）が想定されるように畿内王権の軍事活動の一翼を担う集

団とかかわりがある可能性もあり、軍事的な職掌と関連する集団が無袖石室を採用した可能性があることは興味深い。

(4) 朝鮮半島とのかかわりを示す遺物をもつ無袖石室

①平底壺を副葬する古墳について

東日本でも渡来系遺物が副葬されることがある。中でも、朝鮮半島百済に起源すると考えられている須恵器徳利形平底壺（いわゆる平底壺）が東海〜関東（三重を除く）では管見で9古墳（群馬県渋川市伊熊古墳、伊勢崎市権現山2号墳・恵下（高山）古墳・五目牛8号墳、長野県長野市長原7号墳、埼玉県美里町広木大町9号墳、栃木県足利市海老塚古墳、壬生町上原1号墳、市貝町長久保4号墳）から出土している。このうち権現山2号墳はＬ字形石室であるが無袖石室の範疇で考えられる（右島1994など）ことから、時期的に7世紀に下る両袖石室である長原7号墳、竪穴式石槨の可能性が高い恵下古墳と、詳細の確認できなかった長久保4号墳以外の6基はすべて無袖石室かその範疇で捉えられる。

これらの平底壺は百済の製品ではなく、倭製と考えられるもので、直接的に渡来人との関係を示すものではない。しかし、上記の古墳は海老塚古墳を除いて小規模古墳であり、平底壺が威信財的な役割を持っていた可能性は低い。一方、通常古墳に副葬されることは稀有な遺物であることから、定森秀夫が想定するようにこのような形態を有する土器を必要とした集団があった（定森1999）と積極的に評価すれば、伊熊古墳が積石塚[5]（に類する墳丘盛土古墳）であることも根拠として、平底壺を副葬した集団が直接の渡来人ではなくとも、朝鮮半島と強いつながりを有する（系譜を持つ）集団と想定してもよいのではなかろうか。この仮定が正しければ、朝鮮半島とのかかわりを示す集団が無袖石室を採用している点は興味深い。

②朝鮮半島系の遺物を複数副葬する古墳

無袖石室の中には、渡来系遺物が副葬される古墳がある。愛知県岡崎市経ヶ峰古墳や外山3号墳など多数確認されるが、ここでは栃木県下野市星の宮神社古墳を取り上げる。

星の宮神社古墳（図4）　星の宮神社古墳は推定直径46ｍの円墳で、河原石積み有段無袖石室を採用する。この古墳からは、胡籙、鍔付鉾、鹿角柄刀子、有刻銅釧のほか鉄製馬具・馬鐸など豊富な副葬品が出土した（栃木県1986）。

233

伊熊古墳　　　　　　　　　　　　五目牛8号墳

石室1：200
遺物1：10　　権現山2号墳　　　　上原1号墳

広木大町9号墳

星の宮神社古墳

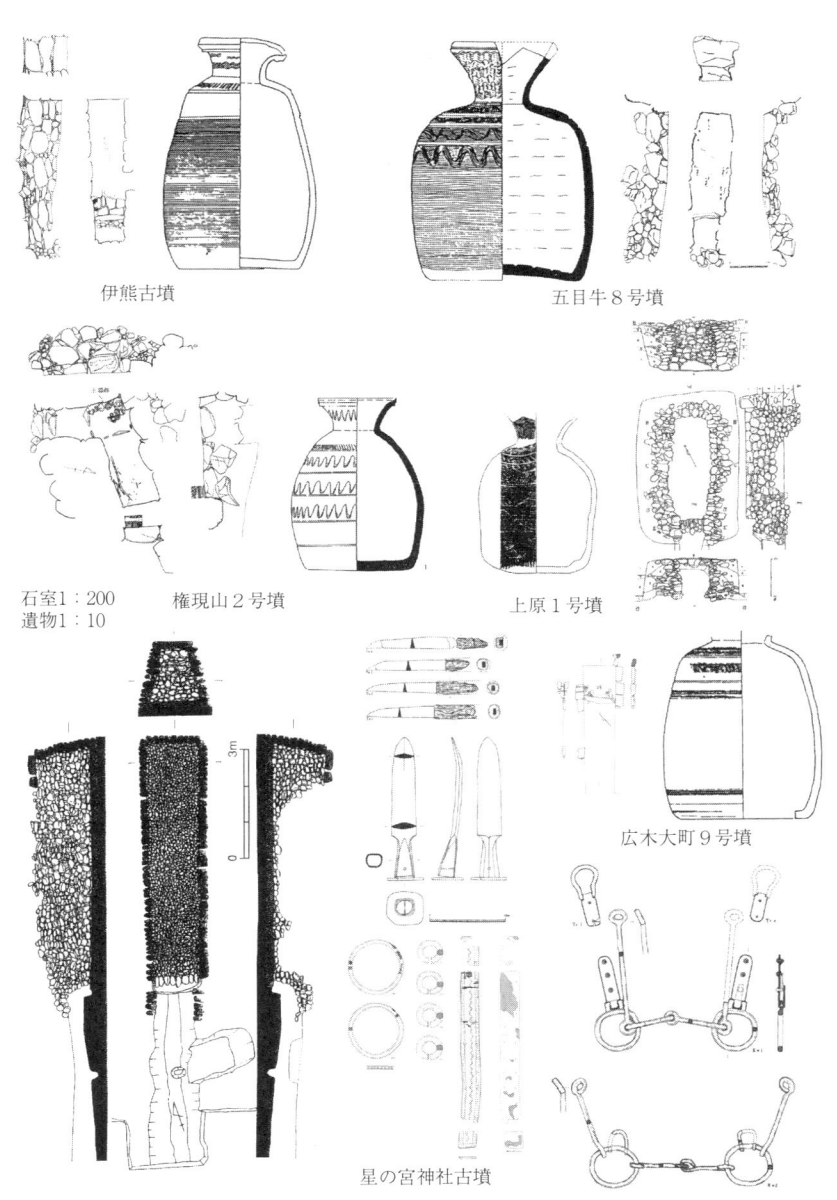

図4　平底壺出土古墳と星の宮神社古墳

この出土遺物のうち鍔付鉾は高句麗系で、百済や新羅地域で多く確認されるが日本国内では十数例しか確認されない特殊な鉾であり、洛東江以東地域との関係が深いとされる（高田 2004）。また、胡籙、鹿角柄刀子（尾上 1998）[6]、有刻銅釧（亀田 2005）[7]は朝鮮半島系遺物とされることから、本墳では複数の遺物が朝鮮半島系遺物とすることができる。しかし、埴輪なども出土していることから直接的に渡来人を示すものではなく、朝鮮半島を含めた幅広い交流を担った小首長であった可能性が高い。

このように朝鮮半島系遺物とされるものを複数有する古墳が無袖石室の中に確認できることから、朝鮮半島を含めた幅広い交流を地方で担った小首長や集団があったことが想定でき、それらのうちの一部が無袖石室を採用したこととは注目に値する。

2　結　語—東日本の無袖石室の位相—

小論では無袖石室が採用されるが地域全体を統括する役割を果たし、複数の位相を体現する可能性が高い、地域の中核的な首長墓は取り上げず、また無袖石室のみで確認できる遺物は少ない中で、あえて中小規模の古墳に採用された無袖石室を中心に特徴的な副葬品が出土した古墳や古墳群を取り上げた。

上記1で論じたように、無袖石室を採用した集団の中には鍛冶生産や馬匹生産を行った集団や朝鮮半島を含めた交易活動に従事した集団あるいは朝鮮半島に系譜を持つ集団が含まれていた可能性が高い。無袖石室を採用した集団が、有袖石室をもつ大型前方後円墳などの中核的な古墳よりも下位の階層にあったことは事実である。しかし、無袖石室がすべて有袖石室の下位に位置し、農耕を営んだ集団が構築したとするには、政治的、経済的、社会的にもそれを築造した人々を過小評価していることになる。

無袖石室のうち段構造を有する古墳は、東駿河、相模、下野、武蔵南部に多く確認され、これらは北部九州系の竪穴系横口式石室とは時期差や形態差が存在することからそれとは別系譜であり、その成立にあってはこの4地域での関連性があることが指摘される（井鍋 2003、土生田 2008、松崎 2002 など）。さらにこの4地域のうち下野を除く3地域では上述したように馬匹生産が想定でき、職掌を共通することで石室形態が伝播した可能性もある。

また、東駿河での無袖石室は大和南部の大和二塚古墳や寺口忍海古墳群との鍛冶技術という職掌を共有することによる形態の伝播や集団の直接の移植も想定される（鈴木 2003）。さらに、美濃や武蔵北部でも鍛冶集団が無袖石室を採用した場合があったことなど各地の無袖石室形態とその集団が持つ特性を詳細に検討しなければならないが、今後は職掌による人的・情報交流も想定すべきである。

　つまり、すべての無袖石室が鉄器生産、馬匹生産などの職掌に結び付くものではないが、上述した無袖石室を採用する古墳がこのような職掌と結びつく可能性があることから、無袖石室の成立・展開にあたって、地域の中核的首長間の交流とは別次元の同一職掌間での技術交流や下位階層間での交流の結果、石室形態が伝播していく可能性が高いことが読み取れる。

　また、平底壺などの威信財的な機能の低い朝鮮半島系遺物を有する集団や渡来系遺物を複数有する集団が無袖石室を採用し、そのうちの一部に積石塚が確認されるなど朝鮮半島に系譜や関係を持つ集団の中に無袖石室を採用した集団が確認できることは、無袖石室の成立にあって小規模な石室も日本国内だけではなく朝鮮半島を含めた系譜を想定する必要がある。さらに畿内王権を直接的に介在させない交流により、無袖石室が情報伝達され各地で再生産された可能性が高いといえるのではないか。

　最後に　上述したような集団の性格は無袖石室に限定されるわけではなく、同じような技術や系譜をもつ集団が有袖石室を構築することは確実である。しかし、無袖石室がその形態、規模から評価が低かったことを考えれば、無袖石室を築造した集団の一側面を導けたと考える。

　副葬品からみれば、冠、馬具、装飾付大刀や陶質土器・韓式土器など注目される遺物が出土することは少ないが、鍛冶生産、馬匹生産との関連が想定できるなど、地域ごとに再度横穴式石室を総点検し、その中で無袖石室の定位を行い、各地の古墳時代社会を丁寧に描き出していく必要があろう。今後は無袖石室を含めた古墳総体を勉強していくことを約して筆をおきたい。

註
(1) 加納俊介が指摘（加納 1988）するように、「無袖式石室」（小論の無袖石室）と

する場合、竪穴系横口式石室、無段無袖石室、有段無袖石室などさまざまな形態が含まれる。したがって、個々の石室について系譜関係を判断する必要があるが、小論は有袖石室との対比による無袖石室の特徴を探るという目的であるため、無羨道の石室を一括し無袖石室とする。

(2) 小論では、石室と前庭、墓道との間に段差があるものを有段無袖、水平なものを無段無袖とする。

(3) 瓢形環状鏡板付轡副葬古墳のうち地域の中核的古墳であるのは岐阜県大牧1号墳およびそれが出土している可能性がある静岡県賤機山古墳のみで、それ以外では中核的首長墓ではないが規模が大きい海老塚古墳を除くと、小規模古墳が圧倒的に多い。

(4) また、黒田古墳群に近接する埼玉県深谷市小前田古墳群（65号墳）から瓢形環状鏡板付轡が出土している。この石室形状は明確ではないが、当古墳群では6世紀代は無袖石室が採用された可能性が高いこと、瓢形環状鏡板付轡の副葬がほぼTK43-TK209型式併行期に収まることを併せて考えると、65号墳は無袖石室である可能性が高い。さらに、栃木県足利市海老塚古墳（無袖石室）や同文選古墳群（5号墳か）からも出土した。文選古墳群中の前方後円墳である11号墳は無袖石室であり、5号墳も無袖石室が採用された可能性が高い。さらに愛知県武豊町山崎古墳は残存状況が良好ではないため有袖石室の可能性も残るが無袖石室の可能性が高く、瓢形環状鏡板付轡とともに多数の鉄鏃、鉄製紡錘車・農工具などが出土しており、鍛冶技術を有する集団の墓であった可能性が高い。

　つまり、瓢形環状鏡板付轡が吉備との関連、そして鍛冶集団とのかかわりが強いとの筆者の想定が正しければ、黒田古墳群のほかいくつかの古墳群で無袖石室と瓢形環状鏡板付轡が関係ある可能性が高く、鍛冶集団の一部が無袖石室を採用したことになろう。

(5) なお、副葬品に共通の特徴は確認できないが、三河、甲斐、上野などでは積石塚の埋葬施設は狭長な無袖石室であることが多い。たとえば、三河の上寒之谷1号墳、遠江の天神山3号墳、甲斐の大蔵経寺山15号墳、横根・桜井39号墳、上野・伊熊古墳、有瀬1号墳、丸子山古墳などは各地の導入期の横穴式石室であり、無袖石室を採用している。これらに共通する副葬品は確認できず、また

上野の無袖石室は、横穴式石室導入以前の礫槨などの竪穴系埋葬施設の構築技術で採用されたと考えられること、埴輪を樹立することが多いことから、積石塚＝渡来人と結び付けることはできないが、無袖石室の一部が積石塚と関連していることはその集団の位置づけを考えるにあたり重要である。

(6) 鈴木一有は鹿角柄刀子について、4・5世紀については朝鮮半島東南部の影響を受けている可能性が高いが、古墳時代を通じて確認される遺物としており（鈴木 2005）、6世紀代の鹿角柄刀子が朝鮮半島系遺物かどうか、今後各地での集成や位置づけが必要となる。ここでは尾上元規の渡来系遺物とする意見を参考としたい。

(7) 星の宮神社古墳の有刻銅釧は断面五角形である。日本国内出土の銅釧は断面菱形あるいは楕円形のものが多く、五角形のものは少ない。五角形の断面を有する金属製釧は朝鮮半島梁山夫婦塚古墳などで確認されており、星の宮神社古墳の銅釧は朝鮮半島から直接的にもたらされた可能性がある。

参考文献

井鍋誉之 2003「東駿河の横穴式石室」『静岡県の横穴式石室』静岡県考古学会
大谷宏治 2008「瓢形環状鏡板付轡の特質」『静岡県考古学研究』40号、静岡県考古学会
岡安光彦 1986「馬具副葬古墳と東国舎人騎兵」『考古学雑誌』71-4
岡山県教育委員会 1995『松尾古墳群・斎富古墳群・馬屋遺跡ほか』
小郡市教育委員会 1992『三沢古墳群Ⅱ』
尾上元規 1998「曲刀子の系譜と性格」『古代吉備』20
各務原市埋蔵文化財調査センター 1999『蘇原東山遺跡群発掘調査報告書』
各務原市埋蔵文化財調査センター 2003『大牧1号墳調査報告書』
各務原市埋蔵文化財調査センター 2007『各務御坊山南遺跡群発掘調査報告書』
橿原考古学研究所 1991『寺口千塚古墳群』
かながわ考古学財団 2000『三ノ宮・下谷戸遺跡（No. 14）Ⅱ』
加納俊介 1988「石室の形状」『西三河の横穴式石室』愛知大学
亀田修一 2005「地域における渡来人の認定方法」『九州における渡来人の受容と展開』九州前方後円墳研究会

亀田修一 2008「吉備と大和」『古墳時代の実像』吉川弘文館
河辺上原遺跡発掘調査委員会 1994『河辺上原遺跡』津山市教育委員会
黒田古墳群調査会 1985『黒田古墳群』
甲府市教育委員会 1991『横根・桜井積石塚古墳群調査報告書』
小林　修 2008「榛名山噴火軽石埋没・津久田甲子塚古墳の基礎検討」『日本考古学』25号
定森秀夫 1999「陶質土器からみた東日本と朝鮮」『青丘学術論集』15集、㈶韓国文化研究振興財団
静岡県考古学会 2008『東国に伝う横穴式石室』
新庄町教育委員会 1988『寺口忍海古墳群』
鈴木一有 2003「東海東部の横穴式石室にみる地域圏の形成」『静岡県の横穴式石室』静岡県考古学会
鈴木一有 2005「蕨手刀子の盛衰」『待兼山考古学論集』大阪大学考古学研究室
高田貫太 2004「5、6世紀日本列島と洛東江以東地域の地域間交渉」『文化の多様性と比較考古学』考古学研究会
栃木県教育委員会 1986『星の宮神社古墳・米山古墳』
奈良県教育委員会 1962『大和二塚古墳』
土生田純之 2008「日本における横穴式石室の導入」『栃木県考古学会誌』29集
坂　靖 2005「小型鉄製農工具の系譜」『橿原考古学研究所紀要考古学論攷』28冊
舞鶴市教育委員会 1995『喜多家奥古墳発掘調査概要報告書』
前田勝己 2008「富士市中原第4号墳」『東国に伝う横穴式石室』
松崎元樹 2002「多摩川水系にみる古墳文化の地域特性」『多摩川流域の古墳時代』多摩地域史研究会
右島和夫 1994「上野の初期横穴式石室の研究」『東国古墳時代の研究』
（※このほか、多くの論文・報告書を参考にしましたが、紙幅の関係で割愛いたしました。ご容赦ください。）

駿河東部における無袖石室の史的意義

鈴木　一有

　富士山の南麓にあたる駿河東部では、6世紀後半から7世紀にかけて独特の古墳文化が花開いた。当地域では無袖の横穴式石室（以下、本稿では無袖石室という）が集中的に構築され、畿内系の両袖、片袖の横穴式石室はもとより、在来的な羨道を有する横穴式石室も一切みられない。無袖石室という単一系統の横穴式石室が展開する特異な地域である。石室の特徴という点では、駿河東部は畿内中枢部と無関係にみえるが、当地域からは東海でも突出した質と量の装飾大刀や馬具が出土している（図1）。豊富な副葬品からは、駿河東部と倭王権は、6世紀後半以降、急激に関係を深めたとみられる。東海地方には、倭王権との関係が強い地域や階層に、畿内系石室がもたらされた事例が多いが、駿河東部においては異なる説明が必要である。

　近年、静岡県を中心とする考古資料の集成作業によって、不明瞭であった駿河東部の後期・終末期古墳の様相が明確にされつつある（静岡県考古学会

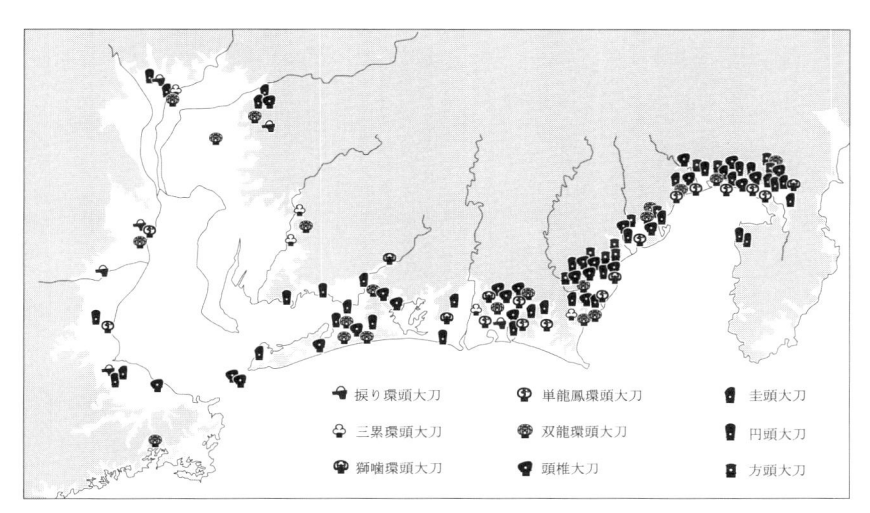

図1　東海における装飾大刀の分布

2003、東海古墳文化研究会 2006)。また、2003 年に行われた長泉町原分古墳の発掘調査では、豊富な副葬品を収めた大型の無袖石室の詳細が明らかにされ、無袖石室を築いた有力階層の具体像が示せるようになった(井鍋編 2008)。本稿では、こうした先行作業に導かれながら、駿河東部における無袖石室の特徴を整理し、排他的に無袖石室が展開する当地域の歴史的特質に迫りたい。

なお、本稿で扱う駿河東部とは、富士川流域以東から黄瀬川以西の地域、行政区分上では庵原郡由比町より東、駿東郡長泉町や沼津市西半部より西の地域を指す。

1　駿河東部における無袖石室の特徴

駿河東部における無袖石室の詳細については、井鍋誉之の検討に詳しい(井鍋 2003・2008)。当地域の無袖石室は開口部の造作を中心にいくつかの系統に細分できるが、古い時期から系譜がたどれ、大型のものが含まれる点で、開口部に段をもち玄室床面が横口部部分より低くなる石室(以下、有段の無袖石室と呼ぶ)が根幹的な存在といえる。有段の無袖石室は、長方形を呈する竪穴状の墓壙をもち、平面、断面、天井、すべてにおいて直線的である。胴張り形態を志向する三河系の横穴式石室とは空間の構成理念において隔たりがあり、互いに異なる系譜であることがわかる。

駿河東部における無袖石室は、6 世紀後半に築造された富士市中原 4 号墳を最古例に、7 世紀を通じて構築が続けられる。段の有無、開口部における立柱石の有無といった差異があるが、いずれも明確な羨道をもたない点で共通性が高い。このうち、開口部に立柱石をもつ系統は、三河系横穴式石室に端を発し、遠江から駿河中央部にまで分布する在来系横穴式石室との関連があると考えられる。

駿河東部の無袖石室には、玄室面積が 10 ㎡を超える大型のものが知られる。地域内でも最高位にあるような有力階層も、無袖石室を採用していたことがうかがえる。東海地方において地域の最有力首長層が構築する石室は、畿内系の片袖・両袖石室か、三河系の両袖石室である。大型の無袖石室が有力階層に受け入れられる駿河東部の状況は、東海地方では例外的な事例である。

駿河東部最大級である富士市実円寺西 1 号墳の石室は、玄室面積が 18 ㎡

賤機山　　　　　　　　駿河丸山　　　　　　　　原 分

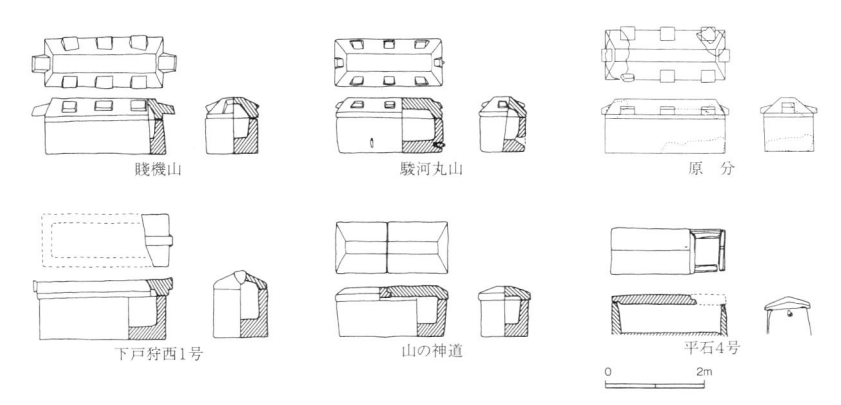

下戸狩西1号　　　　　山の神道　　　　　　　平石4号

図2　駿河の凝灰岩製石棺

以上あり、駿河最大の畿内系横穴式石室である静岡市賤機山古墳の玄室面積（約15㎡）をはるかに超える。玄室部分がすべて埋葬空間として認識されていたかは、個々の事例に即して検討すべきであるが（土生田 2008）、大型の石材を用い、巨大な墓室空間を構築する点で、畿内中枢部と同様の変遷を遂げているといえよう。大型石材を構築する技術は近畿中枢部が情報の発信源の一つとみなせるが、石室形態にかんしては、畿内中枢からの情報移入は限定的であったといわざるをえない。

　駿河東部の無袖石室には、凝灰岩製の石棺を用いる事例が知られる（図2）。石材は、後述する駿河中央部の事例を含めて、沼津市江ノ浦周辺などに産出する通称「伊豆石」を用いたものである。駿河東部における凝灰岩製の石棺には、縄掛突起を備えた四辺傾斜の蓋をもつ刳抜式の典型的な家形石棺のみならず、突起をもたず二辺傾斜の切り妻形態の蓋をもつ組合式の石棺も認められ、その形態は多様である。多くが地域内で変容した形態と捉えられるが、その導入期においては、駿河中央部との関係がうかがえる。駿河東部でも最古級の石棺に位置づけられる原分古墳例は8つの縄掛突起をもつ刳抜式の家形石棺であり、駿河中央部の賤機山古墳や静岡市駿河丸山古墳の家形石棺と共通する。原分古墳例を介することによって、駿河東部における凝灰岩製の石棺は、駿河中央部との関係によって導入されたことがわかる。駿河中央部における最高首長層との密接な関係のもと、駿河東部に石棺が導入されたとみられる。石棺の採

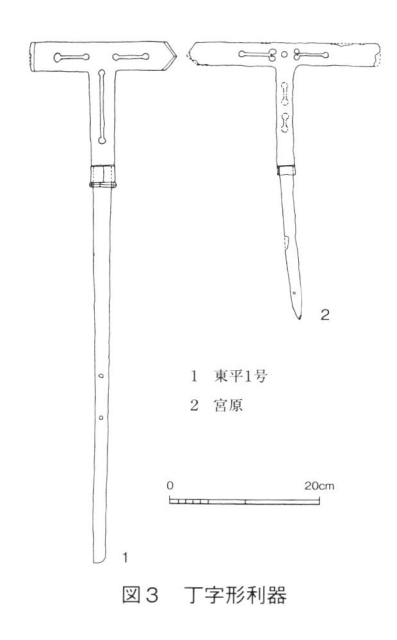

用という点において、駿河東部と駿河中央部の密接な交流をあとづけることができ、このことは、駿河東部の無袖石室を評価する上でも欠かせない要素といえる。

駿河東部の無袖石室をもつ古墳からは豊富な副葬品が出土する。とくに、6世紀後半から7世紀にかけて、装飾大刀と馬具の集中度は目をみはるものがある。

駿河東部にみられる装飾大刀には、単龍鳳環頭大刀、双龍環頭大刀、頭椎大刀、圭頭大刀、円頭大刀があげられ、その種類も豊富である（岩原 2005）。駿河東部全域でみると、特定形式の大刀に偏ることなく、網羅的である点にも留意したい。装飾大刀の帰属時期については、6世紀後半の単龍鳳環頭大刀にはじまり、その後、7世紀前半代の諸形式が豊富に確認できる。装飾大刀の様相からは、6世紀後半代に倭王権が駿河東部を重視しはじめ、その関係は7世紀前半代を通じて維持され続けていたことがうかがえるだろう。なお、金銀装の装飾大刀とは異なるが、日本列島では極めて珍しい7世紀代の丁字形利器が2例、富士市東平1号墳や、沼津市宮原古墳群といった駿河東部の古墳から出土している（図3）。丁字形利器は儀器としての用途が想定でき、特定の職掌にかかわる遺物と捉えられる。丁字形利器はその特異な形態の特徴から外来系の遺物とみられ、被葬者の出自、性格を伝えるものとして注目できる。

馬具についても、駿河東部では6世紀後半代の心葉形鏡板付轡・杏葉にはじまり、7世紀代の馬装が豊富にみられる（鈴木 2006）。駿河東部では、6世紀前半代までの馬具は限定的である。装飾大刀と同様、馬具の様相からも6世紀後半代の画期がうかがえる。

以上、装飾大刀や馬具の様相から、駿河東部の諸勢力は、6世紀の後半代に倭王権との関係を深める中で、豊富な器物を入手しはじめたことが明確に

1　東平1号
2　宮原

図3　丁字形利器

なった。その後、全国的には古墳の造営が衰退傾向にある7世紀前半代にいたっても、副葬行為が続けられた。副葬品からは、駿河東部で無袖石室を構築した集団は、総じて倭王権との結びつきが強かったとみてよい。

2　無袖石室導入の経緯

　駿河東部に受容された無袖石室の源流について検討しておこう。開口部の造作や、墓室の形態が共通することから、駿河東部における有段の無袖石室は、竪穴系横口式石室と関連があるとみてよい。以下、どの地域の竪穴系横口式石室とかかわるのか考えてみたい。

　近隣地域で竪穴系横口式石室がみられるのは、三河であり、古くから駿河東部との関連が考えられてきた。しかし、両地域では、関連する石室どうしの盛行時期に差があることに加え、副葬品においても、駿河東部と三河を直接的に関連づけることは難しい。駿河東部に三河系の両袖式石室が伝播していないこと、駿河東部の石室は胴張りを志向しないことなどをふまえると、当該地域と三河との関連は希薄といえる。駿河東部の有段の無袖石室の成立には、6世紀後半において竪穴系横口式石室を構築する他地域との関連を考慮する方がよいだろう。

　北部九州についても、6世紀後半には竪穴系横口式石室は衰退しているため、その故地として捉えることは難しい。駿河東部における有段の無袖石室の開口部壁面には特別な造作がみられないが、北部九州の竪穴系横口式石室の開口部は、板石や積石によって玄門を構成することが多い。石室形態の上でも、北部九州の竪穴系横口式石室とは隔たりがある。

　駿河東部における有段の無袖石室の淵源地を考えるにあたり、中原4号墳の内容を詳しく紹介しておこう（富士市教育委員会 1994、前田 2008）。中原4号墳は、直径11ｍほどの円墳で、この地域では最古に遡る有段の無袖石室が築かれている。盗掘が及んでいない石室内からは多くの副葬品が出土しており、副葬品の示す年代から築造時期は、TK43型式期もしくは若干遡る可能性がある。実年代では、6世紀後半でも比較的早い頃と捉えられる。横穴式石室は、全長4.6ｍ、幅1.1ｍであり、狭長な平面形に加え、奥壁に大型石を用いるなど、その後の駿河東部の無袖横穴式石室に共通する要素を備えている。

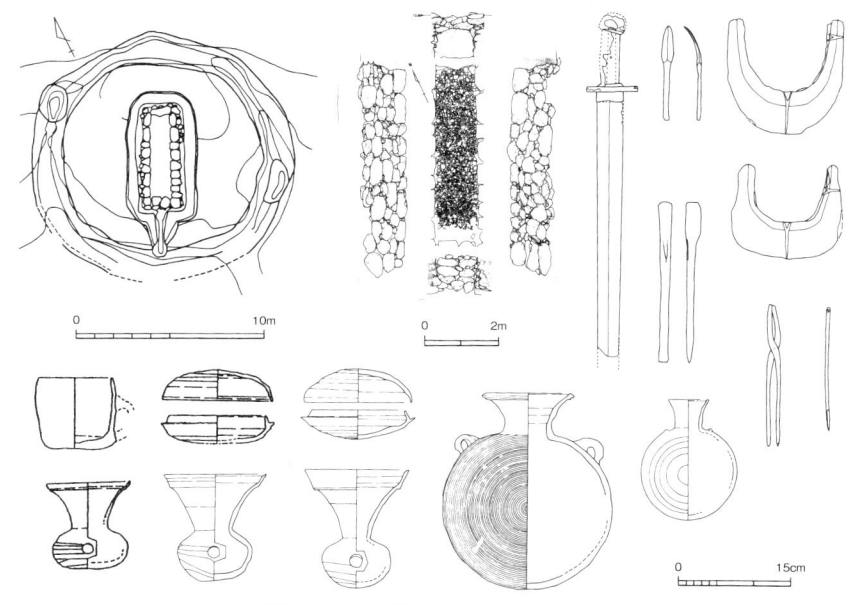

244　Ⅲ　駿河東部における無袖石室の史的意義

図4　中原4号墳の石室と出土遺物

　中原4号墳の副葬品には、鉄鉗といった鍛冶具や、鍬鋤先、鑿、鉇、大型の針状鉄器、銀象嵌鍔をもつ鉄剣など、この時期としては異例といえる豊富な鉄器がみられ、須恵器の中にも伝世が想定できるような把手付碗といった朝鮮半島系譜の稀少品が含まれる（図4）。全長15cmをこえる大型の針状鉄器は、奈良県寺口忍海E12号墳出土品に青銅製の類例が知られ（千賀編 1988）、釵子の可能性がある（図5）。外来系の装飾品とみなすことが許されれば、被葬者像をさぐる重要な手がかりになりうる。
　中原4号墳の副葬品から想定できる被葬者には、鉄器生産をはじめとする手工業生産に長け、朝鮮半島と繋がりをもった人物が浮かび上がる。新来の技術を携えて駿河東部に入植した渡来系技術者集団を統括する指導者層とみられる。
　中原4号墳が築造された時期に近い6世紀代に竪穴系横口式石室を築き、被葬者に渡来系の鍛冶集団を含むという点で、奈良県寺口忍海古墳群（千賀編 1988）との共通性に注目したい。大和南部の葛城地域には、同じく6世紀代に竪穴系横口式石室を構築する石光山古墳群があり、近畿地方の中でも特徴的な

様相をみせる。葛城地域に築かれた竪穴系横口式石室の遡源については、古いものが5世紀代に遡る可能性があることから、北部九州もしくは、百済・加耶地域と、広くみる必要がある。しかし、6世紀代にも継続的に竪穴系横口式石室を築く集団が移住しているとみれば、その淵源地については北部九州よりも、百済・加耶地域が候補地としてふさわしい（柳沢 1982）。

葛城地域における6世紀代の竪穴系横口式石室を、この地に入植した渡来系技術者集団が構築した埋葬施設と捉えれば、中原4号墳が構築された背景に類似した様相を見出すことも許されよう。渡来系技術者集団を象徴する墳墓形態として竪穴系横口式石室が選択され、関連する集団や彼らの居住地に築かれる墳墓として普及する過程で、有段の無袖石室が定型化したと捉えられる。

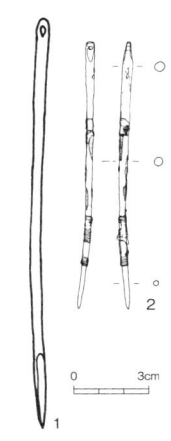

図5　針状鉄器と類例
1：中原4号（鉄製）
2：寺口忍海E12号（青銅製）

駿河東部の無袖石室と葛城地域の竪穴系横口式石室の間にも、なお形態上の差が多く、両地域を直接的に結びつけることは難しい。むしろ、両地域には、6世紀における竪穴系横口式石室が導入される類似した経緯があったとみたい。駿河東部の有段の無袖石室の源流を、明確に示すことは難しいが、葛城地域にみられるような渡来系技術者集団のかかわりや、百済・加耶地域からの直接的な影響も考慮してよいだろう。

3　無袖石室の大型化

駿河東部では無袖石室が有力階層にも採用され、大型化したものがみられる。同様に、有力階層に無袖石室が導入される地域として、長野県南部の下伊那と岐阜県北部の飛騨をとりあげ、その様相を比較してみたい（図6）。

下伊那の中心は、ほぼ現在の長野県飯田市に相当し、天竜川が形成した河岸段丘に、5世紀後半から6世紀にかけて20基以上の前方後円墳が集中的に造営されている。豊富な副葬品と爆発的な前方後円墳の構築から、5世紀後半に倭王権が当該地域との結びつきを急速に強めたことが知られる。下伊那における横穴式石室の導入は、6世紀初頭（MT15型式期）に遡るが、北本城古墳

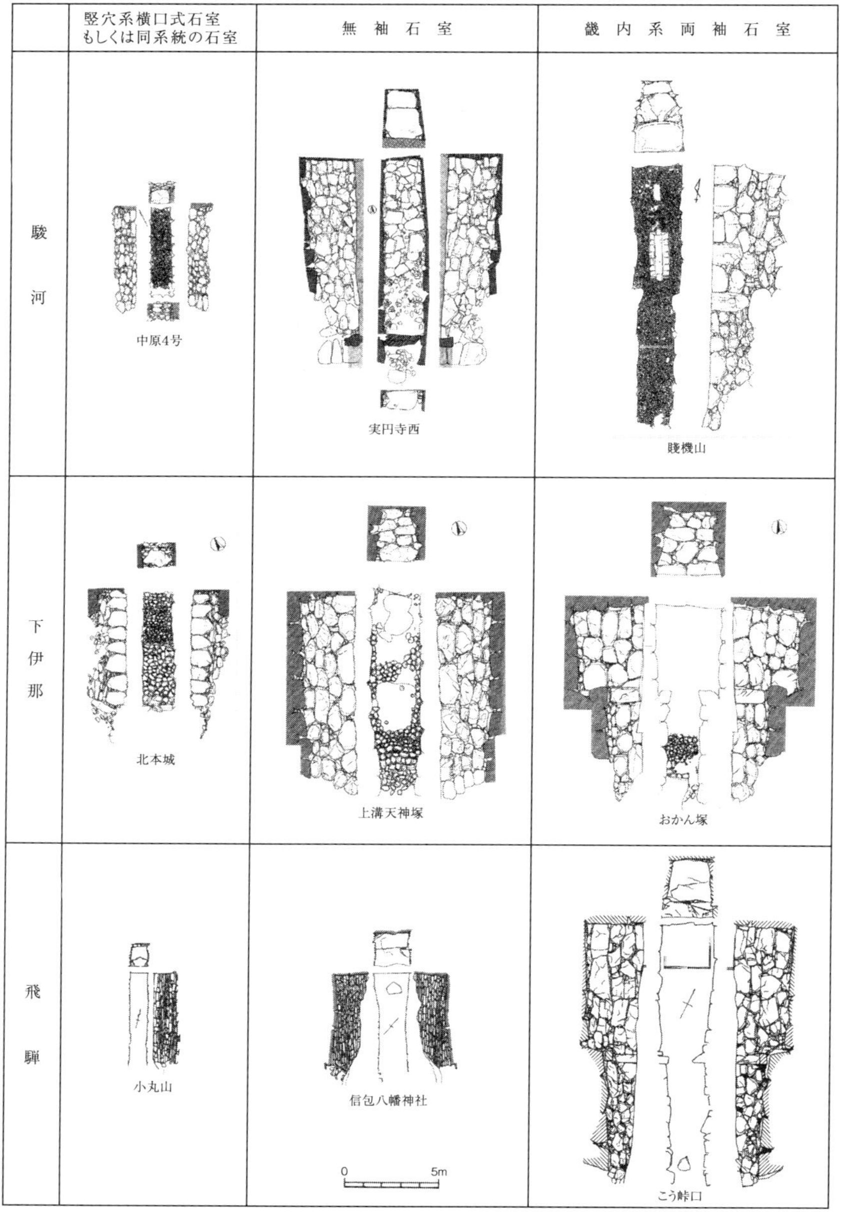

246　Ⅲ　駿河東部における無袖石室の史的意義

	竪穴系横口式石室 もしくは同系統の石室	無袖石室	畿内系両袖石室
駿河	中原4号	実円寺西	賤機山
下伊那	北本城	上溝天神塚	おかん塚
飛騨	小丸山	信包八幡神社	こう峠口

図6　東海周縁部における横穴式石室の系譜差

など、初期の横穴式石室には竪穴系横口式石室の系譜に連なるものが含まれる。豊富な馬具の出土例、馬埋葬土坑の事例から、馬匹生産を担う渡来系集団とかかわりがある埋葬施設とみられる。

　6世紀中葉には、これら竪穴系横口式石室の系譜をもつ石室が大型化し、下伊那独自の無袖石室が成立する。上溝天神塚古墳や御猿堂古墳、馬背塚古墳（後円部石室）など前方後円墳の埋葬施設に大型の無袖石室が採用されている点が注目できよう。下伊那の無袖石室は、開口部に段がみられないが、竪穴系横口式石室を祖形に地域内で形態が変容し、在来の有力首長層の埋葬施設に採用されたものとみられる（鈴木 2008b）。駿河東部に似た無袖石室定型化の経緯が読み取れるだろう。

　下伊那では、無袖石室が在来系譜の埋葬施設として受容され、広い階層が同一形式の石室を構築している。いっぽうで、近畿地方と共通性が高い両袖石室も、わずかではあるが、おかん塚古墳や馬背塚古墳（前方部石室）など前方後円墳の埋葬施設を中心に構築されている。畿内系の両袖石室の採用には、在来系譜の無袖石室とは異なり、倭王権との強い関係がうかがえる。畿内中枢部に出自をもつ人物や、畿内の有力氏族と血縁関係にある人物などが被葬者の候補にあげられるだろう。このように、下伊那では、6世紀後半において、無袖石室が在来的な埋葬施設として定型化し、幅広い階層が構築するいっぽうで、大型の畿内系石室が特定の有力者の埋葬施設としてわずかに採用されている。こうした下伊那の様相は、駿河東部という小地域にとらわれるのではなく、駿河中央部を含めた領域の中で地域の支配秩序を理解すべきことを示唆している。

　駿河東部では、無袖石室が排他的に構築されるが、古代に国府が置かれる駿河中央部では、賤機山古墳を代表例に大型の畿内系両袖石室が構築されている。駿河東部の有力階層と駿河中央部の最高首長層は、凝灰岩製の石棺を通じて関連が見出せ、血縁関係や主従関係があったことがうかがえる。駿河東部と駿河中央部を一体の領域とみなせば、下伊那と類似した横穴式石室の多様性を指摘することができるだろう。

　東駿河や下伊那と同様に、竪穴系横口式石室に遡源が求められる無袖石室が地域内で変容し大型化する様相は、岐阜県北部の飛騨にも認められる（成瀬 2001）。飛騨には、小丸山古墳にみられるように、6世紀初頭の段階で竪穴系

横口式石室の系譜に連なる石室が構築されている。やや遅れて信包八幡神社古墳といった前方後円墳の埋葬施設に大型化した無袖石室が採用され、その後も同一系譜の石室が地域の中で構築され続ける。いっぽう、6世紀後半には、こう峠口古墳のように、大型の畿内系両袖石室が最有力階層の前方後円墳の埋葬施設に導入され、以後、飛騨では複数系統の横穴式石室が7世紀まで並存する状況が認められる。

　駿河、下伊那、飛騨の各地域に共通するのは、中小勢力が築いた竪穴系横口式石室もしくはその系譜に連なる無袖石室が地域の中で受容されていることである。その後も、畿内とは異なる地域と関連をもつ首長層や、在来的な性格が強い有力階層にも採用され、大型化する。いっぽうで、倭王権と密接な関係をもつ有力首長層は、畿内系両袖石室を構築している。3地域の比較によって、被葬者の出自や交流関係、性格に合わせ、石室系統の差異が意識されていたことが諒解できるだろう。

4　駿東郡長泉町における有力古墳

　ここまでの検討で、駿河東部における無袖石室の起源に渡来系技術者集団の墓制との関連が考えられること、無袖石室が定型化した後には、倭王権との結びつきの違いが意識される中で、在地の有力階層も大型の無袖石室を構築することを示してきた。こうした前提をもとに、無袖石室を構築した有力者の具体像を、原分古墳の調査事例を通じ探ってみよう（図7）。

　原分古墳は、直径17 mの円墳で、全長7.5 m、幅1.9 mの有段の無袖石室が構築されている。墓室内には家形石棺を備え、装飾大刀2点、金銅装の馬具2組、飾り弓4点分、鉄鏃43点、須恵器37点といった豊富な副葬品が出土している（井鍋編 2008）。

　墓室内の遺物出土状況や、副葬品にかかわる検討によって、原分古墳にかかわる中心的な被葬者は、6世紀末葉から7世紀中葉頃に活躍した世代差をもつ2人の人物であることが明らかになった。原分古墳から出土した土器や馬具、大刀、弓矢などの主要な副葬品は、2組分に分離できる点が注目できる。初葬と追葬という時代差のある2人の被葬者が、それぞれ共通した副葬品組成をもち、類似した副葬手順をふんで葬られたとみられる。また、多様な副葬品は、

初葬副葬品

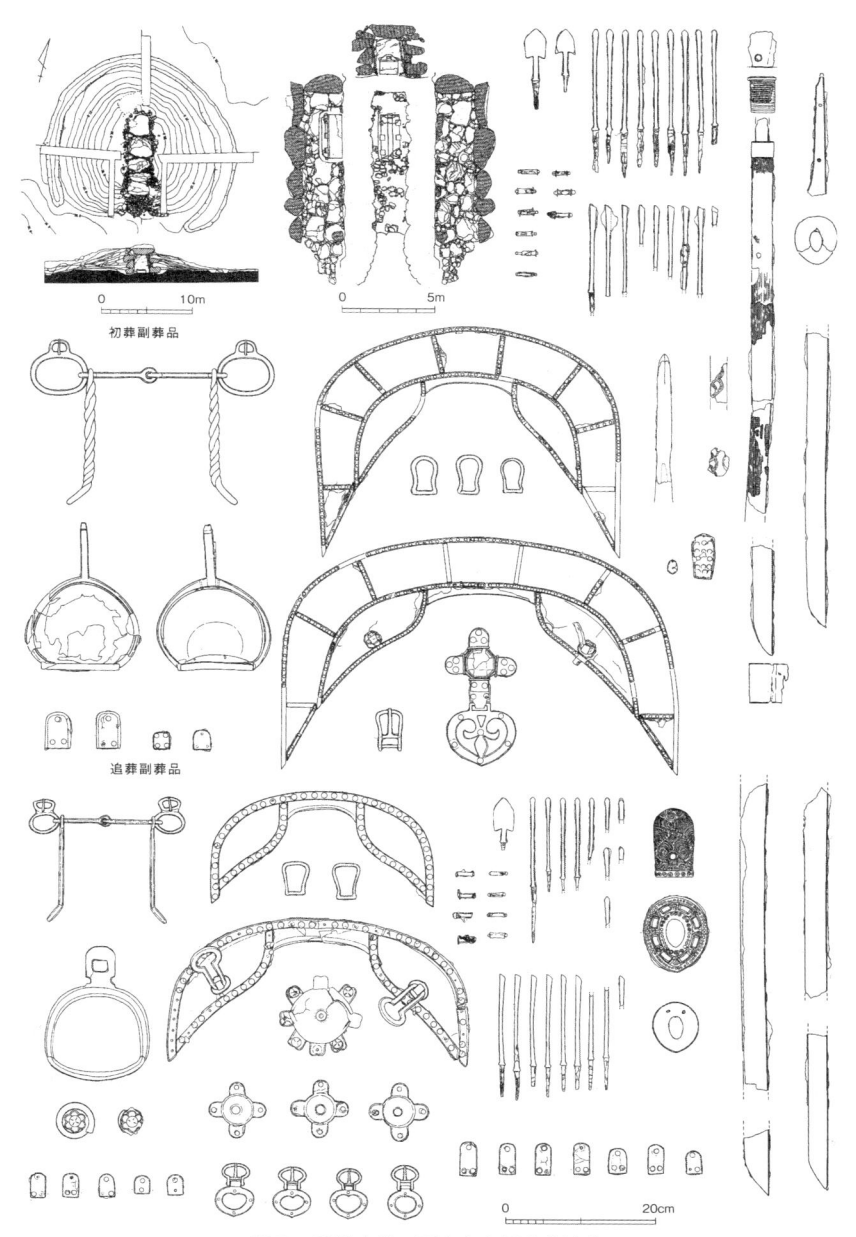

追葬副葬品

図7　原分古墳の石室と主要出土遺物

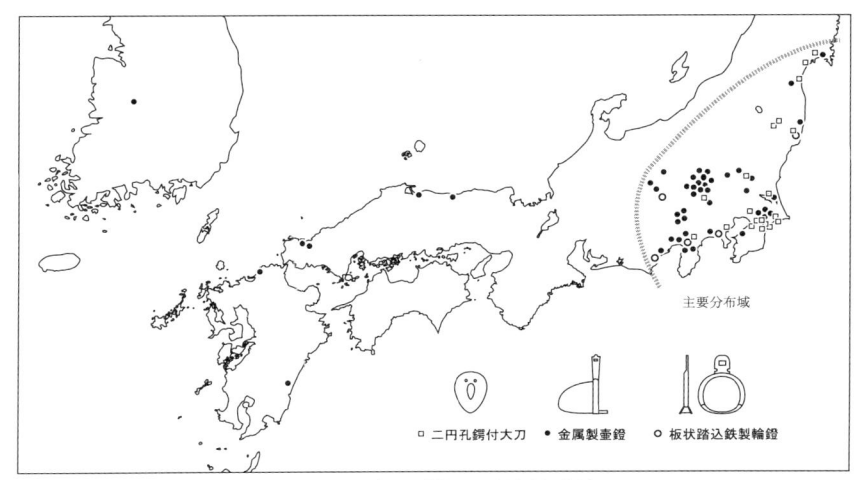

図8　原分古墳副葬品の類例出土地

さまざまな系譜をもつことが明らかになった。

　装飾大刀や金銅装馬具など倭王権との関係がうかがえる瀟洒な遺物に加え、鉄製轡や鉄製鐙、二円孔鍔をもつ鉄刀（大谷 2008）など、東日本に広く流通する実用的な製品が混在する。とくに馬具においては、2組分ある鞍金具・杏葉と轡・鐙の系譜関係が一致し、副葬品からうかがえる2人の被葬者は、階層的にも、性格的にもよく似ていると判断できる（鈴木 2008a）。

　原分古墳における中心的な2人の被葬者は、金銅装馬具や装飾大刀の入手にみられるように、倭王権や畿内有力氏族との強い結びつきを有していたとみられる。いっぽう、副葬品組成からは、東日本における実用的な鉄製馬具、大刀、鉄鏃の生産と流通にもかかわりをもつ人物でもあったことがうかがえる。世代差がありながら、互いによく似た性格をもつ2人の被葬者は、卓越する武器・馬具の様相から男性の可能性が高い。先述したように、原分古墳に採用された家形石棺の特徴からは、賤機山古墳などを構築する駿河中央部の最高首長層と血縁関係や主従関係にあったことが知られる。駿河東部の有力階層は、駿河中央部の最高首長層の傘下にあり、地元で勢力基盤を固めていたとみられる。原分古墳の被葬者像には、6世紀末葉から7世紀の前半代を通じて、畿内中枢部に出仕、奉仕を続けるいっぽうで、地元においては東日本をめぐる交易網を

仲立ちとした武器・馬具の生産と流通に関与し、軍事的な基盤を固めた、累代の実力者の姿を読み取ることができる。

　原分古墳にとどまらず、7世紀前半の長泉町内には、下戸狩西1号墳や山の神道古墳といった無袖石室を内包する直径20ｍ級の円墳が数多く築造されている（井鍋 2008）。これらの古墳は、凝灰岩製の石棺を備え、装飾大刀や馬具を副葬するなど、互いによく似た階層にある被葬者が想定できる。畿内中枢部に出仕した人物は、原分古墳の被葬者にとどまらず、数人が選出されていたとみられる。駿河の最高首長層との関係を前提に、小地域の中から複数が畿内中枢に出仕していることを考えると、こうした役割を担った人物として、古代史における舎人を想定することに大きな矛盾を感じない。

5　結　語

　駿河東部に無袖石室が採用されるのは6世紀後半のことである。それ以前、古墳時代中期から後期前半の古墳の様相については、不明瞭な部分が多い。駿河東部では前期古墳は多く、浅間古墳といった全長103ｍの前方後方墳や神明塚古墳、東坂古墳といった前方後円墳の築造がみられる。いっぽう、中期前半になると首長墓の築造は低調になる。中期後半から後期初頭には大型の古墳が集中してみられるようになるが、中期から後期前半を通じて中小規模の古墳が極めて少ない点が留意される。地域の有力首長層のみが大型古墳を断続的に造営し、5世紀から6世紀前半に至るまで中小勢力の伸張を読み取りにくいという地域の特性がある。

　こうした状況に対し、6世紀後半以降、無袖石室が導入される時期になると、俄かに中小勢力の存在が明瞭になる。無袖石室を構築した集団の多くが新興勢力といえ、中原4号墳の被葬者に想定したような渡来系の技術者集団も含まれたとみられる。新来の入植者たちの移住には、倭王権の関与があったとみられ、継続的に豊富な副葬品が当地にもたらされていることを考慮すると、その後も駿河東部は倭王権が直属的にかかわる地域として認識されていた可能性が高い。駿河東部の有力階層に、畿内系石室がもたらされず、無袖石室のみが構築される理由についても、倭王権との関係が反映されているとみてよいだろう。

駿河をはじめ、下伊那、飛騨における大型の畿内系石室を構築した人物は、たとえ擬制的であれ、倭王権を構成する有力氏族に近しい出自や系譜を有していたとみられる。いっぽう、倭王権との関係が異なる集団については、畿内系石室とは違う在来系統の石室を構築したと捉えられる。

　駿河東部では、累代的に倭王権に出仕、奉仕する舎人層を輩出する地域として6世紀後半以降、中小勢力が台頭し、豊富な副葬品がもたらされた。直属傾向が強い地域に構築される石室として、倭王権中枢と同様の墓制である畿内系石室の導入は避けられ、無袖石室が構築されつづけたと結論づけられよう。

参考文献

井鍋誉之 2003「東駿河の横穴式石室」『静岡県の横穴式石室』静岡県考古学会

井鍋誉之 2008「古墳時代終末期における駿河東部の有力古墳」『原分古墳』㈶静岡県埋蔵文化財調査研究所

井鍋誉之編 2008『原分古墳』㈶静岡県埋蔵文化財調査研究所

岩原　剛 2005「東海地域の装飾付大刀と後期古墳」『装飾付大刀と後期古墳―出雲・上野・東海地域の比較研究―』島根県教育庁古代文化センター

大谷宏治 2008「原分古墳出土刀剣類の復元と被葬者の性格」『原分古墳』㈶静岡県埋蔵文化財調査研究所

菊池吉修・田村隆太郎 2001「駿河・伊豆の後期古墳」『東海の後期古墳を考える』東海考古学フォーラム三河大会実行委員会

静岡県考古学会 2003『静岡県の横穴式石室』

鈴木一有 2003「東海東部の横穴式石室にみる地域圏の形成」『静岡県の横穴式石室』静岡県考古学会

鈴木一有 2006「東海の馬具出土古墳にみる地域社会」『古代武器研究』第7号、古代武器研究会

鈴木一有 2008a「原分古墳出土馬具の時期と系譜」『原分古墳』㈶静岡県埋蔵文化財調査研究所

鈴木一有 2008b「東海からみた古墳時代の伊那谷」『伊那谷の古墳と古代の舎人軍団』第6回飯田市地域史研究集会、飯田市教育委員会

千賀　久編 1988『寺口忍海古墳群』新庄町教育委員会

東海古墳文化研究会 2006『東海の馬具と飾大刀』
成瀬正勝 2001「横穴式石室の導入」『美濃・飛騨の古墳とその社会』同成社
土生田純之 2008「東日本の横穴式石室について」『東国に伝う横穴式石室』静岡県考古学会
富士市教育委員会 1994『中原第3号墳・第4号墳発掘調査概要報告書』
前田勝己 2008「富士市中原第4号墳」『東国に伝う横穴式石室』静岡県考古学会
柳沢一男 1982「竪穴系横口式石室再考―初期横穴式石室の系譜―」『森貞次郎博士古稀記念古文化論集』

あとがき

　2008年1月27日の夕刻、静岡市のとあるファミリーレストランに私たちはいた。前日から2日間にわたって実施した、静岡県考古学会2007年度シンポジウム「東国に伝う横穴式石室―駿河東部の無袖式石室を中心に―」を無事終えてその反省会を行おうという名目である。このような場合普通は酒宴となるのだが、まじめな人が多く（実際は翌日の勤務のことが頭にあり帰宅を急ぐ人が大半であった。事実、交通機関の関係でファミレスに寄ることさえできない人がいた）、ソフトドリンクや食事をしながらの反省会？である。一行は私のほかに菊池吉修、田村隆太郎、大谷宏治、井鍋誉之の静岡組をはじめ、岩原剛、植山英史、草野潤平、そして何故か鈴木一有の9名である。反省会と大仰なことを言ったが、おおむね成功を収めた安堵感や若干の疲れもあり、実のところ身近な話題のあれこれを四方山的に話していたにすぎない。帰宅時間もあり、そろそろ引き上げようとしたその時、さきにも書いたように何故かその場にいた鈴木一有からある提言が出された。「何故かその場にいた」というのは、上記の中で彼一人が司会や発表をしない聴衆者であったからである。提言とは「せっかくよいシンポジウムをしたのだから、これを機にさらに充実した書籍を出版したらどうか」というものである。鈴木は鉄器研究を始め優れた論文多数を世に問い、静岡県の中堅・若手研究者のリーダー的存在である。横穴式石室に関する優れた研究もあり、本来なら本シンポジウムでも中心的役割を果たすべき研究者であった。しかし、すでに鈴木の存在は静岡にとどまらず、東海、いや全国的に優れた古墳時代研究者としての地位を確立しつつあった。また鈴木に続く静岡県の古墳時代研究者の自立を促すためにも、今回はあえて発表などを依頼せず、側面からの支援を願ったのである。

　さて、鈴木の提言はもっともであり、またその実績もあって居合わせたメンバーは直ちに賛同した。それのみならず一斉に土生田のほうに顔を向ける。察するに最年長の土生田に出版社との交渉や編集をさせようという魂胆らしい。出版となるとシンポジウムの内容を補強しなければならないこと、そのために

は新しく他の執筆者に依頼する必要があること、また一部の用語について、変更や統一（シンポジウムの副題にあった無袖式石室から「式」をとり、側壁の左右については奥からみた位置で示すことなど）の必要があること、書籍の構成については編者に一任することなどを条件に編集を受けると逆提案したところ、一同の賛同を得たので直ちに構想を練ることになった。

　まず提案者の鈴木には、シンポジウムの中心となった駿河東部の無袖石室の歴史的意義を考究してもらうことにした。次にシンポジウムの中で発表者不在が気にかかった信濃、上野の無袖石室について、各々の実態に詳しい飯島哲也、深澤敦仁に、また本書を全国的視野に立って考えるきっかけにするという願いのもと、いまや西日本で横穴式石室研究の主導的立場に立つ太田宏明、藏冨士寛に執筆依頼した。幸いシンポジウムの関係者をはじめ上記したすべての人から快諾を得、本書を世に問うことができた。このささやかな一書が今後の無袖石室いや横穴式石室研究、引いては古墳時代研究に対する一石となることを願ってあとがきにかえる。

土生田純之

執筆者一覧 (掲載順)

土生田純之	(はぶた・よしゆき)	専修大学教授
岩原　剛	(いわはら・ごう)	豊橋市教育委員会
田村隆太郎	(たむら・りゅうたろう)	静岡県教育委員会
菊池吉修	(きくち・よしのぶ)	静岡県教育委員会
小林健二	(こばやし・けんじ)	山梨県埋蔵文化財センター
飯島哲也	(いいじま・てつなり)	長野市教育委員会
植山英史	(うえやま・ひでふみ)	かながわ考古学財団
草野潤平	(くさの・じゅんぺい)	山形県埋蔵文化財センター
市橋一郎	(いちはし・いちろう)	史跡足利学校事務所研究員
深澤敦仁	(ふかさわ・あつひと)	群馬県教育委員会
太田宏明	(おおた・ひろあき)	河内長野市教育委員会
藏冨士寛	(くらふじ・ひろし)	福岡市教育委員会
井鍋誉之	(いなべ・たかゆき)	静岡県埋蔵文化財調査研究所
石川武男	(いしかわ・たけお)	富士市教育委員会
大谷宏治	(おおや・ひろし)	静岡県埋蔵文化財調査研究所
鈴木一有	(すずき・かずなお)	浜松市教育委員会

2010年5月25日　発行　　　　　　　　　　　　　　　《検印省略》

東日本の無袖横穴式石室
（ひがしにほんの　むそでよこあなしきせきしつ）

編　者	土生田純之
発行者	宮田哲男
発行所	株式会社 雄山閣

〒102-0071　東京都千代田区富士見2-6-9
TEL　03-3262-3231 ㈹ / FAX　03-3262-6938
URL　http://www.yuzankaku.co.jp
E-mail　info@yuzannkaku.co.jp
振替：00130-5-1685

印刷所	松澤印刷株式会社
製本所	協栄製本株式会社

Ⓒ Yoshiyuki Habuta　Printed in Japan 2010
ISBN978-4-639-02137-7　C3021